FILHOS DA AMÉRICA

FILHOS DA AMÉRICA
NÉLIDA PIÑON

1ª EDIÇÃO

EDITORA RECORD
RIO DE JANEIRO • SÃO PAULO
2016

CIP-BRASIL. CATALOGAÇÃO NA PUBLICAÇÃO
SINDICATO NACIONAL DOS EDITORES DE LIVROS, RJ

Piñon, Nélida
P725f   Filhos da América / Nélida Piñon. – 1ª ed. – Rio de Janeiro:
Record, 2016.

ISBN 978-85-01-08770-6

1. Piñon, Nélida – Ensaios. 2. Literatura brasileira. I. Título.

16-34136
CDD: 869.95
CDU: 821.134.3(81)-5

Copyright © Nélida Piñon, 2016

Todos os direitos reservados. Proibida a reprodução, armazenamento ou transmissão de partes deste livro, através de quaisquer meios, sem prévia autorização por escrito.

Texto revisado segundo o novo Acordo Ortográfico da Língua Portuguesa.

Direitos exclusivos desta edição reservados pela
EDITORA RECORD LTDA.
Rua Argentina, 171 – Rio de Janeiro, RJ – 20921-380 – Tel.: (21) 2585-2000.

Impresso no Brasil

ISBN 978-85-01-08770-6

Seja um leitor preferencial Record.
Cadastre-se e receba informações sobre nossos lançamentos e nossas promoções.

Atendimento e venda direta ao leitor:
mdireto@record.com.br ou (21) 2585-2002.

Ao amigo Enrique Iglesias, mestre das Américas,
minhas homenagens.

Sumário

Heródoto e a aprendiz Nélida	9
O brasileiro imortal	60
A épica do coração	80
O filho da revolução	102
Falsos siameses: Alencar e Machado	125
Os enigmas ibero-americanos	152
O arfar da língua	170
A pólis de Machado de Assis	179
Senhora da luz e da sombra	201
O mago Júlio	210
O país chamado Brasil	223
O mito inca em Arguedas	236
A morada centenária	251
O amigo Tomás	268
A genealogia de Marília Pêra	275
As faces do Brasil	288

Meus escombros	296
Egresso do junco	305
Os ecos da escrita ibero-americana	326
Mortos nossos	333
A destemida Teresa	340
A poética da escriba	345
O mito da criação	356
A brasileira Rachel	370
Balcells, amiga d'alma	375
A longa jornada	378
Havana imortal	382
As matrizes do fabulário ibero-americano	387

HERÓDOTO E A
APRENDIZ NÉLIDA

Ausculto a arte e constato que para existir ela cobra excessos, clamores, confidências. Não disfarça a intimidade acaso havida entre os corpos. Suplica às vezes que as emoções se aprofundem, não se resguardem, revelem o grau da solidão de cada qual.

No exercício de meu ofício de narradora, estabeleço condições estéticas variadas, pautas, artifícios, o que alicerça os fundamentos capazes de assegurar a dimensão da veia criadora. Uma prática que afinal enseja irradiar de cada página uma pungente e dolorida sabedoria.

Como narradora, vivo sob o signo da trapaça que rege o espírito inventor. Sou filiada à ficção que concebe categorias a serviço dos personagens. Sei que, mediante traços nervosos, o Brasil de Machado de Assis interroga se Capitu traiu ou não o marido. Uma questão nacional que solapa a credibilidade de Bentinho, avaro e mesquinho, que, entretido com o veneno da vingança e da solidão, reproduz no Dom Casmurro sua fúria inóspita.

Nenhuma narrativa é inocente. Avança pelos meandros da mentira, da ambiguidade, dos subterfúgios, contando com o limitado conhecimento que autor e personagens têm de si mesmos. Contudo é mister mencionar do coração. Assim, o autor que pretende combater o modelo humano corre o risco de violar os melhores impulsos da arte, de se tornar obsoleto e restrito. Portanto, fora da utopia da arte, falece sua autoridade de falar da controvertida modernidade da criação. Só dentro da moldura literária, que serve aos comandos do autor, subsiste a sua arte. A narrativa é o seu ninho natural. Ao menos assim insinuou Emma Bovary, a mulher da província francesa imortalizada por Flaubert.

Ao aninhar-se, porém, no próprio espírito criador, o autor tem o propósito de extrair dos desvãos da memória e da consciência a matéria com que dar vida ao personagem. Conta, a seu favor, com os sentimentos que rugem ao acorde das palavras para

FILHOS DA AMÉRICA

se confrontar com as misérias e as urgências de um quadro social distorcido. Mas acaso não é da magia da arte reverter um quadro cruel que espezinha o humano? E arrancar dos redutos sagrados, da zona que tem o inconsciente como guardião, os símbolos, as metáforas, as alegorias, que garantem ser o humano um alçapão onde as palavras boiam ao som das cordas de um violino estridente?

A vida, em conjunto, conflui para a dimensão da escrita, onde tudo deságua. A aventura de narrar, sob o signo do estético, integra tradição e modernidade, retifica a construção literária que esteja em curso. O ato mesmo de narrar orienta o caminho da arte que se origina do caos, das emoções incontidas, da matéria arqueológica que nos constitui. Enquanto vai cobrando do horizonte o gigantesco afresco cuja continuidade milenar afiança o próprio ofício de contar histórias.

Em torno, os narradores, que somos nós, asseguram que nos cheguem intactas as evidências narrativas do passado, graças às quais recuperamos os rastros civilizatórios que foram abandonados, ou mesmo esquecidos. Isto ocorrendo graças à grei humana composta dos aedos, dos poetas da memória, dos autores dos códices milenares, dos incas amautas, dos xamãs, dos nômades, dos goliardos, dos profetas do deserto, dos peregrinos de Jerusalém, dos oráculos, com Delfos na vanguarda. Dos seres que ao longo dos séculos cederam o material épico com o qual se recuperam a verdade narrativa e a gênese humana.

A voz de Homero ecoa ainda hoje entre nós. Seu timbre ampara a criação, confirma a sucessão do curso empreendido pelo voo da narrativa. De modo a assegurar que não haja nesta arte rupturas, hiatos, expurgos, seleções autoritárias. E prossiga a crença de haver por trás da arte a rota do mistério.

O conjunto narrativo com que contamos especula sobre a substância sanguínea e onírica que nos forjou ao longo das eras. Registra a existência de uma saga cujos ruidosos personagens atendem ao nosso chamado na ânsia talvez de comover o empedernido coração dos homens.

Afinal, os temas ao nosso alcance são recorrentes. A pretexto de dar densidade narrativa ao que se cria, o autor acode à cena arcaica e igualmente contemporânea. Tudo serve de base para a cobiça narrativa inventar, ou reconhecer, os seres lendários que graças a sua persuasão arquetípica ainda prosseguem em nós, comem conosco à mesa. São arquétipos que Joyce usou em Ulysses, Victor Hugo recuperou em Paris, Hamlet fez vagar no palácio de Elsinor, Freud dissecou. São hidras cujas cabeças, mesmo amputadas, prontamente se regeneram. Arquétipos que sobrevivem no subterrâneo da imaginação coletiva, e que identificam o arcaico de outrora que persiste em nós.

Somos o que esses personagens foram no passado. A tragédia grega, que nos representa, é a síntese perfeita da miséria humana. A realidade atual iguala-se à mentira elaborada pela arte de todos os tempos. E a biografia nossa ganha transcendência quando selecionada pelos recursos criadores. Em nossa conturbada psique, pois, está presente a rebeldia de Antígona, as páginas de Shakespeare, de Cervantes. Esses narradores embrenham-se por nós e saqueiam nossa imaginação. Em variado diapasão descrevem o amanhecer e o crepúsculo humano. Sugerem que o nosso drama siga abrigando-se na obra de arte, onde se prorroga o que é descrito literariamente. O simbolismo de Sísifo, por exemplo, enlaça-se com o cotidiano e me torna vítima do mesmo enredo. Como consequência, o advento do mistério literário projeta-se no seio da cultura, também no lar. Traduz o esplendor e a miséria do cotidiano. Uma vez que a narrativa tenta esclarecer nossa presença no mundo. De seus gestos criadores apreende-se o que basicamente é insurgente.

A criação literária ampara-se também na fábula, que guarda a memória minha e a do mundo. Um legado que sob o jorro da invenção redimensionou o que havia no interior de cada qual, trazendo para fora o que constituía representação existencial. A fábula, contudo, retrata as vidas dos homens pela metade. Mal reproduz quem somos. É um enredo vagabundo que nos quer atribuir origem lendária.

Herdeira, portanto, de qualquer espécie de fábula, registro aqui pedaços meus e dos demais. Ciente de que, conquanto unidos, formamos um mosaico imperfeito, assimétrico, com o qual me resigno. Admito, porém, ser a memória o único relato confiável. Assim, toca-me deixar rastros por onde siga. Em cada página da minha floresta abandono pedaços de pão que orientam o leitor.

Afeita às aventuras desde a infância, averiguava de perto o assombro dos vizinhos de Vila Isabel diante da vida e de qualquer indício crepuscular. Em meio às brincadeiras de rua, ou no quintal da nossa casa na rua Dona Maria, atrás do número 72, percebi que de

FILHOS DA AMÉRICA

nada valia ter nome próprio e um rosto composto pelos genes do pai e da mãe. Era fácil ser esquecida, perder-me na multidão. Havia, portanto, que me esforçar por existir. Ainda que tenha agora o nome alojado nos livros que assinalam pormenores da minha existência como quem desenterra Troia, situada na Ásia Menor, ansiosa por descobrir se de fato existiu a cidade de Príamo. A cidade que desenterrei sendo eu mesma.

Não é natural falar em primeira pessoa. É um incômodo. Ajo, então, como me ensinou a mãe, Carmen, que me fortalecia sugerindo que eu tragasse o espinafre do marujo Popeye com seu eterno cachimbo. Razão pela qual, ao discursar em público, que vejam eu não ser afásica, incorporo à minha genealogia romanesca um infindável número de personagens, transeuntes, vizinhos, todos à deriva. Pois não ando sozinha no mundo. Sou muitas, múltipla. Portanto, em mim a linguagem reverbera, a psique padece, sob o fardo da memória coletiva.

Ah, amigos, como dói saber que nascemos de uma ninhada, que nada nos distingue. E que ainda aspirando à solidão, nunca me abrigo em um edifício abandonado. Portanto, ao detalhar minha biografia, sou levada a incluir aqueles com quem comparti o cotidiano. Minha experiência pessoal excede o exercício da minha estética. Estamos todos na mesma canastra.

Cada palavra, cada cena, cada confidência arrasta uma memória cujos efeitos me perseguem. O conjunto de vivos e de mortos é um fardo. Mas o que fazer com meus cúmplices? Não os posso trair. Menciono seus segredos, os retalhos de suas vidas, em algum parágrafo, sem dar seus nomes, que dissolvo. Libero-os, portanto, da responsabilidade de haverem pecado ou se omitido.

A memória está em cada esquina. Conquanto falhe, se distraia, ela está viva, respira. Nada do humano jaz soterrado nos seus escaninhos. O detalhe mínimo apresenta-se de repente e aviva o que ficou atrás. Emoções, estilhaços amorosos, instantâneos vergonhosos, as dores do degredo. Tudo que é matéria ficcional. Memória e invenção são assim inseparáveis, uma não vive sem a outra. Conjugadas, restauram a história do mundo. Ensejam que a arte narrativa esplende. Expressam as turbulências do pensamento e do coração. Fazem a collage dos fatos, o retoque dos rostos, os pedaços da vida acaso despedaçados e esquecidos. Insinuam que a existência é melancolicamente narrada.

É inevitável mencionar minha origem. De onde provenho, a quem devo o sortilégio de dispor de um repertório que não me falha ao cobrar porções inestimáveis com as quais dar início a uma narrativa.

FILHOS DA AMÉRICA

Nasci em Vila Isabel, terra de sambistas. Recentemente descobri que o sambista do meu coração é o paulista Adoniran Barbosa. Mestre da oralidade. Um criador que ousou mencionar o nome Iracema, seu grande amor, como pretexto para esclarecer que perdeu o retrato da amada, e dela só restou um sapato. Eu teria dado anéis e brincos para ter escrito esta frase.

De família espanhola, da Galícia, uma região fecundada por lendas, narrativas, superstições, crendices, apostas no sobrenatural. Santiago de Compostela é sua capital, onde se concentram fé e cultura.

Guardo estas terras galegas no ninho da memória. Ali, menina, passei quase dois anos. E ao retornar ao Brasil, falando português com sotaque galego, trouxe de volta um saber que alargou meus horizontes. Preservo intactos seus mitos, a intensa fabulação. Lendas e mitos que intensificaram a imaginação e a memória, produtos universais, advindos de Cotobade, terra da família materna e paterna, onde ancoro ainda hoje réstias da minha escritura. Um universo que conservo sem danificar. Sem correr o risco de sacrificar ou mesmo atualizar, em nome da contemporaneidade, os mitos herdados. Não lhes concedo a pátina da vulgaridade, não quero mitos roqueiros, ostentando andrajos falsos. Mito não se moderniza, envelhece sem sofrer expurgos.

O núcleo mítico da minha escritura vem das vertentes do mundo. Em especial de um enclave galego constituído das 13 aldeias que amei, de onde saiu o meu sangue. Do Conselho de Cotobade, do qual fui declarada, em dia festivo, *Hija Adoptiva*.

Na temporada vivida na aldeia, com escassas visitas às cidades da península ibérica, eu agia como uma camponesa. Curvava-me diante dos mistérios da colheita e aprendia que a civilização repousava sobre as benesses produzidas no campo. A lavoura em seu esplendor me abençoava.

Subjugada às tradições das aldeias da família, ainda hoje uso a palavra canastra, como ouvia em Borela, na casa da avó Isolina, em vez do clássico horreo, que enfeitava a paisagem galega, que era como se designava a construção de pedra destinada a secar e guardar o milho e demais cereais. Fui, sem dúvida, induzida ao erro, mas já não disponho de tempo para corrigi-lo.

Pouco importa. É da literatura sorver os erros humanos e dar-lhes um outro uso. O que é a narrativa senão um amontoado de equívocos com os quais encenamos a realidade. .

Testo meus sentimentos por Galícia e persistem os motivos para amá-la. Para enaltecer as visões e os lampejos afetivos ganhos na infância. Enquanto o

FILHOS DA AMÉRICA

Brasil é minha língua, residência da minha alma, Galícia é o reduto de um imaginário que me intriga e que não traduzo. Seu enigma se deve talvez a sua rusticidade camponesa, à concentração da fé da qual emergiu o fascínio de Santiago de Compostela, ao fato de ser o galego de etnia antiga, talvez celta, talvez suevo, com sobras visigodas. Uma terra que por força de sua essência milenar rechaça a armadilha do discurso contemporâneo, montado em bases frívolas e movediças.

Através da família materna e paterna, analisei o percurso do imigrante. O caminho que palmilharam em busca da glória das primeiras moedas. Atraídos pelas promessas, pelas mentiras, de que viveriam dias esplendorosos e em poucos anos retornariam às suas aldeias com alforje carregado de ouro.

Desconheciam que, mal desembarcados no cais da Praça Mauá, seriam chamuscados pelo fogo do inferno. Só lhes mitigando a dor o arfar da esperança. Não pude, ainda não havendo nascido, testemunhar os primeiros passos dados pelos avós e o pai logo que desembarcaram na inóspita América.

Na casa dos avós, eu observava o pai e demais imigrantes radicados no Rio de Janeiro. Pousava neles meu olhar comovido e solidário. Menina, contudo, não tinha como me antecipar aos fatos. O que haviam eles feito para eu me beneficiar da mesa farta, cercada de travessas. A realidade vivida em Vila Isabel, e em Copacabana, para onde os pais e eu nos mudáramos, provinha dessa gente que afugentava dúvidas, me iludia com certezas. Não exibiam de modo algum seus pesares.

Os suspiros da avó Amada, sempre elegante, de trajes de seda e saltos altos, pareciam afirmar o quanto lhe custara adaptar-se ao Brasil. Ainda não se desprendera da casa paterna, deixada em Carvalledo, centro administrativo de Cotobade, onde usufruíra de um conforto fidalgo, que o marido, Daniel, jamais conhecera. E quando os avós me abraçavam, eu intuía que o calor originário de seus corpos padecera também dos tremores do inverno da desilusão.

Às vezes choro ao recordar o que meu povo heroico sofreu para que eu fosse feliz, estudasse no colégio de beneditinas alemãs, frequentasse assiduamente o Teatro Municipal, viajasse, dilatasse o imaginário com revelações que só a cultura despejava em mim. E o que fizeram para eu vir a ser uma escritora brasileira que hoje desfruta da extremada liberdade de inventar o mundo para acertar no alvo da realidade.

Eles nada diziam a respeito dessa caminhada de dor e desapego. Não permitiam que eu fizesse

FILHOS DA AMÉRICA

parte do cenário que a vida lhes armara. Contudo, falavam do Brasil agradecidos. Diziam que, caso morressem no exterior, havia que devolvê-los ao Brasil, túmulo e casa onde seriam lembrados.

Acumulo detalhes promissores relativos à viagem que faríamos à Espanha. Ao longo de anos a família me preparou para conhecer a terra deles. Prometeram-me desabrochar corpo e imaginação na terra deles, rústica e amada. Assim, com dez anos, cheguei ao porto de Vigo, Galícia, trazida pelo barco inglês. Já do convés, observei, assustada, familiares e amigos que, lá embaixo, aguardando o desembarque, nos acenavam. Um arrebato digno de receber o imperador da Etiópia e seu séquito.

Tive medo de pôr os pés naquela terra. Ela parecia inóspita e fazia frio. Era novembro, um mês sacudido por rajadas fortes de vento que não se assemelhavam às brisas marítimas da praia de Copacabana que eu deixara para trás. Mas, ao ser enlaçada pelas mulheres robustas que diziam meu nome com um acento gutural que lhes arranhava a garganta, sofri a falta do sol, que se tornara símbolo do Brasil.

Vestidas de negro, essas mulheres tinham-me como o menino Jesus propenso a fazer milagres. Os trajes que levavam, de aparência sinistra, sinalizavam o luto. No caso galego, um luto eterno, porque o

21

mesmo traje servia para prantear vários mortos. Pois, logo que expirasse o tempo de recolhimento e de pesar pelo falecido, elas trancavam o vestido no armário, de onde só sairia para homenagear o próximo defunto.

A caravana familiar, a caminho de Cotobade, era constituída de passageiros e um sem-número de malas e baús. Após vencer a cidade de Pontevedra, cabeça política da região, rumamos em direção da primeira parada, Borela, parte de Cotobade, onde pai, mãe e eu ficaríamos.

A chuva dificultou os planos de irmos de carro até Porta Carneira, a grande casa de pedra da avó Isolina, cercada de um belo prado. Os pingos de água que inundaram os caminhos não permitiram a passagem dos veículos. A solução encontrada foi colocar as malas e os passageiros nas carroças puxadas pelas vacas que, acostumadas ao sofrimento, nos levariam à casa familiar. Aquelas foram as primeiras vacas galegas que me inspiraram profunda compaixão e que jamais deixei de amar. Tornaram-se seres da minha alma. Sou irmã dessa espécie prodigiosa.

Naquele dia de novembro, em pleno inverno, eu reagia à Galícia que me ofertavam. Pensava em que fazia ali uma filha da América, a brasileira que só aprendera a viver sob a égide do sol. Eis que vi,

FILHOS DA AMÉRICA

antes de subir na carroça, bem à entrada de Borela, e sobre a qual estava eu prestes a cruzar, uma ponte medieval do século XV, de corte românico, revestida de trepadeira. Após a ponte, via-se a capela designada de Nossa Senhora de Lourdes, que me encarreguei agora de restaurar.

À visão da ponte e da capela, estremeci de emoção, sofri um assombro amoroso. De uma intensidade que me obrigou a crer que a minha vida, a despeito dos meus dez anos, era capaz de exprimir emoções amparadas até pela modéstia do verbo. Quando jurei, com as palavras que dispunha então, que amaria aquelas terras galegas para sempre. E é o que faço até hoje.

A família surgiu imperativa na minha urdidura narrativa. No Brasil, na Galícia, no mundo. Atrás do sangue familiar, as civilizações sustentavam os sonhos e a imaginação. As peregrinações pelas terras brasileiras, ibéricas, as Argólidas.

No início havia em todas as terras a presença de Daniel Cuiñas Cuiñas, o avô que me protegia com sua solidez e seu gosto pela comida, pelos prazeres do cotidiano. Foi para mim um paradigma. Aventureiro, belo, chegou ao Brasil com 12 anos. Sem saber que um dia eu me inspiraria nele para criar o personagem Madruga, do romance *A república dos sonhos*. Menino, quando veio, ele trazia consigo a mesma esperança que me assalta quando dou início a uma narrativa, prevendo que só com o auxílio do mistério da existência lograrei atingir o desfecho da história.

Como escritora, fiz o caminho contrário ao dele, da avó Amada Morgade Lois, do pai Lino Piñon Muiños. Enquanto eles se instalaram no Brasil para eu nascer, fiz travessia inversa. Talvez na ânsia de imitar o roteiro do avô, cheguei menina à Espanha. Tinha a missão de investigar o Brasil à medida que cruzava os caminhos das aldeias, usava sócos, feria-me com os espinhos do toxo, e levava as vacas da avó Isolina ao Pé da Mua, a montanha de Cotobade que me recordava o Himalaia, e onde eu selaria a minha sorte. De alpinista, de aventureira, de escritora.

Nos dois continentes, América e Europa, vivi preciosas porções de uma infância que fundamentou o adulto. Foi adubo para eu me tornar a escritora com que sonhava ser. Mal conhecendo o significado estético e moral de tal ofício, o que era ser uma escritora. Um ofício que iria forjar a escritura, a mulher que sou.

As lições da infância são sempre libertárias. Induziram-me a resistir apesar dos empecilhos pessoais

FILHOS DA AMÉRICA

e históricos. Do fato de ser brasileira e mulher ao mesmo tempo. Quando, lembro-me bem, algumas vozes pregaram que me acautelasse, não me apegasse aos limites mortíferos que as fronteiras e os gêneros estabelecem. Ainda hoje sufoco os sussurros que me advertem renunciar à paixão que nasce da vida e da literatura. Mas sou valente, o que temer agora que me aproximo do fim? Os anos já não são dourados, é mister que eu intua minha finitude, não espere que a vida me afague para sempre.

À noite, aliás, sujeita a riscos e medos, penso ouvir minha própria voz que aconselha: não importa o que faça, Nélida, as pegadas do vivido não lhe asseguram a compra de anos extras. Não a envolvem com um escudo protetor. Tais palavras, que me querem enfraquecer, se originam da certeza de ninguém me substituir na hora da minha morte. Sou eu, sozinha, diante do pelotão da morte, a enfrentar o instante final que espero me humanize como consolo.

A atração pela arte salva-me. Agrego ao verbo a luminosidade do filtro poético. A minha língua lusa, amada e imperecível, veio do berço, da pequena casa que o avô Daniel construiu por trás da morada familiar. Esta língua originou-se do peito materno do qual só me desgrudei após dois anos de idade. Língua e leite, portanto, vieram das substâncias da mãe terra, Deméter. E este português meu, herdado, consente que eu falhe, sempre que é inevitável. Indiferente à língua que eu fale com Deus. E que importa que use línguas estrangeiras, se Deus não me responde. Age como o fez com Sara, no Antigo Testamento, a quem ignorou, para preferir dialogar com Abrahão, que não foi tão puro como os livros sagrados nos querem fazer crer.

Aliás, dizem que Carlos V, imperador do Sacro Império, e simultaneamente Carlos I de Espanha, e dono da América recém-descoberta, portanto o mais poderoso monarca do mundo, falava com Deus em espanhol, língua que aprendeu aos 15 anos, quando desembarcou em Espanha pronto a tirar o trono da mãe, Joana, a Louca, encarcerada no castelo de Tordesilhas até sua morte. Não é de se estranhar que o imperador, tão pio, agisse dessa forma, confiante em estar falando com Deus em uma língua revestida de grandeza literária, que os clássicos lhe asseguravam. Poderia também ter escolhido os idiomas de autores como Homero, Cervantes, Camões, Dante, Shakespeare, Montaigne, Tolstói, Goethe, Machado de Assis, que alcançaram a plenitude de suas respectivas línguas.

FILHOS DA AMÉRICA

Desde a tenra idade senti os efeitos da dupla cultura. Destinada a reclamar o mundo em uma ótica dupla. Já não podia me contentar em enxergar a terra com apenas dois olhos. Requeria as vantagens concedidas ao camaleão que tinha uma visão de 360 graus.

Cedo me aprontava para herdar a Espanha e o Brasil, meu lar. Ganhar um imaginário que me enriquecia ao ler os livros de aventura, concebidos pelos grandes mentirosos. Enquanto precocemente lia os gregos clássicos, os franceses, o universo bíblico, a essência da produção ocidental. Sucumbia prazerosamente aos narradores que injetavam conteúdo e perplexidade à minha imaginação. E conquanto tivesse aprendido o galego na temporada vivida em Galícia, o português tornou-se a língua que elegi para viver e falar dos sentimentos. A escrita do coração e dos livros. Com esta língua portuguesa sou desabrida, temerária, heroica, venço os setes mares do verbo, em cuja fundura ouço Simbad designar heróis e miseráveis, o que é sombra e luz. E faço da língua lusa a chave com que abro o cofre do mundo.

Ao acordar, o cheiro do café me assegura que ainda sou membro ativo da comunidade. Respiro. Passo manteiga no pão, cumpro o ciclo imposto pelos meus apetites, enquanto me preparo para a leitura dos jornais. E reflito sobre o que sobra da vida. Sigo sendo a mulher curiosa que determina o cardápio, separa o que vai para o congelador, solicita novas compras. Ambiciona ter as geladeiras repletas de esperança.

Estou na chamada terceira idade. E daí, o que fazer, o que acrescentar a um estágio visível a todos? Meu corpo proclama sua idade, mas meu cérebro refuta uma constatação que me quer humilhar. Mas antes de iniciar as narrativas que elejo fazer no escritório, passo em revista outros pormenores da casa. Não sou inadvertida. Assim, serva do cotidiano que me exalta na sua adorável mesquinharia, não me descuido dos afetos que tenho em abundância. Destaca-se meu amor por Gravetinho e Suzy, ambos Piñon, que são exigentes no que tange a afetos e direitos. Reparto com Gravetinho, desde os dois meses de idade, a nossa casa. Veio-me no ano de 2006, dado pela inesquecível amiga Elza Tavares. Foi o mais precioso presente que recebi. Nem um diamante lapidado poderia sobrepor-se ao que Gravetinho significa para mim. Já Suzy, presente de Marina e Renan, está na casa há um ano, mas é uma vitoriosa. Cobra tudo que meu amor lhe pode dar. E como não os quero carentes, exagero, dou-lhes o que não me pediram.

FILHOS DA AMÉRICA

A agenda exige consultas frequentes. Em geral, sobrecarregada, imperativa, cobra certa ordem. Mas logo que me libero desses empecilhos, aventuro-me a escrever sem temor, sem medir os atos insensatos. Compenso tal desvario ao som da música. É penoso dispensar seus acordes. Logo alguém baterá à porta para interrogar como cortar as batatas para o almoço. Afianço, com voz pausada, que melhor cortar em cubos, ou fatiá-las na mandolina. Mas, neste caso, serei eu quem cumprirá esta tarefa, para evitar cortes, mutilação, derramamento de sangue.

Resigno-me diante dos embaraços típicos da mulher, mesmo sendo escritora. Contudo, colada à desconfortável realidade da cozinha que interrompe uma frase pejada de poesia, sei, em contrapartida, que as tarefas femininas ampliam meus conhecimentos, enriquecem meu lar. Não posso renunciar às experiências que as mulheres em priscas eras depositaram ao pé do lume. E nem deixar de ir à Academia Brasileira de Letras duas vezes por semana. Ou abdicar do hábito de deter-me diante da estátua de Machado de Assis, posta no pátio que dá acesso ao Petit Trianon, e lhe dizer as palavras que me ocorram naquele dia. Sem ostentar, porém, qualquer intimidade. Trato o gênio nosso com máxima consideração, o que implica usar o tratamento senhor. Nem com o pontífice, no Vaticano, com pompas e auras, tenho tais cuidados. Mas está certo que eu aja assim, quem no Brasil supera Machado de Assis?

Certas noites, quando recebo amigos, ofere-ço-lhes iguarias, pratos quentes, que eu mesma preparo. Tenho certo talento para dissecar receitas e me deslumbrar com os engenhos do fogão. Fascino--me como ingredientes tão simples, ainda cobertos de terra, adubo, podem, em conjunto, dar tanta vida às panelas e a nós. Após o fogo do fogão, submeto--me ao outro fogo que advém da carne, da alma, do pensamento, das inquietações teológicas. Quem melhor trata desses assuntos que os místicos, cria-turas que na ânsia de Deus apostaram na santidade como solução para os conflitos terrenos?

Apaixonei-me pelos místicos na mais tenra ida-de. Cedo descobri místicos como o belga Juan Van Ruysbroeck, de expressão flamenga, e Meister Eckhard, ambos do século XIV, são Boaventura, do século XIII, Bernard de Clairvaux, monge cis-terciense do século XII, Catarina, de Gênova. Sem mencionar os anacoretas do Deserto, fascinantes fi-guras do século IV. E místicos e santos como Teresa de Jesus e Juan de la Cruz, que atenuaram a dureza da Contrarreforma. E as místicas da América, como santa Rosa de Lima, sóror Juana de la Cruz.

Também fez parte da minha formação visitar os séculos, farejar as vidas vividas nos castelos, nas masmorras, nos tronos manchados de sangue, nos descampados, como se estivesse em casa. Sempre, porém, gravitando em torno da civilização grega, graças à qual inspeciono ainda hoje a realidade.

Viajo com frequência. Arrumo as malas e entro nos trens e nos aviões como se não tivesse saído de casa. Para onde vá, levo a vida comigo e deixo, em seu lugar, em minha casa, uma outra. Antes, porém, autorizo que alguém responda em meu nome por essa outra existência que come pedaços de mim sem qualquer consideração.

Sei, porém, que a civilização ocidental está em mim. Como tal, o conteúdo dos meus livros faz de mim um aedo, um poeta a serviço da memória, que preservou o poema narrativo de Homero, o esplendor da Ilíada e da Odisseia, berço e túmulo meus. Mas, se sou um aedo, estou proibida de esquecer. Não posso cessar de narrar, de esclarecer minha humanidade, de pegar da pena e assinalar os tropeços humanos. Careço que os demais completem os dados que me faltam do meu personagem. Sem tal concurso a narrativa torna-se uma colcha de retalhos desprovida de sentido. Assim, vivo às custas dos vizinhos que frequentam minha casa e minha escritura. Porque, pobre de mim, eu sou o outro.

A narrativa ficcional chegou-me cedo. Sob forma de aventura que o livro me convidava a reviver. Trouxe-me a falsa noção de que o autor, antes de iniciar seu relato, experimentara o gosto das peripécias prestes a contar. Ele fora algum navegante que singrara os mares, e aprendera em cada porto o fulgor da mentira.

A vocação precoce de escrever, e que tanto me aturdia, levou-me a exacerbar a imaginação. A considerar que material me abasteceria de um saber complementar com que armar minhas narrativas. A ir às fontes que me suprissem de enredos enraizados nos compêndios de História clássica. A fim de perscrutar o sacro e o profundo, de adentrar por um repertório de amplo espectro, de apalpar o sentido da vida.

Urgia descobrir a eventual compatibilidade entre as páginas históricas e a arte de contar. Para tanto eu submergia nas antigas culturas a fim de sondar o caráter lendário com o qual assegurar peripécias míticas aos meus enredos. Julgava que o relato de

FILHOS DA AMÉRICA

priscas épocas me regalaria componentes indispensáveis ao meu imaginário em formação, carente de estímulo.

Com tais premissas, contando com as doses da fabulação, eu armava as maravilhas que, enterradas intactas no fundo da terra, me municiavam com ofertas inquietantes. Como pergaminhos, ânforas esfareladas, objetos pessoais de Sócrates, lembranças guardadas por Hércules, de uma das suas doze façanhas. Tal fabulário, associado à História, cobria a guerra de Troia, as batalhas persas, as crônicas da América.

A imaginação, portanto, aliada à invenção, tornou-se uma disciplina propícia aos prodígios, à manipulação da verdade e da mentira, ao simulacro, ao uso dos mitos, à gênese social, ao que convinha rastrear no curso da narrativa. Tudo metal da mesma liga.

Através da leitura acerquei-me, entre outras, da História grega, persa, hebraica. Sem aparato erudito, me embrenhava pelas simetrias, pelas sequências cronológicas, pelos encadeamentos episódicos. À procura dos fundamentos comprometidos com a precária arte de viver, com as substâncias inventivas capazes de abrir brechas na imutável noite da história. Com essas bases, especulava sobre as frágeis contingências humanas, fazia a auditoria dos cenários hiperbólicos ocupados pelos reis e exércitos.

Lia, sem critérios, Heródoto, Tucídides, Plutarco, Plínio, Velho e Jovem, Dumas, Monteiro Lobato, Karl May, Balzac, que considerava indispensáveis. Eles me deram a medida humana. Por meio deles a realidade me falava, e eu estremecia de prazer e susto. Recolhia os interrogantes havidos nos textos dos historiadores clássicos, elementos que reforçavam a convicção de haver simbiose entre ficção e história.

Percebi que, se pretendesse ser escritora, devia enveredar pelos tempos arcaicos, sondar a procedência das palavras e dos sentimentos, os feitos que pautaram a herança comum. Reconhecer que não éramos inaugurais, segundo pregavam os ingênuos vaidosos. Herdáramos simplesmente uma sucessão de civilizações iniciadas por um bando de mulheres e homens carnívoros.

Heródoto, historiador grego, introduziu-me ao banquete encantatório da História Antiga. Refinou meu conhecimento e apresentou-me à antiguidade, a países, ou Estados, que nem mais existem, mas existiram. Superior aos seus contemporâneos, ele avançou com eficácia e cautela, destituído de recursos, por terras onde não estivera. Conduzido pelo desejo de transcrever histórias jamais contadas, de apalpar o âmago da história, ele relatou o que mal antevia, fatos nem sempre conhecidos de perto, que não foram antes documentados.

FILHOS DA AMÉRICA

Predestinado a servir à História do seu tempo, Heródoto exercia plenamente a vocação de narrador. Ajudado pelos azares biográficos, pois nascera na Ásia Menor, numa cidade sob domínio persa. Uma feliz conjunção que o tornou herdeiro do imaginário oriental, em que abundavam exageros, e ainda da precisão e exatidão helênicas.

Usuário dessa fusão, o texto de Heródoto revela estas imbricações culturais. Um imaginário servido de poesia, de abstrações descritivas, fomentado pelo sal grosso da realidade da sua época, que ele captava. Indiferente à circunstância de constituir à época legítima contravenção relatar dados da vida contemporânea. Isso porque rezava entre os gregos a tradição de não se abordarem aspectos da realidade recente e próxima. Como se valesse desprezar o presente e duvidar da eficácia humana em interpretá-lo.

Favorecido, porém, por um momento em que os jônios ganhavam a reputação de possuir espírito inventivo e indisciplinado, oriundo decerto do inato talento de suspeitar das ocorrências cronologicamente enfileiradas, Heródoto intuiu, com especial acerto, que devia tomar a si a tarefa de falar de seus contemporâneos, a despeito de qualquer encadeamento lógico.

Como aprendiz da arte narrativa, eu observava Heródoto esmerando-se em forrar, com máximo de fidelidade, os fatos tidos como reais. Enquanto, ao abordar o passado, incursionava pelo maravilhoso com rara desenvoltura. E recorria, coerente com sua singular composição narrativa, às lendas que lhe enriquecessem o relato. Aquelas que haviam sobrado das criaturas que, instantes antes de morrer, semearam a imaginação popular com vestígios de suas memórias e feitos.

Ele tinha uma real função ficcional. E como tal, liberto do peso documental, observava de perto a construção dos mitos que serviram de base para o surgimento de outros mitos a que se adicionaram mais tarde por força então de lacunas e variantes. Aqueles mitos que, retocados em seu teor emocional, desembocaram um dia nas tragédias de Eurípides. Ou em Delfos, onde Apolo prescrevia enigmas que perturbavam os homens, enquanto ele próprio, em gesto mesquinho, lançava ao descrédito as adivinhações de Cassandra.

Eu julgava que Heródoto reconhecia o quanto o passado, distante dos seus olhos, se organizava com a ajuda dos relatos orais que em seu dramático percurso se estilhaçava em milhares de pontos de vista, soltos e irreconciliáveis entre si.

Lições assim, como essas, me ajudavam a aclarar o significado premente da invenção. A necessidade de

FILHOS DA AMÉRICA

bordejar o texto criativo sem cautelas eruditas, ainda que o narrador fosse poeta, cronista, teólogo. Sem o escriba abdicar de ser um historiador, como Heródoto, que explorava o mesmo páthos que Eurípides, em suas tragédias, elevaria à culminância máxima.

Conquanto eu não tivesse nos bairros em que morei, como Vila Isabel, Copacabana, Botafogo, Leblon, Barra, Lagoa, oráculos como vizinhos, aprendi que a tragédia estava apta a eleger quem fosse, e bater à sua porta. Sem critérios, os deuses e os oráculos aplicavam castigo aos mortais. Disseminavam entre eles o fluir do sangue derramado. Propagavam o ritual cujo desenlace cruel aterrorizava o coração humano. A fim de que sobressaíssem na minha imaginação madrugadas sombrias, sobressaltos. Talvez para eu recordar, em que lar estivesse, dos tempos em que a terra era uma incógnita solitária descrita pelos desígnios e desvarios de algum poeta.

Sob a tutela da ilusão, que é uma folia envolvente, movia-se a alavanca do meu imaginário, e eu ia vencendo séculos, poderes dinásticos, rainhas, heróis, a servidão dos miseráveis. Com semelhante credulidade a meu favor, fundi personagens nascidos da ficção, uma metamorfose que aprendi com Balzac, em *Le Père Goriot*, ou com a odisseia entronizada de Alexandre, o Grande. A serviço da escrita, eu tudo podia. Como unir entre os personagens suas provisórias humanidades, ou oferecer a cada metade deles a clave secreta do outro.

Menina, aspirava chegar à China como Marco Polo. Não sei bem por quê. Talvez para ampliar o espectro humano, aquilatar o valor dos sentimentos proibidos, saber o que existia por trás da máscara veneziana de certo personagem. E então, enquanto escrevesse, imersa na volúpia narrativa, transgrediria a ordem e a sucessão dos fatos.

Minha imaginação comprometia-se com o desabrochar da poesia. Havia, pois, que desmobilizar a lógica, o rigor cronológico, os preconceitos expedidos pelo lar galego, pelo provincianismo brasileiro, pelos compêndios escolares, pela teologia sustentada pelas madres alemãs do Colégio Santo Amaro, onde estudava desde tenra idade. Uma imaginação fomentada pelos postulados expedidos pela versão oficial da realidade e pela minha voracidade criadora, embora incipiente.

Na caça de uma poética que, conquanto em formação, descartasse soluções simplistas, analogias reducionistas, à medida que aderia ao esplendor do verbo. Para ganhar em troca metáforas que arrancassem Prosérpina dos braços do marido Plutão, senhor do Hades, para reencontrar a mãe, Deméter,

FILHOS DA AMÉRICA

inconformada com aquele matrimônio. Metáforas mediante as quais uma modesta brasileira, ansiosa pela transcendência da escrita, dialogasse com os gregos circunscritos ao Ágora. E isto porque esta escriba, atenta aos logros estéticos e à força da fabulação, reconhecia não haver limite entre suas intenções e o ato mesmo de criar.

Segundo esta mesma escriba, a invenção novelesca requeria que se promovesse, enquanto se povoava as páginas do livro, a versão ambígua do cotidiano. Isto é, ao se esculpir um personagem, contando tão somente com a fragilidade do sistema verbal, assegurasse também a ele, ademais de afrontamento com demais personagens, uma origem carnal, um corpo escravo da dor e da luxúria. Todos a vergarem sob o desmando criativo.

Os aparatos do mundo romanesco constituíam premissas, fórmulas, métodos eventualmente aplicados ao longo do percurso narrativo. Advinham dos mestres que tudo me ensinaram. Ao lê-los, constatava como elegiam protagonistas, enquanto reduziam os coadjuvantes a meros subalternos da cena, condenando-os ao esquecimento. Aprendia como eles, na condição de criadores, eram livres para determinar que ponto de vista ideal adotar a serviço de sua trama novelesca.

Havia sobretudo que exaltar o imaginário coletivo, ganho no berço. Explorar as contradições sociais, o caráter lendário do mundo arcaico. E isto porque eu me fizera escritora a partir das narrativas primevas, geradas praticamente no início do mundo. Dos relatos que me levaram um dia a Aachen, ao pé do trono de Carlos Magno, cujas vicissitudes conhecera mais profundamente na gesta *La Chanson de Roland*, do século I, de quando o imperador, já de regresso de Espanha, sofrera em Roncesvalles a perda do amado sobrinho que, à beira da morte, se esforçara por quebrar a espada Durandal contra a roca. Um local que julguei sagrado, razão de ali ter estado para prantear Roland, um dos 12 pares de França. Foi em Roncesvalles, a partir dos Pirineus, que revestida de boné, cajado, e concha, iniciei a peregrinação que me levaria após 22 dias a Santiago de Compostela.

Ao repassar essa intensa vida pregressa, constato a dificuldade de acumular os pormenores secretos do meu ofício, assim como acercar-me do centro de uma voragem que arregimenta a vida. Mas de qualquer perspectiva que adote, circundada pela beleza da lagoa Rodrigo de Freitas, que observo enquanto escrevo, incomoda-me ser parte de uma contemporaneidade fraudulenta, em nome da qual nos cremos

FILHOS DA AMÉRICA

haver dado partida ao mundo, descuidando-nos dos tesouros e horrores que nos precederam, e formam a tradição.

Era natural que me atraíssem os enigmas brasileiros, o folclore que difundia figuras como o Saci Pererê, a Mula sem Cabeça, o Matita Perê, as criaturas do Sítio do Picapau Amarelo, as almas desencaminhadas, as mesmas que apareciam nas encruzilhadas em Galícia, ao lado dos Cruzeiros de granito, representando a cruz de Cristo. Figuras e lendas que se inseriam no drama popular e que eu recolhia para a narrativa. Mas carecia em especial de transitar pelos séculos e apontar com o dedo para o mapa do tempo que lugar visitar. Acaso Micenas, que por muito tempo destruiu minha serenidade?

Sempre me atraiu o período que ia do ano 1000 até os séculos III, ou IV, em que o homem, possivelmente, escravo ou senhor, era livre para optar entre o paganismo, sob cujos postulados vivera durante milênios, e o cristianismo, que propagara, graças a são Paulo, uma outra espécie de esperança que alentava o futuro. Podia-se ser nômade em matéria de fé, perambular pelos atalhos pregados pelos deuses gregos e romanos, e ao mesmo tempo indicar o Cristo como o mentor espiritual que colaborou para a demolição do implacável império romano.

Os clássicos, que absorvi apaixonadamente, jamais pregaram a inocência, ou abrandaram minha consciência. Ao contrário, advertiam-me dos perigos dos tempos em que o sol ainda não era o centro do universo. Assim devendo eu me acautelar quanto ao rancor dos homens e dos deuses literários e históricos que nos puniam emitindo avisos de serem conhecedores das falhas humanas. Embora reconhecessem, nós e eles, que se devia o vigor da narrativa aos defeitos expostos pelos humanos.

Há anos escrevo. Mas ignoro se me sintonizo com os meus feitos literários. Filtro talvez os desastres e os acertos com o intuito de entender o que produzo. Para tanto, ouço os ditames dos escritores do passado, o que disseram, o que sofreram. Mas suas criações antagonizam a minha. Consequentemente, ao me faltar a grandeza deles, sou desleal à herança que me delegaram. Sigo, porém, reverenciando os gêneros literários tidos como mortos. A epopeia, para mim, é imortal. Ela tridimensionou o destino dos povos antigos, e não excluiu meu destino.

Daí eu afirmar, sempre que posso, que Heródoto tinha muito a me dar. Afinal acumulara um repertório que não se esgotara com ele. Foi sucedido por Tucídides, que me introduziu a uma fase realista da história. Pude com ele sentir o aroma dos ciprestes,

FILHOS DA AMÉRICA

a acidez do sangue derramado nas batalhas. Séculos depois, o português Fernão Lopes propugnou em sua obra por espaços amplos na narrativa histórica. Ocupou-os por meio da concentração de forças coletivas. Como na *Ilíada*, de Homero, ele aproveitou as ocorrências sociais, pesou o aspecto psicológico dos protagonistas, realçou as provas circunstanciais que os narradores à época relegaram a segundo plano.

Que aprendizagem difícil eu devia empreender para avaliar o que todos escreveram. Fazer a exegese de suas mestrias. A partir deles, porém, tornou-se impossível abandonar a moldura mitológica, os arcanos, os traços poéticos, as lendas soltas, sem donos. Afinal a natureza da ficção não se moderniza, ela é brumosa, resiste a despovoar-se das figuras paradigmáticas e arquetípicas. Cabe-me, então, relê-los. Eles continuam desbravando o mundo.

Às vezes encarrego-me de anotar aspectos da minha trajetória. Nem sempre a arte, da qual vivo, me concede o engenho de esclarecer meus desígnios. Tenho vida pessoal e tenho lendas, o outro lado da existência. A minha aparência reveste-se de modernidade, mas não convém acreditar. Construí-me a partir de uma legião de anônimos que aceitaram depor em favor dos meus textos. Isto é, deixaram-se narrar. Converteram-se em personagens com dramas e nomes que encarnam um milhão de seres. A despeito dos riscos inerentes ao ato de criar, eles são heróis e vilões ao mesmo tempo. Esta é a justiça narrativa.

A vida, por sua vez, é um campo minado. Mal sei quem sou. Rio e choro do ridículo humano. Luto, no entanto, por afugentar a inveja, o ressentimento, os males que abatem a mente e as células. Valorizo a dimensão do coração. A compaixão, a bondade, a gentileza, os atos que impulsionam o amor. A energia recôndita, que aperfeiçoa o convívio social, impede que por qualquer gratuidade matemos uns aos outros.

Quisera ter asas, usar o capacete de Hermes e, com ele, já invisível, frequentar a casa alheia sem ser notada. Não para surpreender o cotidiano mesquinho, ou o sexo grotesco, a violência a pretexto do amor exaurido e ingrato, mas constatar a alegria com que homens e mulheres, sentados ao redor da mesa, comem um prato de lentilhas, agindo como se fossem primogênitos de uma tribo escolhida por Deus.

Com que gosto eu me apresentaria como aventureira, em vez de escritora. Disposta, nesse caso, a dar partida a uma viagem sem retorno ao ponto de saída. Quando menina, eu pesava a excelência de

FILHOS DA AMÉRICA

jamais dormir uma segunda noite sob o mesmo teto. O rodízio dos leitos e das casas. Pois, no papel de aventureira, a vida seria um dom irrecusável, incapaz de cercear os movimentos do amor.

Certos sentimentos, contudo, que advêm dos dias, são instantâneos, pronto se desvanecem. Sobra deles um estranhamento. De repente ausentam-se o país, a língua, a grei familiar. Perde-se a âncora que nos ampara, conecta-nos com a urbe. Igualmente a escala com que medir o tamanho do mundo. Nesses instantes, convém nos agarrar às normas, às condutas que espelham um padrão civilizatório. Impedir o avanço da barbárie disposta a apagar as obras oriundas do engenho humano.

Vida e ficção são uma equação insolúvel. Imperfeitas, ambas se complementam. Isoladas entre si, não se salvam. E a despeito do esforço conjugado, juntas, elas não decifram o mistério humano.

Publiquei meu primeiro romance em 1961. E por se chamar *Guia-mapa de Gabriel Arcanjo*, as livrarias muitas vezes colocavam o exemplar nas prateleiras especializadas em viagens, em geografia.

A experiência estética que adveio desse primeiro livro exerceu grande influência em minha evolução. Foram tantos anos, desde então, que hesito em definir onde estive, por onde passei, o que me transformou nessas décadas. Ou arriscar-me a dizer em quantas portas bati, quantos corações visitei, quantos corpos amei, ou apontar os momentos em que, levada pelo espanto e a emoção, cerrei os olhos para abri-los em seguida, com a esperança de haver frequentado em frações de segundo uma geografia cravejada de ilusões.

No curso desse longo período, apossei-me de uma memória múltipla e proteica, assumi estados que só lograria descrever pela via ilusionária da arte. Cada livro meu, de uma extensa galeria de títulos, educou-me para a vida e para o próximo. Ajudou-me a dessacralizar a literatura e voltar a sacralizá-la, de modo a experimentar na pele o submundo da palavra com seu corolário ofuscante.

O que vivi minou, alterou, enriqueceu minha literatura. Experiências, contudo, que me guiaram tempos afora. E que, ao enlaçarem alegria e dor, provocaram revelações contundentes. Simetrias e contusões verbais que, embora consolidassem meu amor pela literatura, lançaram-me ao encontro do meu Graal, o verbo.

Não lamento ser quem sou. A escritora que com inexplicável jovialidade sonda o próprio coração e o

FILHOS DA AMÉRICA

alheio, no empenho de avançar por trilhas em geral obscuras e desconhecidas. Arrisco tudo no que faço, sabendo que posso fracassar.

Conquanto seja avançada nos anos, e guarde a lembrança de ter vivido uma árdua jornada literária, não cedo um mínimo traço da inteireza do compromisso estético e moral que assumi com a literatura. Rejeito pactos oportunistas, falsamente benfazejos. Recordo vivamente as dificuldades que enfrentei desde a estreia em 1961. No entanto, cada pedra que pisei ao longo dessa via áspera foi lavrada pelo cinzel da minha audácia e perseverança. Exerci simbolicamente o ofício de canteiro que terei herdado dos ancestrais, vindos todos de Cotobade, de uma terra que se notabilizou pela maestria com que seus homens cinzelavam pedras destinadas às moradias e às catedrais.

Declaro, portanto, que cumpro os preceitos de um legado secreto, de uma arqueologia que se perde nas noites dos tempos. Confirmo que estou unida à literatura por laços indestrutíveis, originários da fonte do meu coração. A literatura é meu epicentro. A chave da minha poética humanizada. Graças à qual sondo os dissabores da realidade, dou guarida à criação, e penetro nas obscuras entranhas da palavra.

Vale citar agora frase minha que se encontra no capítulo 31 do livro *Vozes do deserto*. Suspeito que nenhuma outra define melhor esse amor: "Scherezade sabe-se instrumento da sua raça. Deus lhe concedera a colheita das palavras, que são o seu trigo."

É o que tenho feito ao longo da minha obra, da minha solitária jornada.

No romance *Vozes do deserto* circulo pelo território da imaginação. Exploro esse refinado patrimônio humano através da narrativa. E enquanto rastreio os mistérios dessa arte milenar, dou curso ao caráter civilizatório que está embutido em qualquer narrativa nascida da fabulação em estado puro, radical, como é o caso de Scherezade, minha protagonista.

O romance é passado aproximadamente no século X, em Bagdad, sob a dinastia dos abássidas. Nesse enclave urbano, secundado pelos rios Tigre e Eufrates, cercado de muralhas, concentram-se misérias, maravilhas, devaneios, paixões, e o saber da época.

É com esse acervo perturbador que a jovem Scherezade, de família nobre, sujeita à ambiguidade feminina e à tirania, enfrenta o Califa, e lhe impõe uma realidade pela qual o soberano se apaixona, embora não ame nem admire as mulheres.

Como parte do Oriente Médio, Bagdad crescera à sombra da nova religião que o profeta Maomé,

FILHOS DA AMÉRICA

com suas revelações ditadas diretamente por Alá, espargira com progressivo sucesso. Ninguém resistia às revelações ditadas por Alá, que elegera Maomé seu Profeta.

Uma cultura teológica vinculada ao universo do deserto, da paisagem de areia que açodava a imaginação de um povo nômade, liberto das noções fronteiriças. Nesse cenário, de deserto e de urbe, Scherezade alia-se aos narradores do bazar de Bagdad, que se tornam seus cúmplices. Com eles aprende o magnetismo do verbo que conta histórias e sabe que quando um personagem se traslada no curso do relato, seu movimento afeta o conjunto das histórias. Gera automaticamente novas convicções narrativas.

Apaixonada pelo povo que, embora inculto, exercia a oralidade perfeita, Scherezade aplaudia a arte do mercado que fazia parte do frontispício árabe, da humanidade, portanto. Um povo que, ao transmitir seus intermináveis relatos, submergia automaticamente no mistério. E que, sob o peso da noção de ser mister narrar e ouvir histórias, tornava viável a existência humana, em geral conflitiva e sórdida.

Um povo que participara de um fenômeno ocorrido no Oriente Médio, que se constituía na crença de existir um único deus, invisível e abstrato, que não se via, mas que falava com seus eleitos e profetas. O novo conceito de fé, que gera entre os semitas surpreendente monoteísmo, quebra o paradigma havido entre os povos, até então, de adorarem muitos deuses. Certamente essa realidade teológica afetou a relação de Scherezade com as classes populares, e mesmo o seu envolvimento com a ama que a criara.

Jovem, ainda, ela se torna, ao longo do romance, um dos mitos do saber narrativo, e como tal se comporta. No entanto, entregue à função de narrar, não se escutam as histórias que ela narra ao Califa a cada noite, após ele lhe conceder um dia mais de vida.

Sua voz narradora, que supostamente a autora utiliza sem cessar, se faz ouvir através de outros recursos narrativos. Os latidos persuasivos do seu coração ecoam pelas dependências privadas do Califa. E sua fala pelas manhãs, na iminência de ser condenada, parece prosseguir até ser poupada uma vez mais pelo Califa, que, sob o jugo da sua narrativa, não consegue condená-la.

Cercada da irmã Dinazarda e da escrava Jasmine, a jovem ostenta espírito indômito. Enfrenta a tirania do Califa com a mesma paixão que devota às causas populares. Ela encarna o seu povo que narra. Como filha do Vizir, ora casada com o Califa, assume o papel de uma guerrilheira da imaginação, uma mili-

FILHOS DA AMÉRICA

tante da palavra que reverbera através de fascinantes e eternos racontos.

O confronto entre essa personagem destemida e o soberano abássida agiliza um drama que debate o corpo, a sexualidade, a fantasia do entretenimento, a sentença de morte que paira sobre as virgens do reino, a rivalidade latente entre as mulheres que, encarceradas no harém, dependem dos favores dos homens a fim de não serem ceifadas.

Desvenda-se, ao longo do relato, o complexo percurso da cultura árabe, que, a despeito da apurada riqueza, bebe nas fontes populares, tendo como parâmetro básico a presença cotidiana de Deus, impressa no livro santo, que é o Corão. Como resultado da maciça adesão dos fiéis árabes ao profeta Maomé, consolida-se o Islã, cujas normas religiosas pautam a criação do califado de Bagdad. Um califado que Scherezade, enquanto narra, descreve com fausto e riqueza de detalhes. E que, embora ela considere as circunstâncias históricas da cidade, não se descuida da monumentalidade da arte que emana do povo, e que se ergue ao longo do império.

De visita ao bazar, acompanhada pela ama, Scherezade adotava disfarces para não ser reconhecida. Ora é um homem com andrajos, ora uma mulher de extração popular. Como seja, amparada pela imaginação fecunda e difusa, ela defendia o feudo dos miseráveis, dos mendicantes, dos dervixes, dos vendedores, dos que pregavam ser a vida uma fabulação.

No palácio do Califa, onde vive agora encerrada, ela infunde ânimo renovador às mulheres presentes, graças à atuação intransigente da sua imaginação, que ela sabe não ser inocente. Com o auxílio da irmã e de Jasmine, que lhe traz do mercado o que faz falta, ela acumula intrigas para a próxima história. Também o dervixe, a quem não conhece, lhe manda, através de Jasmine, pedaços de enredos. À cata de moedas, o dervixe conta a Jasmine o que a serviçal carece saber para vir no futuro pleitear, quem sabe, o lugar de Scherezade.

A comunidade contribui, direta ou indiretamente, para o enriquecimento da narrativa. Era natural que a arte de narrar prosperasse entre eles, afeitos a passar horas contando o que fosse. Uma arte que dependia de o povo entender o que subjazia à matriz de cada indivíduo, e contribuíssem todos para que a oralidade lhes chegasse em estado puro. Para eles assim injetarem à escrita um caráter epifânico, transformador.

A fonte das histórias de Scherezade emergia da vida, dos enigmas, do saber curioso, da atenção posta nas tarefas civilizatórias. E estando ela sob a custódia da imaginação, a cada instante tentava

FILHOS DA AMÉRICA

lapidar, modelar, atiçar, modernizar, alterar o coração humano. E a partir dos efeitos que planejava, a jovem ficava na expectativa de provocar no Califa a metamorfose desejada, de aprender ele, com seus súditos miseráveis, a audácia de viver.

Tinha em mira, como narradora, captar os estertores do mundo desde sua fundação. Confinada ao palácio, a imaginação de Scherezade não se descuidava. Percorria a terra, cobria o deserto com a mirada, acenava de Bagdad para as distantes caravanas, adivinhando o que levavam para o outro lado do Mediterrâneo. Se acaso havia em meio às mercadorias manuscritos de Aristóteles, de Platão, recuperados pela escola de tradutores de Bagdad. Em busca ela de uma via pavimentada de sonhos e de metáforas revolucionárias.

Scherezade iguala-se a seus personagens ao propugnar que o Califa seja um dia atingido pelo arpão lançado pela narrativa, que podia ser mortal. Confiava nos efeitos amorosos de uma história capaz de atuar além do tempo, de se incrustar na memória, de ultrapassar aos poucos os umbrais de um universo inaugural e perturbador.

Sua peregrinação verbal enfrentava a cada noite o ressentido Califa, eternamente inconformado com a traição da esposa. E proporcionava ao cruel

53

soberano a aragem de liberdade que lhe faltava. A faculdade de ele participar das histórias alheias como se as houvesse inventado. De desfrutar, como suas, as peripécias que Scherezade lhe assegurara haver existido, mas que a preguiça e as prerrogativas do poder lhe negaram conhecer. De descobrir em seus súditos, que ele desprezava, a criatividade refinada que ombreava com as peças arquitetônicas árabes, tão belas como os minaretes. Um povo que, a despeito dos maus-tratos sofridos, do cotidiano ingrato, não prescindia de uma arte que diariamente lhes fornecia o dom do mistério.

Scherezade interrompe finalmente seu ciclo narrativo. Cessa as atividades a que esteve afeita desde menina. Com sua retirada de cena, liberada pelo Califa, ela abre a sucessão, que se habilite quem possa assumir o ofício de narrar. Haverá vários pretendentes. Como a irmã, Dinazarda, a serva, Jasmine, e, quem sabe, o próprio Califa.

Era mister que disputassem sua herança, que passasse a narrar quem acreditava na soberania da narrativa. Como foi o caso de Scherezade e da escriba Nélida.

O romance *Vozes do deserto* exigiu intensas leituras, contínuas pesquisas. Colhi preciosas informações de livros clássicos, históricos, de teor religioso. Conhe-

FILHOS DA AMÉRICA

cimentos que se referiam à cartografia, à história, ao misticismo, à arquitetura, à teologia. Segui assim a genealogia dos abássidas, seu fortalecimento a partir de Maomé. Não me descuidei da construção de Bagdad, que resultou do fortalecimento do islamismo.

A partir de exaustiva investigação, tinha o mundo de Scherezade na cabeça. Com estes saberes, imaginava, com desenvoltura, o roteiro das caravanas, a forma de vida do povo do deserto, as intempéries a que estavam sujeitos, a desolação da paisagem mutável, as dunas que se faziam e se desfaziam pelos ventos. Incorporava-me mentalmente à rota da seda, enumerando os produtos, muitos vindos da China, que seriam transportados para o outro lado do mundo.

Eram-me familiares as cidades vizinhas a Bagdad. Conhecia suas vielas, seus locais de adoração, os mercados que regurgitavam. Seu destino histórico e sentimental. Parecia-me que em caso de fuga de Bagdad, perseguida por adversário tinhoso, saberia onde me abrigar.

Tal saber, contudo, ao longo de anos vividos em Washington, Miami, Barcelona, Rio de Janeiro, cidades onde residi durante a fatura do romance, me afligia. Como que me apunhalava a cada manhã enquanto preparava meu café sempre farto, com um mínimo de três queijos e duas marcas de geleia. E que me deixava às vezes insegura de como lidar com Scherezade, o Califa, poetas, farsantes, oradores, gente do bazar. O mundo árabe e sua língua que eu ouvia nas gravações na tentativa de interpretar os seus arabescos e ruídos guturais, mas que me emocionavam.

Não era fácil conviver com personagens fruto da lavra alheia, quando parte intrínseca da história árabe, engendrada ou real, me soava estrangeira ao meu empenho de criadora. Exemplifico com os sufis, admiráveis místicos e poetas que enalteciam Alá. Eles me recordavam os valentes santos da península ibérica, nascidos à sombra das trevas impostas pelo Concílio de Trento, que gerou a Contrarreforma. Como Juan de La Cruz e Teresa, a santa de Ávila.

Calculava com certa precisão as distâncias havidas entre os pontos essenciais do império. Os quilômetros que distavam uma cidade da outra. E nem sei por que tal informação valia guardar. O fato é que a imaginação se movia com naturalidade pelo deserto, pelo oásis, pelas urbes. Decerto me forçando a desenvolver uma memória visual e sentimental que me sustentava.

Com tal acúmulo de saber, enriquecido pelas sucessivas leituras do Corão, triturei e metabolizei a realidade árabe com o intuito de integrá-la à minha

FILHOS DA AMÉRICA

psique profunda. Decidida a não transcrever marcas eruditas para o romance, que rejeita essa condição enciclopédica. O que sabia em demasia, devia esquecer. A ficção afinal é ingrata, repudia excessos que pesam à narrativa. Qualquer pretensão é crime, fere as demandas poéticas da criação.

Tratei de dissolver excessivos nodos provindos dos meus haveres culturais, evitando assim impasses narrativos, dissertações eruditas. Como consequência, assegurei que Scherezade, ao dar início aos seus relatos, avançasse noite adentro sem perder o prumo da narrativa. Sem renunciar a infiltrar em seus enredos intrigas e peripécias estonteantes.

Cuidei de manter intacta a índole narrativa da jovem que extraía as histórias do povo que amava. Não a privei da habilidade com que expunha a matéria do seu pensamento e organizava as estruturas narrativas. Seu desdém por certos temas que se antepunham aos que apreciava. Seu modo de usar com certa perversidade palavras que tinham a intenção de enfraquecer o amor de algum personagem. Certos usos verbais, que podiam ser grosseiros, se afinavam, contudo, com o que contava. Serviam simplesmente de trampolim para o salto que alcançaria o coração do ouvinte.

A cada novo dia a jovem, diante do Califa, aperfeiçoava a estratégia que conciliasse suas palavras com as malhas exigentes do enredo. Atenta a aplicar os recursos que a salvassem ao amanhecer, quando o Califa selaria seu destino. Evitando, porém, soluções que afetassem o heroico e comovedor desfecho de alguma narrativa.

Tinha em pauta os instantes que surpreendiam de repente o Califa, quando eu o introduzia às cenas cuja descarnada sexualidade explicitava o desejo do corpo, por natureza desprovido de moral. Havia que encravar a paixão no personagem, assim como realçar a solidão de que padecia a narradora. Prisioneira ela do cruel Califa que a mantinha encerrada em seu palácio, sob o cutelo do carrasco.

A narrativa romanesca não se esgota ao final da leitura de *Vozes do deserto*. Prossegue após Scherezade anunciar o desfecho que lhe convinha. Também a autora do livro, a chamada Nélida, ao encerrar o livro, perdeu o pleno exercício da sua autoridade. As palavras que a jovem e a escriba usaram após incendiar a carne dos personagens vão deixando de existir. Mas a escriba Nélida tem noção de que ainda não exauriu o cerne da oralidade, não visitou o esconderijo a partir do qual homens e mulheres andrajosos, após tecerem o emaranhado do seu verbo, seguiam para a praça pública onde punham a realidade à prova. Não soube ela, conquanto escriba,

FILHOS DA AMÉRICA

compreender exatamente a gênese da palavra sórdida e iluminada que impulsionava a plebe de Bagdad a seguir contando histórias sob ameaça de extinção.

Ao encerrar a narrativa, o livro enseja a convicção de que a oralidade, a serviço do ritmo da língua, dos motes, dos refrãos, responde pelos fundamentos da arte narrativa.

Eis a minha crença na verdade obscura da escrita.

O BRASILEIRO IMORTAL

Machado de Assis faleceu na madrugada do dia 29 de setembro de 1908 na casa de Cosme Velho. O velório realizou-se no Syllogeu, onde a Academia Brasileira de Letras, carente de sede própria, se reunia. O corpo do escritor, repousado no sólido caixão, cercava-se de flores, círios de prata e lágrimas discretas. Não se lhe via o rosto, coberto por um lenço de cambraia. Velado pela comunidade brasileira, sua despedida, fora dos padrões habituais, constituiu uma consagração para o menino pobre, nascido em um morro carioca.

A cerimônia fúnebre tem um caráter emblemático. O escritor, sem viúva e filhos ao pé do ataúde que lhe chorem a partida, é saudado pelos seus pares. Louvores, lamentos, silêncios, reverências jamais antes prestadas a um criador literário. O discreto Rio

FILHOS DA AMÉRICA

de Janeiro despedia-se de Machado de Assis como a luminosa Paris seguira o cortejo de Victor Hugo.

Amigos e admiradores, ali presentes, pressentiram que Machado de Assis, a partir daquele setembro quase benfazejo, deixava de lhes pertencer. Entregue ele ao arbítrio da morte e à imposição da imortalidade, a própria instituição, que ajudara a fundar, e da qual fora primeiro presidente, perdia a prerrogativa de zelar com exclusividade pela sua memória. O genial escritor incorporava-se ao Brasil que lhe celebraria a obra nos anos vindouros, plenamente identificado com a aventura criadora de quem melhor interpretara as idiossincrasias civilizadoras da nação.

Desde a infância, Joaquim Maria Machado de Assis rondou-me a casa. E graças ao pai, Lino, imigrante espanhol aficionado à leitura, que me indicou a presença de Machado de Assis em sua estante. Confiante o pai de ser aquele narrador capaz de me alertar dos indícios ambíguos que, presentes no humano, davam margem às pistas equivocadas da realidade. Encarregado ele de me prevenir quanto à natureza de sentimentos, em geral, nem sempre ajustados aos nossos interesses.

Ao longo da minha formação, Machado de Assis foi-me inculcando a marca de um pensamento que,

NÉLIDA PIÑON

além de preservar preciosas concepções estéticas, me reforçava a brasilidade. Sua vida, escassamente faustosa, destituída de lances arrojados, como aqueles que eu atribuía a Simbad, o marujo, inspirou-me, desde cedo, a coragem de lhe conferir uma dimensão simbólica, de ampliar sua presença na minha cidadania, de associá-lo às noções que eu podia ter de pátria. Daquela espécie de pátria que, modelada ao acaso, à mercê das emoções aleatórias, pode ser também tudo que se espera dela. Desde a mangueira do quintal dos avós, a paisagem da pequena aldeia, até o retrato de Machado de Assis dependurado nas paredes do Brasil. Palavras a esmo que, no entanto, me levam a considerar este brasileiro como a minha pátria. A pátria que tenho no coração, a representação que elegi à guisa de bandeira. A pátria do país que almejo ter. E não se estranhe semelhante convicção, se Machado de Assis, para tantos de nós, encarna um ideal que corresponde à medida de nosso humanismo. E por que não acreditar na pátria de Machado de Assis, na pátria de Homero, na pátria de Dante, na pátria de Camões, na pátria de Cervantes, na pátria de Shakespeare?

Tenho, pois, motivos para agradecer ao presidente da Academia Brasileira de Letras, Cícero Sandroni, a honra que me concede de reverenciar Machado de

FILHOS DA AMÉRICA

Assis na solenidade de abertura da exposição com a qual prosseguimos nas celebrações de seu primeiro centenário de morte.

Semelhante mandato induz-me a rastrear-lhe a obra uma vez mais. A indagar, como um corifeu do coro grego, quem foi este mestiço, filho de mulher branca e homem negro, pobre, de físico miúdo, que nasceu no morro do Livramento, em meio aos escombros urbanos, à cidade maltratada, entregue a toda sorte de malefícios. E que, confrontado com o caos e as adversidades diárias, fez da própria vida pretexto para a construção de uma linguagem cujos alicerces alteraram os cânones estéticos do Brasil.

No conjunto, porém, Machado de Assis não diferia de nós. Se no início da carreira fora uma presença inexpressiva, embeleza-se com o passar dos anos. E, ao atingir a plenitude intelectual, seu corpo, já no final da existência, ganha transcendência, um aspecto intemporal. Há, em seus últimos retratos, uma elegância plácida, gestos contidos, cerimoniosos, alheios à insídia da morte que se avizinhava. Parece haver nele, então, o deliberado propósito de impedir que a dor da viuvez, o desatino da emoção e dos sentimentos, lhe assomem ao rosto. Como se a matéria da vida devesse estar unicamente circunscrita ao texto, onde quis instalar a perfeição criadora. Para tanto lutara com denodo, tendo em mira uma narrativa que enunciasse a realidade e seus misteriosos atributos.

Machado de Assis, homem de seu tempo, viera de longe, trazido pela imaginação. Viera do lugar onde se centrava a crise, com o intuito de ativar o pensamento, de falar do Brasil, da África, de Port Royal, da Grécia antiga, das passagens do Antigo Testamento. Era tal a sua arregimentação universal que o Brasil, sozinho, não poderia reivindicar a sua posse. Mesmo porque Machado fugia dos espaços estreitos, do verbo ineficaz, do tempo que, segundo ele, era um roedor. Terá vivido, como uma espécie de êxtase, a agonia provinda da densa alteridade dos seres que foi inventando ao longo de sua obra. E conquanto se mostrasse diligente com a casa, com a Academia, com as atividades laborais, as garras da imaginação o ocupavam. O arfar diário destinava-se a engendrar personagens, enredos, um universo ficcional que daria títulos como *Quincas Borba*, *Esaú e Jacó*, *Memorial de Aires*, *O alienista*.

A modernidade pairava sobre sua obra. Mas, quanto a sua vida, e o seu processo criador, resta-nos especular. Talvez valha suspeitar que mesmo no casulo do lar, no Cosme Velho, a escritura antepunha-se aos deveres conjugais. Motivo pelo

FILHOS DA AMÉRICA

qual não podia a própria Carolina, a quem prestara juras de amor, contrariar o que procedesse de sua lavra. Pois que, sendo a criação soberana, era de exclusivo uso do esposo. Levando-nos a deduzir que a mulher tinha a ele, mas não a sua escritura. Ele não lhe devia fidelidade, enquanto criava suas criaturas com intransigente rigor. Sabia Machado que a arte abolia qualquer decálogo a privá-lo da liberdade de fabular. E, como se fora um poeta francês a embebedar-se de absinto, a tinta que escorria pela pluma de Machado de Assis submetia-se apenas ao jugo do seu verbo.

Mas terá ele, de fato, se compungido da mulher que, privada de criar, dependia dele para alçar voo? Terá o marido, Machadinho, liberto por momentos dos efeitos abrasivos da narrativa, se confidenciado com Carolina, para expor-lhe a intimidade da alma que cuidava em abandonar à porta da casa, antes de entrar? Acaso afirmou-lhe que seu repertório criador não fazia parte dos haveres conjugais? Ofertou-lhe, distraído, a face sua impressa nos livros taciturnos, desesperançados, irônicos? Ou, ciente de estar a esposa à espreita, asfixiou, em nome do amor conjugal, a luxúria seca trazida da rua, com o propósito de preservar intacto o modelo de amor que ambos decidiram construir desde o casamento?

As pegadas biográficas não esclarecem sua têmpera de criador. O percurso narrativo sobrepõe-se aos feitos do cotidiano. Dessa forma, a persona de Machado, harmônica ou disforme, permanece enclausurada nos livros. Essa vida recôndita que ele nunca extravasou, havendo encerrado no coração a sete chaves.

Sua obra surgiu da poética da existência. Do ato radical que advém da matéria essencial da imaginação, do saber imensurável, da multiplicação de instantes e flagrantes imperceptíveis. Uma vida que, ao levá-lo a refugiar-se nas incertezas da ficção, o obrigou a apurar a arte de simular, a aderir o impulso literário a um imaginário em que se acomodam intuições criadoras e toda sorte de saberes.

A um imaginário brasileiro que, partilhado por todos, se constituía de língua, de geografia, de temperamento, de vestígios de todos os povos, de bens intangíveis. E que, oriundo de causas coletivas, e à disposição de um brasileiro do século XIX, ajudava a elaborar claves atuantes na concepção estética de Machado de Assis. A esse acervo acrescentando-se o severo pessimismo, a acuidade que se refinava diante de imprevistas circunstâncias, a crescente austeridade. Nada, no entanto, que o incapacitasse para aspirar os olores dos trópicos, a sensualidade da

FILHOS DA AMÉRICA

rua, equivalente à da alcova, enquanto fingia não sofrer seus efeitos.

Machado parecia afugentar o prazer de viver, as manifestações lúdicas, exceto no exercício de seu fino sarcasmo. Mas a sua aguda sensibilidade, própria dos povos que padecem de distintas influências étnicas e culturais, alargou-lhe a criação. Como consequência, sua obra reconhece-se parte de uma realidade comum a todos. No escritor perduram vínculos essenciais, mesmo quando sua estética pende para outras direções.

Machado de Assis estende a ambiguidade da ficção à sua vida que, conquanto substância palpável, desemboca no desenfreado universo ficcional, e ele se cala. Afinal, desde a juventude, a sua existência pertencera à escritura. Compunha sua partitura novelesca com o inadiável propósito de se afogar nos escaninhos da criação, com a esperança de salvar-se.

Uma criação diante da qual, cem anos depois, nos motiva a indagar, ao próprio Machado, quem somos nós, que fomos outrora seus personagens? Se julga possível que seres como nós, do século XXI, ainda nos emocionemos com suas magistrais epígrafes? Se a singularidade do seu gênio ainda agora nos eleva e nos consola? Se a trama sua, que reproduziu no passado a cobiça existente no Segundo Reinado, vale ainda para a ambição desenfreada ora instalada no Brasil dos nossos dias?

A intensa afinidade havida entre nós felizmente não esmoreceu nesses longos anos. Seguimos sendo filhos de Machado de Assis. Herdeiros de seu fardo e da sua magnitude. De um legado mediante o qual reivindicamos a paternidade que ele, enredado com o verbo, recusou no próprio lar. Sua carne não quis, ou não pôde, reproduzir-se senão na escritura. E embora fosse fiel esposo de Carolina, propiciou um vazio em suas vidas que só a criação literária tinha como preencher.

Sem sucessores diretos, Machado de Assis fez-nos seus herdeiros. Legou-nos a obra que agora é nossa. De seus leitores. Dos brasileiros que compreendemos a incômoda declaração contida no romance *Memórias póstumas de Brás Cubas*, que se encerra com a frase: "Não tive filhos, não transmiti a nenhuma criatura o legado da nossa miséria." Eis a melancólica ironia de Machado. De um autor que, havendo nascido e morrido no Rio de Janeiro, escolheu esta cidade como cenário narrativo. A fim de que divisássemos, em seus livros, as entranhas psíquicas dos habitantes, as casas, os sobrados, os palacetes típicos de uma urbe ibero-americana do século XIX. Quando suas crônicas e labirintos novelescos esmiúçam as lides teatrais, os chás da Colombo, as tertúlias, as intrigas, os encontros furtivos, os bailes dos salões do Império.

Em semelhante ágora, povoado de recalcitrantes criaturas a lhe cobrarem destino ficcional, concentram-se a mentira, a hipocrisia, as misérias diárias. Vender e comprar ilusão, porém, é o dever de quem narra. E tal panorama movediço é do gosto do narrador, assim como os dias calorosos, quando Machado ausculta homens com trajes escuros, cartolas enterradas nas cabeças, e mulheres cujas saias se agitam no afã de proteger voluptuosas virtudes. Mas, a despeito das tramas em pauta, Machado não se engana com a falsa alegoria citadina. O seu sarcasmo, que é uma espécie de nódoa, repudia a visão triunfal que distrai os seres de seu inevitável declínio. Sugere aos pósteros — que somos nós — que aquelas criaturas não foram ingênuas nem felizes à época em que, cúpidas, caminhavam pela rua do Ouvidor.

Educado, porém, distante dos centros civilizados, e impedido de expressar sua inconformidade com as ideias e as estéticas consagradas pela Europa, Machado de Assis compensa suas carências acumulando leituras, conhecimentos, aprendendo línguas, interpretando o mundo fora das fronteiras provincianas. E ao inventar uma cidade da imaginação, mas de traçado real, como laboratório da reflexão ficcional, ele amparou-se no Rio de Janeiro. Uma urbe de embusteiros, inescrupulosos, figuras de proa com que descrever uma sociedade impiedosa, egocêntrica, sem traços de bondade, regida por estatutos hierarquizados que preveem um persistente oportunismo, frequente, aliás, na corte. Engendra, enfim, uma tipologia de concepção acanhada, cruel, complexa e dúbia, como é forçoso na obra de arte. Força-nos a cogitar que personagem seu se salva em meio a tantos agravos e desenganos? A quem ele julga inocente. Acaso Flora, Aires?

Ao eleger, pois, o Rio de Janeiro como metáfora do Brasil, Machado de Assis instala neste centro cósmico a memória brasileira. Fixa, nos limites da cidadela, os dados essenciais com que abordar a realidade, os substratos de uma suposta alma interior. Arrola o drama narrativo com o qual antecipa a dimensão secreta do Brasil. Como se entre tais muralhas se abrigassem enigmas que de modo algum se contrapõem a uma eventual identidade nacional.

Mas terá ele intuído, em seu aprendizado de tipógrafo, na Tipografia Dois de Dezembro, que o Rio de Janeiro, encarnando a sua futura gesta, legitimaria sua criação? E que sua linguagem pudesse ser um dia a representação do Brasil? Haverá pressentido

FILHOS DA AMÉRICA

que, conquanto desfalcado de credenciais acadêmicas, se tornaria no futuro insuperável intérprete da gênese brasileira, das suas fundações, do transcurso sociológico da nação?

Embora o projeto criador de Machado careça de eloquência, a exegese do Brasil persiste em seus livros. Encontra-se, em suas páginas, o país, e o país a vir a ser. A emissão de uma realidade sem imposições canônicas, disjuntivas, mas ensejando retificações, versões múltiplas.

Nem nas suas entrelinhas há apelos à construção pomposa, à sociologia realista. Ele limita-se a recuperar os pormenores psíquicos e sociais, a fim de atrelá-los à índole do seu tempo. Com a intenção, talvez, de esboçar retratos que ampliassem o conhecimento tido do século XIX. Sem tal incursão significar mínima renúncia ao dever ilusório provindo da sua arte narrativa, que é o de cobrar a suspensão da descrença.

Coubera, à sua geração, a tarefa literária de narrar a história de um país que, contrário às formulações vigentes, existira muito antes da chegada de D. João ao Rio de Janeiro. E que, a despeito de ter em 1808 instituições praticamente inexistentes, frágil arcabouço jurídico, e de estar, talvez, a ponto de fragmentar-se, ocupava a memória dos brasileiros a

71

partir da sua própria fundação. Pois, se houvesse a crença de que o Brasil se iniciara praticamente com a chegada da família real, que país teria herdado Machado, se nascera ele em 1839? Como se conformaria o escritor em acolher um país desfalcado de memórias, de atribulações históricas, do acervo das paixões sedimentadas, das tergiversações criadoras, das vísceras que se rasgam para ler a sorte, da lenta substância com que se forja a civilização?

Como aceitaria Machado de Assis um legado tão recente, de menos de cem anos, até a sua morte, desprovido das agonias e dos assombros que irrigam o tumulto humano, dos vínculos antigos com os gregos, de um monoteísmo que se confundia com outros deuses trazidos pelos índios e os negros, da língua lusa que no Brasil sofrera a deslumbrante metamorfose imposta pelas glebas dos seres?

Ao captar, no entanto, a mensagem nacionalista de José de Alencar, Machado filia-se ao autor cearense. Como consequência, adapta, à sua narrativa, os momentos constitutivos da civilização brasileira. E torna-se, apesar das agruras pessoais, partícipe dos instantes hegemônicos da terra e da língua, dos percalços padecidos por todos.

Como súdito de um regime monárquico, sofre a influência iconográfica do imperador Pedro II, de

FILHOS DA AMÉRICA

queixo prognata sob o resguardo da barba branca, marca dos Habsburgo, em cuja linhagem se destaca Carlos V. Um traço genético que se averigua no retrato a óleo, ora no Prado, que Tiziano pintou do augusto imperador do Sacro Império.

Mas, enquanto exerce a cidadania da época, Machado absorve as excelências da arte. Disciplina as intermitências da criação e enuereda pela ingente tarefa de unir a tradição à modernidade, o particular ao universal. Situado no epicentro, ele vai às margens, às beiras, insiste em indicar, em seus relatos, a imperfeição humana, e não nos perdoa. Nada se lhe escapa, está ciente da nossa precariedade. É um homem de Terêncio, mas afeito às civilizações. Tanto que transita pelo Eclesiastes, por Pascal, Montaigne, Montesquieu, Schopenhauer. Não lhe faz falta ir à Europa para auscultar as inquietações do continente.

Decerto, ele é pioneiro na defesa de uma estética compatível com a vocação atlântica, com o repertório étnico e lendário do Brasil. Afinal, quantas terras somos em uma única? Mas, consciente da marginalidade maligna que nos espreita, prega a evolução das matrizes nacionais, a criação de uma amostragem literária representativa, o refletir sobre os tremores contemporâneos. Em especial, a necessidade da postura vigilante, da contínua e ininterrupta ascensão na escala civilizadora.

Como resultado de tantas revelações, Machado de Assis publica, em 1873, o ensaio "Instinto de nacionalidade". Reflexivo, insinua sermos o que imaginarmos. E que, na esteira da invenção, se estabeleçam novos estatutos. Como se Machado pretendesse nortear os fundamentos estéticos para um país recém-saído da dependência política, necessitado de defender o território, a língua, de que ele era mestre. Ciente, porém, da urgência de consolidar a tradição literária que impulsiona esta mesma língua, convinha fortalecer as bases nacionais, torná-las compatíveis com o brasileiro que emergia.

O Brasil tem-se equivocado ao não incluir o nome de Machado de Assis entre os seus notáveis intérpretes. De não reconhecer no autor uma transcendência analítica que instaura a modernidade no projeto nacional. Como se a intelectualidade brasileira tivesse escrúpulos em aceitar que a invenção literária, em sua fulgurante expressão, tem caráter interpretativo, assertivo, analógico, havendo sido sempre a plataforma da qual examinar, exumar, reconstruir o horizonte do Brasil.

Por que, então, excluir de semelhante categoria este regente de exímio discurso narrativo, que lan-

FILHOS DA AMÉRICA

ceta a hierarquia social vigente e faz sangrar personagens cuja índole se ajusta ainda hoje ao que somos? Este construtor da linguagem, que é o anteparo das ações humanas, e com a qual, e tão somente, se socializa a realidade? Pois, como interpretar uma nação sem o amparo de uma visão criadora que perpetua o fascinante delito de viver os limites da radicalidade social?

Após a crise que o acomete em 1880, em torno dos quarenta anos, Machado de Assis atinge a supremacia literária com a publicação do romance *Memórias póstumas de Brás Cubas*. A partir do qual envereda por procedimentos inovadores, busca a superação estética e filosófica, o verbo nunca inadvertido. Sem perder, porém, a invencível atração pelo inquietante centro da narrativa.

A partir desta secreta crise, Machado de Assis pauta-se pela frase: "Voltemos os olhos para a realidade, mas excluamos o realismo. Assim não sacrificamos a verdade estética. A realidade é boa, o realismo é que não presta nada."

Graças a tamanha argúcia, ele se torna um transfigurador da realidade que semeia conflitos, ambivalências, controvérsias. A arte e a vida, embora de origem comum, não se confundem. Não dispõem as duas de códigos equivalentes. As convenções, que ordenam o cotidiano, contrariam as linhas mestras de qualquer criação. Sobretudo porque a linguagem de Machado de Assis, límpida na aparência, comporta conteúdos simbólicos, insinuações míticas. Esta sua linguagem é um cristal que tem a idade da terra.

Sua palavra, fundeada no universo urbano, de raízes rurais, transita por uma sociedade arcaica e modernizante, de cosmopolitismo incipiente. Em nome, pois, da construção verbal, Machado se acerca dos barões da terra, dos coronéis provincianos, do clero, dos sacristãos, dos advogados, dos médicos, dos banqueiros, dos parasitas, dos estudantes, dos agregados, das costureiras, das viúvas. Das mulheres ávidas como os homens. E faz-nos crer que o Hades, concebido por ele, não se comunica com os Campos Elíseos idealizados.

Em abordagem precursora dos intérpretes que o sucederão no século XX, o autor esmiúça as artimanhas monárquicas e republicanas, o poder predador e sutil, os perniciosos costumes políticos e sociais, as tramas que advêm da família patriarcal, dos casamentos de conveniência, das alianças sucessórias. Amplo arco que atende às instâncias profundas da vida brasileira.

Tantos anos passados de sua morte, Machado de Assis ainda desperta contínuas interrogações. Perante os

FILHOS DA AMÉRICA

enigmas que suscita, sentimo-nos à deriva, engolfados pelos seres como Brás Cubas, Aires, Rubião, Simão Bacamarte, Conceição, que, concebidos pelo apuro da sua arte, se tornaram réplicas da nossa mortalidade.

Uma arte que, moldada pelo fulgor da ilusão, altera os rumos da urdidura novelesca ao bel-prazer do autor. Como quando Machado de Assis, no romance *Dom Casmurro*, arbitra em favor de um desfecho que não ofendesse seus interesses estéticos, ainda que o gosto da época se inclinasse para soluções trágicas. Zela, simplesmente, para o livro ser a história de uma imaginação exacerbada. A história da modernidade dos sentimentos. A história das emoções em vigília, à margem da perturbadora espiral de uma civilização que se constrói paulatinamente.

O romance, de repertório autoral, é conduzido por Bento. Cabe-lhe a decisão de determinar a dose de prestígio que cada personagem merece na trama. Mas ao cobrir essas criaturas com um véu que tem o peso de um julgamento moral, Bentinho ativa a imaginação como estratégia e, dessa forma, acoberta sua dolorida solidão.

A adesão de Machado ao real compromete as ações morais de suas criaturas. Bentinho, assim, ao sacrificar os seus ideais de narrador, está livre para atormentar Capitu. O que terá levado o marido de

Carolina a se perguntar, após capitular em prol do narrador, se havia o risco de Capitu vir a ser considerada o modelo da mulher brasileira que, submetida à afronta do inseguro marido, tem a honra maculada? Mesmo quando Capitu, em capcioso mutismo, conduz Bento ao desespero que o leve a conhecer a si mesmo. Ou quando pretende governar-lhe a memória, expor, ao mundo da ficção, a alma desordenada do marido?

E terá sido como ora conjecturamos? Ou Machado, cioso defensor da verdade narrativa, ao anotar os transtornos da realidade conjugal, não lhe restou senão ampliar o índice da ambiguidade presente no livro e dar sequência à desenvoltura da fabulação?

Não nos enganemos, no entanto, com as poderosas narrativas de Machado de Assis. Em qualquer delas, romances, contos, crônicas, o mais comedido ingrediente tem a sutil propriedade de espargir em torno pistas tão falsas quanto as das nossas vidas, mulheres e homens agora reunidos nesta sala do Petit Trianon.

E não são assim os atavios humanos, as intempéries do cotidiano, a farsa do destino, o fluxo das nações? Não é assim que o Brasil se apresenta sob a cáustica ótica de Machado de Assis, que é glória e epifania nossa?

FILHOS DA AMÉRICA

Há anos repito, à guisa de mote, que se Machado de Assis existiu, o Brasil é possível. A enfática declaração significando que o país não pode fracassar. Não há motivos nem fundamentos deterministas que impeçam a nação de cumprir os desígnios de sua grandeza.

Machado é, igualmente, um amigo que me acompanha. Assim, ao vir à Academia Brasileira de Letras, reduzo os passos diante da sua estátua, no pátio à entrada do Petit Trianon. Cumprimento-o com reverente respeito e faço-lhe ver que, graças a ele, sou melhor brasileira e escritora. Asseguro-lhe, também, que somos todos filhos agradecidos do seu gênio.

Aliás, em algum momento após sua morte, Olavo Bilac disse: "Aqui vimos e viremos e aqui virão, quando tivermos desaparecido — aqueles que nos sucederem."

Aqui estamos, Machado de Assis, cem anos após sua partida, a cumprir o vaticínio do Poeta, a reclamar sua memória, a pedir-lhe que se sente ao nosso lado, faça-nos companhia. E diga-nos, em voz audível, para o Brasil todo ouvi-lo:

PRESENTE

A ÉPICA DO CORAÇÃO

Sigo a trilha pavimentada pela arte e combato o esquecimento ao acender o botão da memória. Ungida pelo mistério humano, fertilizo a imaginação e o expediente narrativo. Com tais bens, circulo pelos universos urbanos e rurais, pelas arquiteturas imaginárias, que são partículas verbais a serviço da criação literária. Julgo o verbo apto para definir o mundo.

Como escritora, dou vida aos resíduos que levo dentro e me empenho em reforçar a escritura que é a representação da minha existência. Sob o amparo da arte de fabular, dou credibilidade ao legado dos anos e da experiência, na tentativa de redimensionar a história dos ancestrais e dos contemporâneos.

Cedo, filiei-me às memórias que estão à margem do mundo. Algumas, soterradas, emergem de

FILHOS DA AMÉRICA

repente, sangrentas e amorosas, e ganham alento. Carregam, por si sós, o mistério que às vezes é um fardo, conquanto essas memórias dos homens reflitam, em conjunto, a civilização construída em meio ao desconsolo e à esperança. São todas restos mortais que vale salvar.

Entendo a história como um patrimônio universal. Ela narra quem somos. Para tal mister, lança mão da intriga com a qual despertar a atenção. Tal artimanha, à parte qualquer consideração moral, é um sustentáculo para o convívio humano que dela depende para seguir interessado nos vivos e nos mortos. A fábula, contudo, que só narra pela metade, é a ópera inconclusa que contém nosso drama.

Assim, duvido, como alcançar a plenitude narrativa se formamos um mosaico assimétrico que, visto de perto, deforma nosso semblante? E como confiar na eficácia de qualquer relato, se os rastros que deixamos tombar no chão sob forma de farelo, e que serviriam de base para uma história, são prontamente tragados pelos pássaros de são Francisco?

O assombro me toma com frequência. As frases, que procedem de tal estado, parecem cascalhos que desenterro como se trouxesse à superfície restos da cidade de Troia. Aposto, então, no universo que o tempo cobriu e do qual nos afastamos por imaginar que já não mais existe. Daí celebrar apaixonada as culturas que a modernidade asfixiou, mas das quais também me origino. São elas que me levam a perambular pelo mundo tendo verbo e imaginação como atributo.

Na condição de meteca, eu chegava à hipotética Atenas do século V a tempo de ouvir o discurso fúnebre pronunciado por Péricles. Caminhava pela via Ápia, pelos cardos de Jerusalém, subjugada pelas paisagens. Na praça do Obradoiro, diante da catedral de Santiago de Compostela, cuja construção desafiou o engenho humano e emulou a imaginação, as preces dos amontoados peregrinos reverberavam. Já com os pecados perdoados, após haverem beijado o Santo, eles simulavam serenidade, entregues aos sonhos que lhes enfeitavam as cabeças como auréolas.

Familiarizei-me, menina, com as histórias dos notáveis mentirosos, cujas aventuras ainda hoje tento recitar. Desde Tia Benta, de Monteiro Lobato, até os Três Mosqueteiros que são quatro. Personagens que, conquanto procedentes da imaginação, requerem ordenação narrativa. Mas convém saber que tudo que se conta surge do que já existe. Dos tópicos gregos, hebraicos, das tendas árabes, dos povos que inventaram deuses para fazerem milagres. Da matéria originária dos formuladores da invenção, que

FILHOS DA AMÉRICA

são os escritores. Seres a que sempre faltou simetria e sobrava fabulação. E que, com tal perspicácia, convertiam o Atlântico em simples córrego de água que, na infância galega, eu desviava das veigas alheias para beneficiar as terras da avó Isolina. A ação infantil inspirada talvez em alguma narrativa vinda em minha defesa, para incentivar a imaginação ainda em formação.

Estava eu, pois, a salvo da política humana que induz as novas gerações ao esquecimento, a prescindir dos signos da memória e da bagagem que os milênios acumularam. A borrar objetos e traços surgidos das escavações arqueológicas e psíquicas. A adulterar, mediante o novo, a civilização herdada. Uma espécie de varredura do passado que exprime uma ânsia de inaugurar uma cultura sem vínculos com as precedentes. Como que decidida a contrariar o acúmulo produzido pela civilização, que implica a responsabilidade de cada qual filtrar os feitos do mundo. Diante desse holocausto, como mitigar os efeitos da avassaladora marcha iconoclasta?

As histórias elaboradas em torno da mesa dos avós Daniel e Amada, em Vila Isabel, asseguravam-me a posse de uma terra longínqua como a Galícia. Uma afirmação que eu acatava por haver dado início a uma aventura interior que desembocaria na narrativa. Diante da qual eu capitulava, seguindo a exigência dos meus desígnios.

A casa familiar cultivava o cotidiano com um realismo que, em suas diretrizes, nos ensinava a viver. A dosar excessos, a ser estoica, a entender a temporalidade da perda. Enquanto sugeria não confundir os sintomas da rua com as quimeras da casa. Ainda que os equívocos pudessem ser peculiaridades da arte.

Aprendi a escrever às cegas. Aspirava combinar a paixão da escritura com os domínios da razão. E conquanto responsável pela minha estética, pelo que aflorava de mim, cabe-me eleger o que será meu testemunho. Uma liberdade que gera solidão e soberania. Afiançada pelo fato de eu ignorar quem folheia as páginas que levam minha assinatura. Ou que classe de leitor repudia minhas convicções narrativas.

Meu ofício não comporta indiferença. Guarda em sua essência as sementes do bem e do mal. E, à parte de qualquer apego formal, compromete-se com a fala poética que pauta a tradição e a modernidade.

A postura proteica, que sempre me orientou, libera-me a assumir mil formas. Ser homem, mulher e bicho ao mesmo tempo, para exercer a plenitude da escritura. Há que lutar pela alteridade e suspirar pelo ambíguo ao longo da vasta trajetória narrativa.

FILHOS DA AMÉRICA

Menina ainda me pus sob a égide das lendas e dos mitos. Transcendentes, esses seres inventados com o propósito de dar ordem ao caos vigente, alastraram-se pela cultura que me rege. Eram de natureza ávida, tinham apetite de almas como eu. Alguns, originários de Micenas, serviram de modelo para a máscara emudecida de Agamenon. Outros, porém, sentados à mesa comigo, tinham-me como cúmplice.

Era comum que certos mitos me seguissem nas idas ao Pé da Muá. Aprazia-lhes ver como eu vigiava as vacas, os lobos, o vento norte, enquanto minha imaginação, à deriva, me levava a antever que modalidade de escritura eu teria no futuro. Havia indícios em torno de que a vida se perpetuava através da arte.

Os meus dias, no entanto, impunham-me trato cauteloso com o desconhecido. A mãe e o colégio alemão pregavam que convinha seguir as normas que pautavam uma formação propícia à ordem. No entanto, no que se referia aos perigos advindos das manifestações culturais que me atraíam, e que podiam ser insidiosas, os pais esquivavam-se de me advertir. Confiavam nos meus critérios.

Por certo eu amava os dispositivos que pregavam a liberdade, as leituras sem controle, as experiências inéditas da carne. Essas licenças obtidas pelo fato talvez de os pais cobrarem que a filha lesse, que fizesse florescer a inteligência mesmo em meio aos folguedos. A fim de padecer, quem sabe, dos torvelinhos que moldariam minha nacionalidade, e me imprimiriam uma dimensão universal.

Eles interpretavam o Brasil através da filha, que os levava pelas mãos, esforçando-se em lhes traduzir os emblemas pátrios. O Brasil que preservara a língua, a inteireza territorial, e a mistura dos povos. Um país que respondia por uma mestiçagem faustosa, graças à qual a filha de galegos se situava confortável em qualquer parte do planeta.

Sob o signo da miscigenação e do seu arrebatamento carnal, cabia-me ser uma narradora mestiça. Isto é, arcar com as histórias tecidas por todos os seres, e fazê-las minhas. Para que a mistura étnica suscitasse em mim uma exaltação libertadora capaz de me licenciar a ir além de mim mesma. A verdade da arte e a mestiçagem nossa impunham-me radiografar a psique dos povos arcaicos e modernos. A explorar os veios auríferos de uma arqueologia poética que guardava a prova final que sustenta a invenção da arte. Um amálgama que leva hoje minha rubrica pessoal.

Penso em Galícia e faço-lhe a exegese. Tenho presente na parede da casa da Lagoa, onde moro,

FILHOS DA AMÉRICA

a foto da família paterna tirada em Pontevedra pelo fotógrafo Pintos, um pouco antes de o pai, Lino, embarcar para o Brasil. Ali se destaca o pai com pedaço de pão escondido no bolso, que esqueceu de retirar antes de posarem. Um clã determinado a me fazer narrar segundo o transbordamento onírico que me impulsionava. E que, com a força de um germe que redime e destrói uma família, fomentava idiossincrasias a que eu acrescentava as minhas. Era a família, contudo, que pesava na apuração da minha gênese. Confirmava a matéria de que sou feita. Para esclarecer a razão de ter eu uma imaginação andarilha, transgressora, amante das imprecisões do mistério e dos andrajos herdados dos milênios.

Sou grata, pois, à família que elegeu a América levada pela visão promissora com a qual se esquivaram dos malefícios e dos preconceitos por parte da sociedade que desvalorizava quem não dispunha de linhagem, de recursos educacionais, de uma planilha de feitos. E não soubesse, em defesa própria, elaborar um discurso político capaz de assegurar à elite brasileira que também eles, imigrantes distantes da pátria, integravam a epopeia cujo admirável enredo requeria um narrador disposto a lhes restituir a merecida dignidade histórica. A exigir que a sociedade espanhola, em seu todo, reformulasse o papel histórico do imigrante e passasse a lhe atribuir o estatuto de exilado, de um cidadão que, expulso de sua terra, forçado politicamente a abandonar seu país por já não caber mais em suas fronteiras, ajudara a salvar a economia espanhola, e lhe injetara confiança.

Foi vagaroso o processo de assumir uma narrativa que dizia respeito à Galícia. Só após capitalizar as lembranças na iminência de oxidar com os anos conseguia armar uma história que, conquanto nem sempre frutífera e feliz, se banhara nas dores e nas maravilhas provenientes da condição humana.

Não perdia de vista que os avós e o pai, ao atravessarem o Atlântico, para eu nascer no Brasil, foram objeto de uma decisão política cujo conteúdo ignoravam, que expulsava de Espanha este contingente excedente, para aliviar a miséria reinante, e estabelecer uma ponte pênsil entre o Brasil e Espanha, sobre a qual circulariam a esperança e as moedas oriundas do trabalho braçal dos galegos.

Por força de tal decisão, a família regalou-me a majestade da língua portuguesa, a ciência de eu pertencer ao novo continente. E transmitiu-me igualmente a noção de constituir um privilégio originar-me de uma Galícia cuja herança eles autorizavam-me a reivindicar.

FILHOS DA AMÉRICA

Estes galegos de sangue acrescentaram à minha imaginação o fato histórico de haverem vencido as mesmas correntes elísias palmilhadas no passado pelos navegantes portugueses. De modo que eu herdasse igual exaltação anímica que os fizera acreditar ser o Brasil o Éden a arrancá-los da penúria em que viviam em suas aldeias. Aqueles milhares de galegos que encetaram uma saga mediante a qual arrostaram incertezas, vaticínios adversos, a morte longe de casa. E ainda a angústia provinda de uma língua com significados alheios ao seu ser.

Algumas vezes imaginei como a horda galega desembarcou no cais da praça Mauá, no início do século XX, arrastando nas costas a trouxa de roupa e de sonho. Ansiosos por ganharem a primeira moeda a ser destinada à família, carente de recursos. Uma conduta inusitada que, no entanto, não convinha estranhar. E isso porque os galegos tinham, por formação, as entranhas acorrentadas à terra, embora não contassem na prática com um código de conduta que os alertasse como deveriam enfrentar as adversidades brasileiras e defenderem a identidade galega trazida no alforje. Desprevenidos eles de que, conquanto imigrantes, faziam parte da utopia engendrada pelos sonhadores.

Desde o início da minha busca, observei a argúcia e a melancolia nas palavras e nos gestos dos galegos

responsáveis pelo meu lar. Se de um lado me enlaça-
vam com a realidade brasileira mediante referências
de além-mar, em contrapartida, reforçavam minha
percepção de haver, fora de mim, um mundo no
qual participava por direito de herança.

Assim, onde estivesse, analisava as características
familiares que não se reproduziam em nenhuma
outra casa vizinha. Os dias afirmavam que eu dispunha, além do Brasil, da pátria do pai. Tinha no rosto
traços comuns a sua gente. Como consequência,
cabendo-me interpretar as marcas que a cultura me
imprimia enquanto me fazia, aos poucos, mulher de
duas culturas. Alguém que, ao transitar com desenvoltura pelos gregos, pelos clássicos e pelos antigos,
aprendia o quanto me equivocava em relação ao
destino da arte. E como os disparates emitidos pela
arte também me educavam.

Compreendi haver várias Galícias. Algumas idea-
lizadas, como a minha. Ajustada ao livro que pretendia um dia escrever. Uma Galícia que, imersa no
esquecimento, coberta com sete véus, exigia que
a trouxesse intacta da infância. Quando reviveria
peripécias vividas com desenfreada alegria. Recu-
peraria os sons com os quais designar, sob forma
de litania, os nomes das aldeias do Conselho de
Cotobade, das cidades de Pontevedra, de A Coruña,

FILHOS DA AMÉRICA

de Lugo, de Ourense, de Santiago de Compostela. Braços e pernas de Galícia. Frágeis paredes pelas quais a memória escorregava.

Eu era sensível. Mas, com os poros dilatados, absorvia as lições da realidade. Não era fácil oscilar entre as estações humanas enquanto algumas questões familiares me intrigavam. Como quando o avô Daniel afirmou ser o galego um multiplicador disposto a se exceder nas tarefas que lhe designassem. E isso por temer que o expulsassem do futuro, para ele de acesso tão difícil. A versão do avô, talvez exagerada, encaminhei para o escaninho da ficção. E que decerto me influenciou ao pincelar Madruga, personagem galego, com certo verniz heroico, similar à lenda que eu lhe atribuía. Enquanto insuflava outros com reação melancólica à altura da sua sigilosa substância.

Apraz-me enaltecer os feitos dessas aventuras imigratórias. As encendradas ilusões dessa gente orgulhosa de ter o Brasil como lar. Meu coração narrador rendia-se diante desse espírito indômito. Alimentava a noção de dever iluminar as frestas das memórias vividas. Intensificar o que jazia nos interstícios da memória. E rastrear o que se perdera com os predicados da narrativa.

Mas como podia esquecer que em Cádiz, na véspera de tomar o barco em Sevilha para o Rio de Janeiro, despedindo-nos do Guadalquivir, meu corpo parecia sangrar de tristeza por haver abandonado Galícia após quase dois anos de prostração amorosa. Entoei cantos que mais tarde reservei para os funerais familiares, na expectativa de que as notas musicais emitidas pelos músicos lhes devolveriam a vida. Uma empreitada que atualizo e da qual colho louros.

A partir da casa brasileira, ainda em Vila Isabel, aprendi a espargir sentenças, parágrafos, capítulos conclusivos. A escrever nos cadernos de anotações, escondidos na gaveta do quarto, observações emitidas pelos familiares a propósito de algum personagem de Cotobade, cujo perfil novelesco, na iminência de eu vir a ser escritora, se encaixava no desmesurado tablado ficcional.

Na morada do avô, que ele construiu para ser o epicentro familiar, reuníamo-nos aos domingos. A abundância do repasto comprovava o sucesso do avô, capaz agora de abastecer a sua grei com as promessas americanas.

Algumas vezes quis saber como haviam chegado ao Brasil. Que trilha tomaram para dar andamento a um sonho que poderia, em qualquer momento, ter se transformado em uma expedição funesta. Eles eram, porém, comedidos, receavam que a narrativa oral lhes roubasse a pujança da história vivida.

FILHOS DA AMÉRICA

Eu, porém, não me iludia com um passado que se insinuava florido. Doía-me a simplicidade de suas vidas, que deveria eu, no momento oportuno, agigantar a fim de intensificar a emoção do leitor. Destacar uma época que seria mister reconstituir. O fato é que nunca conheci o teor dos seus sentimentos, do quanto lhes custara perder o lar. Tal circunstância me obrigando moralmente a lhes atribuir uma vida romanesca com o propósito de resgatá-los da obscuridade em que viveram.

Nos domingos em que colhia os suspiros da avó Amada, oriundos de uma alma reclusa, eu desconfiava das suas motivações. Se suspirava ela por cada filho nascido no Brasil, e que lhe roubara o sonho de regressar a Carballedo? Ou pranteava de antemão os mortos galegos que partiram, ou estavam na iminência de se despedir, sem sua presença? Um desespero que a teria levado quem sabe, em certo momento, a ir a uma capela do cemitério São João Batista, para juntar-se ao velório de um desconhecido, e pôr-se a rezar como se o morto, acolchoado no caixão, fosse membro de sua família, prestes a ser enterrado em Carballedo, agora contando com sua presença. Mas terá de fato ocorrido essa cena patética?

Também recordo o gesto do pai de reter por instantes a carta provinda da mãe Isolina, cujo conteúdo dificilmente seria benfazejo. De como, sem abri-la, antes de guardá-la no bolso da calça, à espera de um dia propício para lê-la, ele cheirava o aroma da terra incrustado no envelope.

Sofria talvez os efeitos de uma "morriña" que, embora insidiosa, trazia Galícia para perto de si. Eu acompanhava a divisão afetiva do pai, as marcas de um sofrimento que não o impediam de sufragar uma realidade antagônica a sua e enfrentar seus efeitos daninhos.

Esses atos comezinhos, nascidos do mesmo barro do oleiro que dera início a estágios civilizatórios, ensejaram que eu decifrasse aos poucos os hieróglifos do caráter galego. Indícios próximos ao redemoinho dos sentimentos que a família tutelava e atraía para a sala, cenário das refeições.

Afinal, ao terem eles procriado descendentes, e assegurarem a genealogia brasileira, o país lhes marcara a vida à brasa. Impusera-lhes emoções derramadas que deram frutos colhidos pela neta aos domingos.

A experiência me fez supor que o pai, ao prevenir-se contra os sentimentos corrosivos que se encerravam na saudade, criara um sistema de defesa, mediante o qual armazenara ao mesmo tempo evocações galegas deixadas atrás, e as demais que ajudara

FILHOS DA AMÉRICA

a construir no Brasil. Elaborava assim, graças a sua candura e sua índole apaixonada, narrativas privadas, sustentadas pelo cuidado com que falava. Seu verbo, em português, a serviço da sua carência, mencionava Machado de Assis, a quem me apresentou, ainda a cultura do Brasil, o caldo com unto de Borela, o leite materno de Isolina que cedeu os quatro filhos para a América, o encapelado mar da costa da Morte, em Finisterra, a visão abatida das vacas Malhada e Garrida pousadas como estátua no prado de Borela.

A exposição do amor que aflorava no pai conferia aos galegos uma dimensão moral. Atrás de qualquer licença poética que usassem para disfarçar os efeitos do cotidiano, preservava-se a semente de suas almas imortais. E, não sendo assim, como teriam eles suportado abandonar o lar de mãos vazias, sem terem ao menos levado consigo as fontes de mistério e energia havidas nas aldeias? Como teriam enfrentado as adversidades sem a garantia de regressar um dia ao lar, ainda que se defrontassem com uma ruína? Como aboliriam do peito os modestos contrafortes da paisagem feita de pedras e de palavras para desaguar a tristeza?

Mais tarde, a caminho de Espanha, ao fazer eu a rota contrária à que os imigrantes fizeram seguindo para o Brasil, entendi a natureza dos sentimentos que eles desabrocharam nas despedidas. Uma travessia sem compensação, sem garantias, enquanto eu, tão logo chegada à Galícia, ganhava de imediato parte do coração que me faltava.

Cheguei a Vigo no mês de novembro. Galícia pareceu-me inóspita e fria, a despeito das mulheres que, de traje negro, símbolo de um luto eterno, nos acenavam alvoroçadas. Eu, filha do sol, que, ao descer as escadas do navio inglês ao encontro dos familiares que me abraçavam como se eu fora o pequeno Messias, me ressentia com os ruídos de uma língua que me soou áspera, sem doçura e lirismo. Um desconforto que me acompanhou até a entrada de Borela, após vencermos a encosta da Corredoura. Quando, ao descer do carro, diante da ponte de corte românico, do século XV, que disfarçava a decrepitude da superfície coberta de musgos, e da capela de Nossa Senhora de Lourdes, localizada um pouco acima, na iminência de ruir sob o peso dos guardiões da fé que depositavam ao pé do altar suas solicitudes ao divino, senti, em um átimo, intenso assombro amoroso. Como se até então, privada de razão, recuperasse minha matriz fundacional. Um súbito amor que, além de me esclarecer a origem, afirmava quem eu era para estar no mundo. E que me levou a jurar inextinguível amor por Galícia.

FILHOS DA AMÉRICA

Percorria os atalhos das aldeias de Cotobade atenta às sombras projetadas pelas paredes das casas que acomodavam o espírito galego em uma máquina que triturava café, outrora vindo da América. Sempre conjecturei o que havia dentro das moradas de pedra. Supunha existir no seu interior tramas sublimes e sórdidas, guardadas no estábulo em meio ao feno e às vacas. E migalhas de comida que sobraram do almoço. Além de papéis envelhecidos e bens de valor impreciso, tudo que constituía seus haveres civilizatórios.

Aquela era uma cultura sem desperdícios que metabolizava mercancias e pertences. Um fato natural para o galego que sempre lutara como lobo para chegar vivo ao alvorecer. A começar por construir casas de pedras cinzeladas pelos ilustres canteiros de Cotobade que, enfeitiçados pela ductibilidade do material trabalhado, fizeram da pedra poesia.

A alguns dos canteiros vi como lapidavam a pedra com o cinzel. E como, na casa do Leblon, após soprar a poeira para longe, acariciavam a superfície para testar a sua lisura. Gestos de amor que também eu aplicava à escritura.

Foi à sombra, aliás, de afetos galegos que tramei histórias e as alojei no enigma que escora a arte. Talvez porque essas terras, de teor arcaico, cobrassem o desabrochar da minha imaginação trazida do Brasil. Como se devesse adicionar à vastidão brasileira o que estivera sob o resguardo de Cervantes. E, por conseguinte, bafejar com visão poética cada sentença de que o mundo carecia. Salvar o verbo, quando lhe dava vida. Afinal, sua construção sonora, somada ao cotidiano, também ilusório, ambos me liberavam para conceber cenários narrativos à guisa de bálsamo. A criar a indissolúvel poesia sob o pacto havido entre vida e morte.

Cruzar o Atlântico em direção à Europa sempre foi um exercício de fantasia. Tinha o mérito de acercar-me das raízes, de invalidar conceitos ortodoxos, de desacatar os ditames da razão ilustrada em sentido contrário à magia da intuição e do mistério. Tendia a conspirar contra a impositiva realidade europeia usando argumentos que eu própria em seguida desmanchava. Valendo-me de um esforço intelectual que, enquanto ditava rumos novos, me ensejava cometer desatinos narrativos.

Em Santiago de Compostela atraíam-me os peregrinos que tinham o pergaminho da dúvida inscrita no peito como sinal da fé. Diante do Pórtico da Glória, o românico de Mestre Mateus, do meu

FILHOS DA AMÉRICA

amado século XII, sentia os efeitos construtivos da visita. Pensei, então, se teria a fé a propriedade de emendar histórias soltas com o intuito de dar-lhes ressonâncias libertárias.

Amava a paisagem galega. Na taberna, as vozes rascantes dos camponeses e marinheiros que bebiam e mastigavam em meio a ruídos exibiam timbres adequados para a narrativa oral. Seus cantos, estimulados pelo vinho, evocavam, mesmo que eles ignorassem, as cantigas de amigo, o lirismo plangente de Martin Codax. O poeta que, alçado à glória, designou Rosalía de Castro, Emília Pardo Bazán, Valle-Inclán, Otero Pedrayo, Alvaro Cunqueiro, Torrente Ballester, e tantos outros da cosmogonia galega, como herdeiros.

As vielas estreitas com fisionomia medieval que gosto de percorrer, vejo-as vazias. Penso nos goliardos e os convoco até essas plagas. Aqueles poetas desavergonhados que, vindos dos Pirineus, derramavam por onde passavam o ácido de sua periculosidade inventiva e o mel da sua ironia, fazem falta à imaginação contemporânea. Como exímios narradores orais, pregaram a descrença e, conquanto fossem iconoclastas, aspiraram à perfeição dos santos.

Mas, por tudo que lhes contei, veem que sou uma narradora devotada a uma arte que se propaga pelo meu ser. Ciente de considerar a cultura a memória do mundo. Razão pela qual, avizinhando-me de um repertório universal, e das alegorias elaboradas por ancestrais galegos, e ainda orientada por uma estética desenvolvida desde a adolescência, publiquei o romance *A república dos sonhos* no ano de 1984. Fui a única a saber que não fiz uso, na sua construção, de um método literário planejado, e nem considerei como único objetivo imprimir à obra uma dimensão totalizante. Quis uma saga que, ao restaurar a humanidade galega e brasileira, reconhecesse a matriz cujas injunções sagradas e profanas deram fundamento às civilizações que regem o meu saber. Sem alterar na tela de fundo da narrativa a pátina do tempo e o intraduzível mito da criação.

O romance surgiu dos enredos do mundo, dos rincões onde havia história que contar. Da poética que transborda sem freio a cada página. *A república dos sonhos* pretendeu ser uma suma imperfeita e uma síntese falsa. Uma narrativa que se expandia sob o temor de ser eu punida com a morte criativa por ousar dar existência à matéria serenamente alojada no coração humano. Por desafiar o que estivera sob o resguardo dos seres.

Para tal empreitada, cerquei-me de personagens que protagonizassem ações aguerridas, a penúria que

FILHOS DA AMÉRICA

advém do amor ferido, e toda sorte de sentimentos. No transcurso do romance, reavaliei códigos, perspectivas históricas, examinei o rancor e a glória dos homens. Sem estar certa de dar vida à mítica Galícia e aos últimos dois séculos do Brasil.

Não me sofreei. Tudo ofertei para o livro existir, que subsistissem o país de origem e o de nascimento. Para sobressair em suas páginas a épica do coração que transborda sob o amparo da poesia. Sei que com o livro encerrei o ciclo galego. E sei também que o adeus é sempre uma dança macabra.

O FILHO DA REVOLUÇÃO

No *El laberinto de la soledad*, admirável clássico do pensamento ibero-americano, Octavio Paz disseca a natureza secreta e pendular de uma sociedade cuja variedade étnica e cultural propiciou a fusão das civilizações autóctones e ocidental.

Ao longo do livro, ele escrutina o México e destaca que idiossincrasias moldaram o espírito mexicano ao longo dos séculos. Destaca ele que o mexicano é um ser "plantado en suya arisca soledad, espinoso y cortés a un tiempo, todo le sirve para defenderse: el silencio y la palabra, la cortesía y el desprecio, la ironía y la resignación, atraviesa la vida como un desollado. Su lenguage está lleno de reticencia, de alusiones".

E ainda acentua o mexicano: "Se me aparece como un ser que se encierra y preserva: mascara el rostro en la sonrisa."

FILHOS DA AMÉRICA

No curso de minuciosa análise, Paz detém-se sobretudo em uma questão que martirizou, desde a Conquista, o cerne mexicano, e que constitui, ainda hoje, um estigma que a coletividade busca superar. Trata-se da ocorrência histórica oriunda da figura de Malinche, da tribo Nauatle, cuja dolorida aventura culminou com sua apreensão pelos espanhóis, a que ela servia como escrava e tradutora. Devido às suas habilidades linguísticas e seu espírito sagaz, ao se tornar amante de Hernán Cortés, pode supostamente colaborar para o aniquilamento de Montezuma e dos astecas. Julgada, pois, pela história quer como mãe da pátria, quer como traidora, sua destacável presença no albor mexicano despertou sempre nos estudiosos e no inconsciente coletivo o simultâneo sentimento de ira e de admiração.

Um repúdio veemente que se deveu sobretudo haver ela concebido um filho, o primeiro mestiço mexicano, rebento de dois continentes incompatíveis, e que Cortés humilhou ao lhe negar a paternidade. Um estigma que, cravado no coração mexicano, representou uma recusa coletiva ao mestiço mexicano julgado indigno da insígnia branca. A consequência de tal ato histórico instaurou na cultura mexicana o conceito da bastardia, de serem todos filhos da *chingada*.

103

Segundo Paz, a *chingada*, de uso comum no vocabulário mexicano, implica a ideia do fracasso da mulher penetrada à força. Da fêmea inerme e passiva diante do rapto e da violação. Da mãe que, no caso de Malinche, conquanto mítica, não sendo de carne e osso, produziu o filho da chingada. E que responde, portanto, pelo estabelecimento histórico de preconceitos que arrastam consigo significados obscuros e malignos. Uma ofensa sem precedente, que não enseja resgate social ou moral. Uma vez que o verbo *chingar*, em concordância com Paz, impulsiona tantas expressões ofensivas que fazem do mundo mexicano uma selva.

A partir da Conquista, e da posterior consolidação sobretudo da vida rural, os filhos bastardos nascidos do estupro e do abandono abundavam. Gerados eles pelos homens de vida nômade, que rechaçavam qualquer filiação responsável, esse número crescente alarmava. Filhos que postos à margem do sistema familiar, sem paternidade reconhecida, constituíam um fenômeno social de dimensão inquietante. Sobre os quais pesava a discriminação secular de serem filhos da *chingada*.

A narrativa mexicana registra a amargura havida entre pais e filhos, bastardos ou não. Assim como a frequente busca do pai que, ausente do lar, negou ao filho o mistério da sua gênese. Esses títulos romanescos sobejam, com destaque para o romance *Pedro*

FILHOS DA AMÉRICA

Páramo, de Juan Rulfo, sem dúvida um dos maiores autores do universo ibero-americano.

Autor de uma obra pequena, composta de dois livros, *El Llanto en llamas*, contos, e *Pedro Páramo*, romance, o conjunto da produção de Juan Rulfo ajuda a esclarecer nossa presença no mundo. Tece uma escritura que coincide com os escaninhos da vida e causa assombro.

O livro discute basicamente a viagem de Juan Preciados à procura da figura paterna. Enquanto discute, sub-repticiamente, já a partir da primeira linha do romance, a questão da ilusão e da estranheza que afloram em sua narrativa. Um texto que, ao pregar a suspensão inicial da descrença do leitor, propõe uma realidade que se enlaça com o absurdo e o inverossímil. Sem por seguir tal linha, perca-se de vista uma estética que questiona o que está à altura da compreensão humana. E que, embora derive da invenção, tem embasamento concreto. Isto é, acumula fatos e reflexões provindas da história e da memória mexicana. Espelha o modo de ser da sua gente.

Nascido em San Gabriel, Jalisco, em 1918, após a revolução de 1910, Juan Rulfo foi educado no seio de uma família que se arruinou com o movimento revolucionário. Na capital, onde ele se instalara para tentar a sorte, é submetido a doloroso processo de adaptação urbana.

A despeito, contudo, do torvelinho da pólis, manteve intacta a sua psique rural. De temperamento introspectivo, dramático, sensível, descobriu cedo a vocação literária. E na condição de leitor, apaixona-se pelos livros originários do voo da imaginação, dessa substância inefável. Empenhado em consolidar uma cultura literária comprometida com a tradição literária advinda de variadas e fecundas vertentes da literatura ocidental, dominou os clássicos, em especial os russos do século XIX, e a produção da periferia europeia, como Knut Hansum, Selma Lagerlöf. Autores circunscritos ao que se poderia designar o mundo da neblina.

Sem apreço pela literatura de extração urbana, a obra de Rulfo sofreu influência de William Faulkner, em especial do perspectivismo que o autor americano empregou no romance *Absalom, Absalom!*

Seu primeiro livro, de contos, *El llanto en llamas*, publicado em 1953, registra em seu substrato a presença da Bíblia, dos romances de cavalaria, da tradição cristã oral, das matérias típicas da cultura

FILHOS DA AMÉRICA

ágrafa. Um texto, no entanto, destituído de influência regionalista ou indigenista, comum nos autores da época.

Como resultado do seu esforço em afinar o ouvido, em substituir certa escritura culta pelas formas de estruturas narrativas próprias dos contos populares, ele aprendeu a injetar em suas frases a música da fala popular.

Certa vez confessou: "Quería no hablar como se escribe, sino escribir como se habla." "Así oí hablar desde que nací en mi casa y así hablan las gentes de esos lugares." "Es un lenguage hablado."

Esta adoção estética, de vincular a obra a rasgos do linguajar popular, à construção sintética concisa, à simplicidade do léxico, ao uso de frases feitas, aos refrães de influência cervantina, motivou ter sido no início da carreira acusado de possuir uma escritura pobre. Quando o que subsistia por trás da aparência lacônica era uma linguagem poética, densa, que transbordava suntuosidade e erotismo. Sobretudo quando Susana San Juan, fascinante personagem do romance, surge em cena.

Embora sua língua literária suscite estranheza e ofereça em seus temas abordagem onírica e mágica, o romance *Pedro Páramo*, legítima obra-prima, afina-se com as leis sociais vigentes. Integra-se ao estatuto cívico e histórico do México, à tradição literária. Uma linguagem que, ao estampar o trágico, o atroz, o disforme, ocupa o modo de ser da nação.

Pedro Páramo tem como pano de fundo Jalisco, zona centro-oeste do México, formada por Michoacán, Colima, Jalisco. Uma região marcada pelo isolamento histórico, pela ausência indígena, pela cultura rural precária, e pelo predomínio da presença espanhola, cuja colonização plasmou, mesmo no rancheiro analfabeto, a tradição do bem falar.

Uma zona que, conquanto tenha gerado, por força de seu isolamento, acentuado individualismo, concentrou em sua cultura notáveis paradigmas da mexicanidade, como a tequila, os mariachi, e os muralistas, da grandeza de Orozco, Sequeiros, Ribeiro, cujos afrescos trágicos se encontram em Guadalajara, Jalisco.

E que coincidem estes afrescos com o que diz o escritor Arreola de Juan Rulfo:

"Rulfo ha hecho, como Orozco, una estampa trágica y atroz del pueblo de México. Parece tan real y tan curiosamente deforme que los que somos de donde procedem sus historias y sus personajes, vemos como todo se ha vuelto magnífico, poético y monstruoso."

FILHOS DA AMÉRICA

Foi essa geografia de contrastes tão acentuados que Juan Rulfo elegeu para cenário de um romance surgido à raiz da Revolução de 1910. Um livro que, amparado pela magia verbal, conta realisticamente a história de uma família cujo patriarca, assassinado por inimigos políticos, provoca a ruína da família. Um episódio que leva o menino Pedro Páramo, inconformado com a humilhação social, a empreender a reconquista das terras outrora pertencentes ao pai. Para tanto apelando para ardis, traições, roubos, assassinatos, o que fosse necessário para obter poder e riqueza.

No exercício da violência e dos estupros sistemáticos, Pedro Páramo percebera que a revolução de 1910 era complacente com os latifundiários que se associassem a ela. Assim, para usar em seu favor a força popular da revolução, e a sua base ideológica, Pedro Páramo aderiu prontamente ao movimento Cristera, chefiado pelo general Obregon, fornecendo-lhes dinheiro e um contingente de 1.300 homens.

O romance, portanto, gravita em torno de Pedro Páramo, personagem-título, motivo fundamental da narrativa. A partir da instigante e poderosa abertura do livro, apropria-se do desenvolvimento do enredo e dos propósitos de Juan Preciado, que assume, na primeira pessoa, a voz narradora: "Vine a Comala porque me dijeron que acá vivía mi padre, un tal Pedro Páramo. Mi madre me lo dijo. Y yo le prometí que vendría a verlo en cuanto ella muriera."

Ao confessar já no início da viagem ser filho de Dolores e de Pedro Páramo, um pai desconhecido, ele conta o que lhe passava e precipita a ação. Ao não disfarçar suas intenções de reivindicar ao pai os seus direitos, a viagem ganha peso simbólico. Parece um personagem detentor talvez de pistas falsas. Senhor de um inventário quem sabe inventado, oriundo do testemunho da mãe. Aquele pai sendo meramente uma figura narrada pelos demais. No centro de uma especulação narrativa.

Juan Preciado diz estar indo a Comala, quer reclamar a herança que o pai lhe deve. Embora aparente ser vítima de uma norma social injusta, tem força para autorizar o início da história. Capaz, portanto, de elucidar a história que conta em primeira pessoa, de sofrer, pois, as consequências do seu relato.

Sua intenção é prosseguir com a história. Prova que explicita seus motivos, diz seu nome e sobrenome. Mas não confessa, porém, com quem está falando. Assim diz apenas o que lhe convém. No entanto, com a ajuda de Abundio, o arrieiro, recente companheiro de viagem, sabe-se que Comala, de

FILHOS DA AMÉRICA

desolada paisagem, para onde ambos se encaminham, tem um calor que se assemelha ao inferno.

Mas quem é seu ouvinte, e o escuta com interesse? Para surpresa de Juan, é Dorotea que o aguardava para repartir com ele a sepultura onde ora se encontrava, e que estava destinada a ser ocupada pelos dois. Pois que soubesse Juan que morrera após a chegada a Comala. Mas que seria a partir de agora uma interlocutora capaz de lhe fornecer, por meio de intrigas, a realidade de Comala que os mortos narravam.

Juan aprende que a sepultura, de domínio comum, oferecia um ângulo favorável que lhe permitiria colher, com o socorro de Dorotea, confidências e segredos. Até mesmo o pranto dos vizinhos inconformados com a sorte.

Dorotea assegura-lhe que Comala fora sempre estranha, habitada por vivos que se acreditavam mortos, e por mortos que agiam na sepultura como vivos. Tal ambiguidade, conquanto lhes propiciasse a ilusão de estarem vivos, não permitia que esquecessem a triste vida que tiveram outrora. Mesmo porque, empenhado cada qual em dar sua versão dos fatos, não se livravam das dores implícitas na narração.

Os personagens mortos tinham intensa mobilidade. Contavam as histórias através de breves e inconclusos fragmentos cuja estrutura bipolarizada permitia apropriar-se dos interstícios de Comala, e entender ainda a razão de Juan Preciado. Após sua morte, perdera o poder narrativo, ganhando em troca o dom de escutar as vozes dos mortos, menos a do pai, quando lhe teria exigido sua herança.

A partir do silêncio de Juan, segregado nos domínios do pai, um segundo narrador o substitui. É ele quem dá relevo à infância, à adolescência, à criminalidade de Pedro Páramo, e ao seu desenfreado amor por Susana San Juan, o único ser a quem amou.

Esse narrador, que usa a terceira pessoa, permite que Pedro e Susana falem mediante o recurso vocal que emana dele. Dessa forma a história do romance abandona a esfera inicial de Juan Preciado, e ganha corpo a partir de Pedro Páramo, Susana San Juan, e demais seres de Comala. E também das confidências que os mortos fazem a Dorotea e Juan Preciado, enterrados juntos.

O impulso poético de Rulfo elabora uma paisagem e uma linguagem às quais se ajusta a história narrada. Nessa atmosfera, mistério e suprarrealidade, com registros singulares, se confundem, dão guarida às almas penadas que sofrem o efeito das suas existências pretéritas.

FILHOS DA AMÉRICA

Circunscritos a esse cenário, lamentavam as tristes vidas que tiveram outrora e não reconhecem que estão mortos. Uma desolação que impõe a todos uma lógica compatível com Comala, enquanto se distraem anunciando os novos habitantes a caminho das suas sepulturas.

Na zona de Jalisco, devastada pela Revolução, o campo se despovoara, e os homens sucumbiram nas matanças ou abandonaram as casas. Como resultado, a geografia rural de Comala ganhou fisionomia feminina, com o predomínio das mulheres, que ganham representatividade enquanto ladeiam o poderoso cacique Pedro Páramo.

Presentes em cada recanto da casa de Pedro Páramo e de Comala, elas tornaram-se arautos que propagavam os mistérios de Comala, as intrigas, os traços oriundos da paixão, da violência, da morte.

Carpideiras, amantes e servas, em revide pelos maus-tratos sofridos, elas ampliavam a ação narrativa exercendo o ofício de narradoras dispostas a apontar as vergonhas, os segredos, as crueldades havidas em Comala.

Conquanto maltratadas, sentiam-se sacerdotisas partícipes de cerimônias religiosas em que, não podendo protagonizar uma função religiosa, se sentiam compensadas sendo vizinhas dos deuses, interferindo nas ações cotidianas, coabitando com Pedro Páramo.

Como mulheres do campo e da cozinha, elas irradiavam poderes de que Pedro Páramo carecia. Falsamente compassivas, elas eram arquétipos que se localizavam no epicentro das ocorrências da vida. E sobretudo dominavam a arte de se esgueirar pelos cômodos, pelas camas, a fim de fortalecer posições e dominar o cacique que as estuprava.

Acomodadas elas agora nas respectivas sepulturas, cada qual revivia o passado de Comala, até a chegada de Juan Preciado. Sempre na expectativa do próximo morto, entretinham-se com conversas. Sem renunciar à função do arauto que comunicava, a quem chegava, fazer parte da indissolúvel cadeia dos mortos.

Dolores, mãe de Juan Preciado, destacara-se entre as mulheres. Para se vingar do marido, organizou o destino do filho, motivando-o a ser como Eneias, que seguiu para o Hades-Comala em busca do pai Anchises. Ou fazer como Telêmaco, que deixou Ítaca com o propósito de trazer o pai, Ulisses, de volta aos braços da desvalida rainha Penélope.

São muitas as mulheres que desfilam a partir da chegada de Juan a uma Comala desabitada. Uma

FILHOS DA AMÉRICA

delas se apresenta "envuelta en su rebozo, que desapareció como si no existiera".

Ele lhe indagou como encontrar Eduviges Dyada, que o arrieiro lhe recomendara. E quando a mulher lhe aponta a casa atrás da ponte, Eduviges surge e o reconhece. Diz que é o filho de Dolorita, que a avisara da sua chegada. E afirma, para surpresa de Juan, que Abundio, seu companheiro de jornada, estava morto. Em seguida o convida a seguir pelos corredores e quartos vazios da casa próxima. Age ela como Caronte na iminência de atravessar o rio Letes com seu barco, sob o risco de esquecer o que deixou atrás. Ou como Ariadne, a partir de cujo fio vai visitar Comala.

Eduviges revela-se uma adivinha, a pitonisa de Delfos, que introduz Juan ao mundo da estranheza. Ela o adverte: "Sólo yo entiendo lo lejos que está el cielo de nosotros pero conozco cómo acortar las veredas."

De repente, sem ela se despedir, uma sombra a substitui e comunica que Eduviges estava morta. Um sinal que dava início à sequência de mortos.

Os dias em Comala pareciam imprecisos, e a rarefeita normalidade não permitia contestação. E Dolores e Eduviges, ao terem assumido a representação da morte, ensejavam a visão das mulheres que iam desfilando. Juan não parecia amedrontar-se, como se já houvesse se habituado à estranheza das almas que viviam sob o resguardo do inusitado. Talvez porque estar em Comala significasse regressar ao ventre da mãe que lhe prometera: "Estaré más cerca de ti."

Ele, porém, reclamou: "Te equivocaste de domicilio. Me diste una dirección mal dada."

Efetivamente, Comala não sendo seu lar, era um labirinto abrasivo que evocava o Hades. O inferno que o prodigalizara com signos que antecipavam seu destino. E cuja cosmogonia prescrevia ser a morte uma ocorrência compatível com Juan. Valia, pois, alojar-se na sepultura onde ouviria, na companha de Dorotea, os gritos, lamentos, em especial os murmúrios de Susana San Juan, mulher do pai, cujo delírio emocional brotara em Comala.

Encerrada nos aposentos da casa de Pedro Páramo, de quem era mulher, e acompanhada pela criada Justina, Susana San Juan enlouquecia aos poucos. Sujeita à paixão de Pedro, que a amou desde jovem, sua existência dava alento ao cacique, mas não o amava. Seu universo existia à margem de Comala, ou de qualquer outra terra.

Em meio às crises, mesmo na presença de Pedro Páramo que de nada reclamava, ela transbordava de desejo pelo amante Florencio, que se perdera no mundo e talvez tivesse morrido. E diz na hora da comunhão, indiferente à presença do padre ou de Pedro Páramo: "Tengo la boca llena de ti, de tu boca."

Confiante em que a eucarística alimentasse o sentimento de pecado que Florencio trazia à memória Esperançosa de que o sagrado fizesse reverberar sua paixão por ele.

A loucura crescente de Susana, sob o impulso do seu erotismo verbal, não estabelecia distinção entre o sagrado e o profano. "Tu crees en el infierno", perguntava a Justina, e ela mesma respondia: "Yo solo creo en el infierno."

Pedro sabia Susana inatingível para ele. Nunca forçara que se entregasse, que o corpo fosse seu, ele que fora um predador cruel. Sabia que ela nunca seria sua. E dizia, melancólico:

"Pensaba en ti, Susana. En las lomas verdes. Cuando volábamos papalotes en la época del aire. Oíamos allá abajo el rumor viviente del pueblo mientras estábamos encima de él, arriba de la loma, en tanto se nos iba el hilo de cáñamo arrastrado por el viento. 'Ayúdame, Susana.' Y unas manos suaves se apretaban a nuestras manos. 'Suelta más hilo.'"

E dizia ainda à guisa de consolo: "Una mujer que no era de este mundo."

Ao morrer Susana San Juan, ele perdeu interesse pelo mundo. Prostrado na cadeira de balanço, vingara-se de Comala cortando-lhe os recursos. A comarca não respeitara Susana quando de sua morte.

Enquanto Juan Preciado e o arrieiro descem a montanha a caminho de Comala, e as falas se sucedem quase simultâneas em meio aos fragmentos cuja brevidade permitia compactar extensa cronologia, certifica-se que Juan veio a Comala à procura do pai, um tal de Pedro Páramo.

O arrieiro, por sua vez, confessa ser filho de Pedro Páramo. E que eram todos em Comala filhos do latifundiário que fecundara camponesas e serviçais através do estupro e da violência. Sem haver, como era costume, assumido a paternidade, ou protegido as mulheres e os filhos.

A estrutura feudal dos latifúndios propiciara o surgimento de surpreendente número de bastardos. A própria revolução de 1910, ao engendrar filhos ilegítimos, reforçou essa implacável tradição. A ponto de Octavio Paz, sempre comprometido com essa tese, assinalar esta impiedosa circunstância social: "Todos los hombres nacimos desheredados y nuestra condición verdadera es la orfandade, pero

FILHOS DA AMÉRICA

esto es particularmente cierto para los indios y los pobres de México."

Segundo Paz ainda, a figura do pai, com o látego na mão, encarnava o poder genérico e o princípio da vida. Era o "el ogro devorador de la vida".

O romance aponta o pai como a figura emblemática que, ao não existir, não deixava igualmente existir o mundo tradicional. Sua ausência ocasionando uma erosão afetiva, a perda da defesa social.

A inexistência do pai, no caso de Juan Preciado, significou um empobrecimento financeiro, uma fraqueza moral. A visão, talvez, de ser o pai o Saturno que devorava os filhos.

Abundio, aliás, sintetiza o drama. Se eram filhos de Pedro Páramo, por conseguinte eram filhos de ninguém. Bastardos simplesmente, filhos da Malinche, filhos da *chingada*.

Eram, então, vítimas de um pai que se perdera no mundo para não os reconhecer. Filhos que padeciam de uma invalidez simbólica, condenados a uma sorte trágica que os forçava a ir em busca do pai até o final de seus dias. Sob o risco de esse mesmo pai crer na premissa de que, se lhes dera vida, podia igualmente matá-los.

Também Juan Preciado padece sem saber de um desfalque mítico. Ao obedecer à mãe cuja voz acústica lhe impusera o ritual da busca do pai, ele se fundira com Comala e perpetuara um ato cujas consequências civilizatórias eram imprevisíveis.

Na obra de Rulfo, a relação pai e filho é historicamente ambígua. Pautada pela desconfiança, deslealdade, pelo ressentimento profundo, falta a ela um sentimento moral.

Parecendo, portanto, ser natural que o arrieiro advertisse quem era o pai. O tal de Pedro Páramo associado ao mal, e que a mãe, Dorotea, garantira existir. E que a mãe exigira que o filho, na hora da morte, cobrasse seu direito ao nome e à herança: "No vayas a pedirle nada. Exígele no nuestro, lo que estubo obligado a darme y nunca me dio. El olvido en que nos tuvo, mi hijo, cóbraselo caro."

A exigência, estribada na tradição judaico--cristã, defendia os bens de raiz, impedia que a herança saísse do controle familiar. Para que o filho, ao ser designado sucessor por conta da paternidade reconhecida, assumisse seu papel no universo paterno.

Ao dar início à viagem, Juan reviveu o mito do eterno retorno que, segundo Mircea Eliade, tornava real um objeto, ou um ser, à medida que

FILHOS DA AMÉRICA

imitava ou repelia um arquétipo. Assim, ao buscar ele o pai, e torná-lo real, também se tornava real? A viagem até Comala significando a oportunidade de aninhar-se no centro da própria origem e abraçar o princípio da vida? Ou crera que o sagrado que emanava das coisas garantiria a permanência dessas mesmas coisas. E a noção do pai, sob tal custódia, perduraria?

A noção da existência do pai levara-o a peregrinar. A ir a Comala, a Jerusalém, a Meca, a Santiago de Compostela, a Delfos. Propiciava a Juan Preciado um heroísmo que podia ser mortal. Mas acaso equivalia ser Jasão, à procura do Velocino de Ouro? Perceval, apaixonado pelo Santo Graal, de Jasão? Dédalo, que imortalizou Ariadne e Teseu?

Comala era terra do pai. A zona sagrada de que ele se apossara. Por ela transitavam vida e morte. Mas desterro para os filhos Juan e Abundio, cujas vidas ele tinha o poder de anular.

Despreparado, Juan chegara a uma Comala que exigia iniciação para enfrentar o mundo profano do pai, cuja simbologia concedia ao pai o direito de roubar a vida do filho.

Ao chegar a Comala, sob o efeito do calor infernal, o ar começa a lhe faltar. Sente fundir-se com o mito do pai ao tentar cobrar-lhe a herança.

Mas antes de desfalecer, diante da iminente perda mítica, parece-lhe que o pai está roubando definitivamente a sua vida.

O parricídio, tema recorrente na literatura e na história do mundo, foi sempre frequente entre reis e herdeiros. Um ritual ao qual o herdeiro estava sujeito a que pretexto fosse, o de matar o pai e antecipar a apropriação da coroa.

A relação entre pai e filho se traduziu sempre por meio de disputas e superações. E ainda que o pai se prolifere nos filhos, e os filhos se reproduzam na figura do pai, ainda vige o processo do filho matar o progenitor para sucedê-lo. Pai de sangue e pai simbólico.

A ideia da morte de Pedro Páramo terá gerado tensão entre os seus bastardos. Uma possibilidade que Pedro Páramo talvez contemplasse após a morte de Susana San Juan, o único ser a quem amara, e que lhe deixara memórias asfixiantes.

Juan Preciado morrera, porém, sem nada saber de seu pai. Não lhe caberia cumprir o ritual parricida. Uma iniciativa que toma a si o bastardo Abundio, ao exigir de Pedro Páramo o que nunca lhe dera.

Damiana Cisneros foi a única testemunha a observar o estranho se aproximando de Pedro Páramo,

FILHOS DA AMÉRICA

que, conquanto pressentiu o perigo, não reconheceu de imediato seu filho bastardo. Ao menos não o cumprimentou nem lhe disse o nome. Não lhe comprazia chamar o filho de Abundio Páramo pela primeira vez. Ao contrário, tratou-o de Abundio Martínez, um sobrenome que não lhes era familiar. Rejeitava o filho uma vez mais.

Abundio lhe pediu: "Denme una caridad para enterrar a mi mujer."

O pai negou a ajuda. Abundio, desesperado, viu-se forçado a reagir. A mesquinharia do pai merecia a sentença de morte. Ser sacrificado no altar da paternidade negada. Não podia Pedro Páramo sair incólume dos crimes praticados. O cutelo do carrasco já se aprontava a tombar sobre sua cabeça. Afinal, ao lhe pedir esmola, modesta porção da herança que lhe era devida, não lhe estava cobrando o reconhecimento da paternidade. Se desde seu nascimento não lhe dera nome, afeto, alimento.

Prestes a cometer uma transgressão absoluta, Abundio ergueu a faca em direção ao pai, revivia a figura de Édipo que matou Laio. Seu gesto anunciava ao patriarca que rechaçava sua paternidade, repudiava sua herança maldita. Mas não abdicava do ritual parricida que iria finalmente liberá-lo da sua gênese. Sob o efeito do álcool, que cenarizava a tragédia, Abundio enfiou a faca no peito do pai.

Damiana tentou ouvir o diálogo entre os homens. Mas ao relatar mais tarde a profanação que presenciara, adotou a linguagem metafórica, obscura, incompreensível. E para disfarçar, quem sabe, a violência moral do crime, ela agia como se não vira Pedro Páramo desmoronar morto à sua frente.

FALSOS SIAMESES:
ALENCAR E MACHADO

A versão que se tem da realidade sujeita-se ao que se lê, vê, pensa, colige, esquece. Esquecer é também arregimentar feitos e fatos na caixa da memória. Nenhuma versão, contudo, que se tenha do Brasil convence a mente inquieta e descrente.

Resta-nos, então, o consolo de traduzir o mundo através da palavra poética ao alcance humano. A palavra que por sua transcendência e seu caos poético designa o que jaz no abismo da fala. Da fala pública e privada. Dos gabinetes e da casa. E que considera o cotidiano uma construção literária que ajuda a viver. E que propiciou a criadores e intérpretes nacionais formularem teorias e conceitos em torno do Brasil desde a sua fundação institucional.

Ao lê-los, ausculta-se a matriz do ser brasileiro e aplicam-se suas máximas às vidas diárias. Pois que eles, enlaçados entre si, inculcaram saberes e concepções estéticas ao conjunto da sociedade. E assim, além de avivarem uma cidadania precária, ampliaram as noções cívicas, o cosmopolitismo latente, o sentido da cultura diante do desafio de ser universal.

Intérpretes do pensamento e da arte, oriundos de épocas e latitudes geográficas distintas, eles vieram até nós trazidos pela imaginação e pelo pulsar da cultura. Procederam dos lugares onde a crise se centrava e impulsionava ao mesmo tempo a reflexão brasileira.

Os efeitos de suas análises, ora presentes no enredo brasileiro, compõem um repertório aplicável ao transcurso dos séculos. Suas pegadas, literárias e ensaísticas, testemunhas da metamorfose nacional, atualizavam-se à medida que suas assertivas se cotejavam com os fenômenos modernos. Reflexões que nem se enclausuraram nem perderam vigor com os anos, menos ainda enfraqueceram a narrativa, a única capaz de reproduzir o imaginário partilhado por todos, e que é formado pela língua, geografia, temperamento, bens tangíveis e intangíveis. Vestígios, enfim, da mestiçagem que aqui floresceu e deu fundamento à essência brasileira.

O labor verbal desses intelectuais, oriundos das capitais e das províncias brasileiras, resultou na in-

FILHOS DA AMÉRICA

terpretação dos instantes constitutivos da civilização brasileira, nascidos de seguidos atos radicais.

O legado deles traduz-se em vasta bibliografia, sem a qual não se tem compreensão da história brasileira. Uma vez que esta legião de pensadores elaborou, a partir sobretudo do século XIX, ideários, exegeses, concepções inaugurais. Claves interpretativas com as quais se avaliaram os resultados da descoberta portuguesa, da colonização e dos domínios estrangeiros até a independência, da hediondez da escravatura, das práticas violentas e sistemáticas contra as classes pobres, o genocídio de Canudos, as injustiças sociais, os olores tropicais, o hedonismo das classes abastadas, as manifestações lúdicas dos movimentos populares, o sarcasmo irônico da política. Um conjunto de causas e efeitos que nos privaram, ao longo de nossa formação, de uma clara vivência crítica e que, no entanto, em contrapartida, permitiu a análise de uma realidade comum a todos.

Tal repertório de crenças destacou a tinta de pessimismo sob o manto da euforia, a austeridade simulada, a religiosidade sincrética, a sensibilidade suscetível, matérias típicas dos povos que sofreram, em dose excessiva, variadas influências étnicas e culturais.

Uma realidade que com suas camadas secretas, à margem do tempo, gerou o advento de autores como Machado de Assis, cuja obra, em sua totalidade, compôs um afresco revelador da existência brasileira. Uma base sobre a qual ele estendeu a ambiguidade da sua ficção à psique da própria nação.

Esses intérpretes e artistas, com sua índole reflexiva, perscrutaram as entranhas psíquicas brasileiras, forçando-nos a questionar a que origem devemos nossa identidade. De que substância antropológica fôramos feitos, para assumirmos em sociedade peculiaridades dúbias, uma civilidade republicana negligente, obedecêssemos a determinado código dentro do lar, e praticássemos, fora de casa, uma civilidade republicana rigorosamente oposta à que se adotava entre as paredes do lar. E indagar se acaso somos personagens que Machado inventou, uma cruel amostragem sociológica da nossa natureza comportamental. Ou induzimos Machado ao equívoco por não sermos em nada parecidos com o que ele descreveu em seu universo romanesco. Contrário, portanto, à verdade narrativa de que o autor fez uso na tentativa de dissecar a sociedade brasileira.

Mas, sob que formas intérpretes e criadores se expressassem, eles esmiuçaram a gênese brasileira. Esclareceram as criaturas recalcitrantes que povoa-

FILHOS DA AMÉRICA

ram o país. As idiossincrasias que nos tornaram peças ficcionais a ponto de nos ter parecido sempre natural que a sociedade vendesse e comprasse ilusão, enquanto integrada a um panorama movediço, embaçado.

Machado de Assis surge nessa quadra histórica. Debruçado sobre o drama nacional, ele decifra em surdina o brasileiro pejado de conflitos e contradições. Afina os instrumentos para que reverberem, e ele ausculte em seus livros os sobrados, as fazendas e senzalas, os casebres, os palacetes típicos de uma urbe ibero-americana do século XIX. E envolva no mesmo pessimismo gente nobre e plebeia, pobres e escravos alforriados, que são seus irmãos de sangue.

Este autor nos deixou ver homens que em pleno verão carioca se cobriam de trajes negros, com as cartolas enterradas nas cabeças a impedirem a circulação das ideias. E que, enquanto simulavam sobriedade, contemplavam durante horas mulheres que, com suas saias agitadas, desfilavam pela rua do Ouvidor, pressurosas em proteger voluptuosas virtudes.

Machado de Assis não se enganava com a falsa alegoria citadina exposta no Rio de Janeiro. Dono de sutil sarcasmo que usava como florete, ele repudiava a visão triunfal que distraía os brasileiros da crítica ou do declínio individual.

Vale, porém, indagar o quanto esses intérpretes recorreram, ao longo das décadas, à imaginação para inventar um país plausível, que fosse veraz. Questionar se acaso confrontados com a riqueza provinda da imaginação criativa, e necessitados dos subsídios que só a arte pode ofertar, recorreram à obra de Machado de Assis permeada de saberes, da ousadia que leva a descobrir a estética do mundo. Afinal, que outra obra ensaística apreendera os diversos ângulos da sociedade monárquica do século XIX, e os primeiros vagidos da República Velha, como Machado? Como ignorariam esses intérpretes as revelações e as iluminações machadianas no que dizia respeito ao Rio de Janeiro, sabidamente o epicentro do Brasil? Como descartariam em suas considerações ensaísticas um autor que apontou o Rio de Janeiro, sede do poder monárquico, como a urbe de embusteiros, de criaturas inescrupulosas, das figuras de proa, com os quais traçar o painel de uma sociedade impiedosa, egocêntrica, oportunista, regida por estatutos hierarquizados? Um universo narrativo que fixou em suas páginas uma tipologia de concepção acanhada, cruel, complexa e dúbia, como aliás é forçoso existir na obra de arte. E tudo para que seus personagens se apresentassem como réplicas perfeitas e inescrupulosas do que somos hoje. Quem, senão Machado de Assis?

FILHOS DA AMÉRICA

Mestre da narrativa e do pensamento, Machado de Assis não se diferenciou dos demais intérpretes que tinham o Brasil no seu horizonte. E isto porque, ao eleger o Rio de Janeiro como metáfora do Brasil, tinha o país em mira. Razão de instalar neste centro cósmico, que era a pólis, a memória brasileira. E no afã de arrolar o drama narrativo com o qual revelar ficcionalmente a dimensão secreta do país, ele fixou nos limites da cidadela imperial os dados essenciais com que abordar os substratos da realidade e da alma do Brasil. Sempre ciente ele dos enigmas que se escondiam entre as muralhas simbólicas de bairros como São Cristóvão, Bonsucesso, Catumbi, onde situou sua narrativa.

Na condição, porém, de leitor brasileiro, convém interrogar se Machado, enquanto vivia, terá intuído sobre o destino de sua gesta. Se a sua narrativa emitiria no futuro a multiplicidade de versões que o Brasil carecia? Se o seu verbo sobreviveria ao longo dos tempos?

Os intérpretes brasileiros, em geral, balizaram a vida nacional sem recorrer às construções pomposas, ou a uma sociologia exageradamente realista, com exceção de Euclides da Cunha, cuja dimensão linguística se escuda na magnífica invenção. Mas as obras desses intérpretes, ao recuperarem pormenores psíquicos e sociais atrelados aos períodos monárquico e republicano, souberam esboçar painéis que ampliaram o conhecimento aninhado desde o século XVI. Sem tal incursão apelar ao ilusório, que era típico da narrativa.

Coubera à geração de Machado de Assis prosseguir com a mensagem nacionalista de José de Alencar. À tarefa de desvendar que substâncias forjaram o caráter criativo do Brasil. O quanto adaptaram à sua narrativa as bases interpretativas da sociedade?

Aliás, desde suas primeiras criações, Machado se esforçou em unir a tradição à modernidade, o particular ao universal. E isso porque, afeito às civilizações além-mar, aspirava a situar-se no epicentro cultural.

Contudo, ele não fora pioneiro na defesa de uma estética compatível com o repertório étnico e lendário do Brasil. Antes dele, José de Alencar empunhara a bandeira da nacionalidade. Um escritor a quem Machado admirava, a ponto de registrar em seu livro *Páginas recolhidas*, publicado em 1899, que nenhum outro autor, senão José de Alencar, expressara em mais alto grau a alma brasileira. E não porque Alencar elegera temas eminentemente brasileiros, rurais e urbanos, para o sustento de sua narrativa, mas por ter transmitido uma maneira

FILHOS DA AMÉRICA

peculiar de ver, de sentir, e que, "independente da face externa das coisas, dava-lhes a nota íntima de nacionalidade".

Machado de Assis usa como símbolo da sobrevida literária de Alencar no coração dos leitores a cena final do romance *O guarani*, alegoria das origens brasileiras, quando Peri, na ânsia de proteger Ceci do rio caudaloso, a deposita sobre a folha da palmeira e proclama: "Tu viverás." E prosseguem os dois sobre as águas enfurecidas a cumprir um fado incerto.

José de Alencar foi um brasileiro do século XIX. Nascido em Mecejana, Ceará, no ano de 1829, em plena vigência do Império, viveu período efervescente da vida nacional, com Pedro II à frente do Segundo Reinado. Um momento formador da nacionalidade brasileira, de um ideário que forçava amplo debate em torno de causas ainda embrionárias. Quando se debatiam, entre outras questões, os fundamentos de uma cultura brasileira. Uma espécie de estética à disposição de um autor nascido naquelas paragens tropicais tão alijadas do epicentro europeu, do qual se irradiavam sólidas e impositivas influências. Havia, pois, que debater as variantes estéticas a serem tidas como aceitáveis por um autor brasileiro, tendo em vista contar ele com um povo de escassa educação e mestiçagem étnica.

Não é por acaso que surgem neste período de intensa indagação política e social, praticamente no mesmo ano de 1873, dois trabalhos essenciais para a exploração da questão nacional e estética. O ensaio *Instinto de nacionalidade*, de Machado de Assis, e *Como e por que sou romancista*, de José de Alencar. Ambos textos constituindo um decálogo a pautarem a natureza do ser que resultara do singular amálgama étnico e cultural brasileiro.

No seu opúsculo, José de Alencar traça o roteiro sentimental e intelectual de sua formação literária, o perfil de uma geração sob a égide monárquica. Faz-nos conhecer como se comportava o intelectual partícipe das condições existentes, então, em um país que padecia de grande atraso econômico e educacional.

Ao eleger a forma de carta para se comunicar com o leitor, Alencar opta pela modéstia narrativa, sem se jactar da importância literária que já então desfrutava. É um missivista sem o aparente resguardo de uma obra já relevante, como se fora um aprendiz que padecera no passado de injustiças literárias.

Ao utilizar a primeira pessoa, o autor só nos conta o que lhe interessa. Em compensação, tal estatuto pessoal não enseja disfarce. O tom confessional adotado propicia a impressão de estar ele

FILHOS DA AMÉRICA

falando com o Brasil, encarnado em seus leitores. Nessa linha, ele apresenta seu ideário estético, o que espera da literatura. Enquanto reage aos que apontam em seu ciclo indigenista semelhanças com o norte-americano Fenimore Cooper, autor do famoso *O último dos moicanos*, devotado como ele aos personagens indígenas.

Rebate a acusação afirmando que a paisagem brasileira, em si tão poderosa, em tudo diferente da pradaria americana, das montanhas elevadas, dispensa subsídios. Tanto no que se refere à natureza, quanto à conduta dos personagens.

Ao longo do relato, lamenta a sorte do escritor que, como ele, vivia em um país vergado pelo atraso. Vítima da falta de leitores, do mercado precário, e mesmo dos tipógrafos que obrigavam ele, Alencar, a acompanhar de perto a edição de seus livros.

A despeito do penoso quadro que descreve, José de Alencar resiste às intempéries. Fiel à vocação literária, dedica-se com sucesso ao folhetim, como o faziam na Europa escritores como Balzac, Dostoiévski, Eugenie Sue, com seu inesquecível *Os mistérios de Paris*.

Embora exíguo, seu livro é um tratado estético. Aliás, o crítico Afrânio Coutinho observa que, caso fossem reunidas essas páginas suas e os demais prólogos que produziu ao longo da sua trajetória, contaríamos com valiosa doutrina estético-literária. Um conjunto que, a serviço de uma avaliação do século XIX, teria facilitado o entendimento e a análise dos autores da época.

Alencar registra apreço pela imaginação brasileira que exprimia, em seu transcurso histórico, um parecer esclarecedor sobre a criação nacional. De como, mediante o empenho de imaginar mundos inicialmente intangíveis, a imaginação beneficiara a ele e aos demais escritores. Ajudara-o, no seu caso, a realçar a importância da questão indígena, a buscar as razões de haver assegurado tal presença em sua obra.

A sua opção pelo universo indígena superava a própria intenção estética. De verdade, permitira-lhe definir o Brasil em seu conjunto dramático. Pois, para ele, o indianismo manifestou-se como possível forma de abordar o Brasil, de conhecer seu povo. Uma exaltação que o levou a idealizar o índio, como o fizeram na Europa, no século XVI, Montaigne, Étienne de Boétie, Chateaubriand, Montesquieu e, muito depois, Rousseau.

Como consequência se observa, em seus romances *O guarani*, *Iracema*, *Ubirajara*, o personagem índio, altruísta por excelência, a encarnar um ideário de

FILHOS DA AMÉRICA

pureza, de incorruptibilidade. Uma conduta a reforçar o conceito do "bom selvagem", que Rousseau teorizou.

Em tal construção moral, o índio de José de Alencar se opõe às mazelas da civilização ocidental, ao branco corrupto e colonizador. Torna-se, como Peri, uma representação admirável em viva oposição ao português presente no Brasil desde a colonização.

Graças a essa convicção, Alencar confere aos índios uma língua simples, mas comovente, enquanto destaca a linguagem clássica que Gonçalves Dias empresta aos silvícolas em sua obra. Assim, também ele, em consonância com seu título de pai do mundo romanesco brasileiro, apresenta em seus livros refinamento poético. Configuram tal uso as cenas que envolvem Ceci e Peri, e que motivam ser Alencar julgado um poeta da ficção, cuja linguagem ele aperfeiçoou sobretudo através da leitura europeia e especialmente dos velhos cronistas portugueses.

Era um esforçado estudioso. Para inculcar traços nacionalistas aos romances, observou atentamente os costumes indígenas, a vida social, os deslocamentos das tribos pelas diversas regiões geográficas. Registrou o nomadismo existente entre eles que impulsionou a riqueza étnica do país, enquanto ele fazia da natureza protagonista de uma narrativa compatível com seus personagens. E foi assim, com tais cuidados, que encerrou o ciclo indigenista composto dos romances *O guarani, Iracema, Ubirajara.*

A morte, em 1877, no Rio de Janeiro, aos 48 anos, não impediu que sua obra exercesse poderosa influência no imaginário inventivo do país. Gerou seguidores que, sob a influência da corrente indigenista, e mais tarde do seu ciclo urbano, reconheceram o quanto a obra de José de Alencar propiciara experimentos e liberdade temática.

Machado de Assis, por sua vez, afetado pelas ideias de Alencar que circulavam igualmente no parlamento brasileiro, onde o cearense era senador, e na imprensa, com seus frequentes artigos, publica em 1873 o ensaio *Instinto de nacionalidade*, até hoje primoroso manifesto.

Nesse ensaio, Machado norteia os fundamentos estéticos que inspirariam um país recém-saído da dependência política, necessitado de defender território e língua. De consolidar uma tradição literária capaz de fortalecer, por meio do discurso literário, as bases da língua.

Clarifica, em suas páginas, ser possível detectar, na literatura produzida até então, o resoluto instinto em prol de uma nacionalidade que correspondesse

FILHOS DA AMÉRICA

aos reclamos do país em formação. E isto porque, segundo ele, as formas literárias havidas, "vestem-se com as cores do país".

E aponta Gonçalves Dias como exemplo notável, junto a outros próceres criadores que, com ideais similares, se inscreviam nessa linhagem. Como Araújo Porto Alegre, Basílio da Gama, Frei Santa Rita Durão, Castro Alves, Joaquim Manuel de Macedo, este, autor de *A moreninha*, primeiro romance brasileiro.

No *Instinto de nacionalidade*, Machado realça as vantagens estéticas havidas na literatura brasileira graças ao tácito "acordo universal" obtido dos escritores que questionavam a vida do país, a natureza, a paisagem continental, a educação vigente, a língua em uso. E reconheciam que as respostas recolhidas de tantas indagações propiciavam o enriquecimento do pensamento nacional. E isso por haver no interior das ideias um sentimento a ponto de aflorar com sua carga cultural e estética. Pelo fato, naturalmente, de o país carecer da independência da língua e da narrativa. Ambas vertentes que, logo postas em andamento, consolidariam as realidades flagradas.

Machado de Assis advogou sempre uma língua de expressão brasileira, sem ferir, no entanto, os ditames da língua portuguesa, de que era extraordinário guardião. Tanto que, na condição de autodidata, se nutrira dos clássicos portugueses que serviram de estímulo para ele enveredar pela literatura universal e se fazer exegeta de seus favores.

O clamor machadiano, no *Instinto de nacionalidade*, vocalizou a independência criadora do escritor brasileiro. Seu manifesto rompeu vínculos subalternos, e propôs uma modernidade anterior aos postulados libertários da Semana de Arte Moderna de 1922, assim como de outros reclamos posteriores.

A ponto de haver Machado cunhado a expressão "civilização brasileira", um conceito que ultrapassava os limites da cultura, para impor a existência de um edifício de magnífico porte, dotado de estatutos, normas, identidades, soma de saberes, linguagens ajustáveis a todo e qualquer anseio literário, genealogias que venceram os desafios dos tempos e triunfaram por conta de inextinguíveis indícios culturais. Uma espécie de constituição que arregimentou no seu escopo os pareceres humanos que desembocaram em uma suma, equivalente à teológica de Tomás de Aquino.

Essa designação machadiana destaca-se na historiografia brasileira. A partir da qual licenciava a intelectualidade brasileira a assumir, diante de qualquer fenômeno estético, a autoridade de decifrar o

FILHOS DA AMÉRICA

que jazia por trás do que se considerava inicialmente elementar, ingênuo, dispensável, fora da rota das epopeias clássicas.

Para fortificar suas convicções, Machado destaca o romance *Iracema* como propulsor da liberação de uma imaginação até então represada na literatura brasileira. Julga haver nesse romance, em suas claves secretas, um material criativo suficiente para consagrar um grande autor. E, ao referir-se aos sentimentos incluídos em tal obra de arte como matrizes da criação brasileira, ele reconhece que José de Alencar, por todos os motivos, encarna esse instinto de nacionalidade.

Contudo, Machado de Assis não herdou de Alencar sua visão paradisíaca. Nem a percepção de um universo que o levasse a alterar o rumo da sua narrativa, para tanto fazendo-o abdicar de seu postulado pautado na descrença e no pessimismo.

No entanto, a caminho da consolidação da sua grandeza narrativa, ele pratica uma visão nacionalista que nada tem a ver com a admissão de Tupã ou de algum deus que se deixou arrastar pelo impulso da beleza e da esperança para despertar a paixão humana. Muito ao contrário, ateu como era, sem o consolo de acreditar em Deus, sua peculiar visão nacionalista, calcada por um sentido universal, cosmopolita, limitava-se a engrandecer a língua e a narrativa. A eleger o Rio de Janeiro como tema e o magnífico português como instrumento de expressão. E, ao fazer esta cidade a outra face do Brasil, ele a descreve com preciosas minúcias, ocupa a paisagem e as casas com personagens colhidos na sociedade brasileira. Seu nacionalismo prende-se, portanto, à moldura brasileira, ao seu território intrínseco, sem jamais se descuidar do poder da invenção que a história exige, e nem se livrar do jugo das estéticas sem as quais a arte definha.

A sombra de Machado alastra-se ainda hoje pelo Brasil. E cem anos após sua morte, sua obra alavanca correntes estéticas, designa pegadas novas, tornou-se um parâmetro para avaliar seus sucessores. Seu *corpus* literário é o epicentro em torno do qual o Brasil gravita. Obra que ensina aos contemporâneos que é mister travar a batalha em prol da construção de um cânone brasileiro.

Seu legado, contudo, diferencia-se da herança de Alencar, mas, ao final, um deu início ao outro, impulsionou que o cenário estético não deixasse vácuo, e que o campo da criação fosse preenchido pelos rastros que cada qual foi deixando à guisa das migalhas de pão de João e Maria.

Importa, porém, reconhecer que Machado nunca perdeu de vista o cenário carioca, mero pretexto para

FILHOS DA AMÉRICA

fincar sua estética no Brasil. E que se abastecia com o que lhe chegava de além-mar. Assim ele lia, assim devorava, assim metabolizava o universo, enquanto se adaptava à vocação atlântica do litoral brasileiro. E ao plantar sua novelística definitivamente no Rio de Janeiro, uma ficção com irradiações urbanas, ele deu as costas à mata, aos rios, ao estuário da paixão de José de Alencar.

O repertório de Machado alavanca noções provindas do *Instinto de nacionalidade*. Deixa-se nortear, até sua morte, pela preservação da língua e da temática urbana. Mediante essas convicções, exerce o ofício de intérprete da ficção que emana da realidade e que se resguarda nos seus interstícios. Esquadrinha o mistério da língua que, vinda do Tejo, aportara no Brasil para ser de novo modelada. Ele se torna um exegeta do Brasil.

Diante da importância histórica de sua criação, é inaceitável que, ao arrolarem os nomes dos intérpretes brasileiros, se exclua o nome de Machado de Assis. Não se reconheça nele a transcendência analítica com que instaura a modernidade no projeto nacional. Uma atitude que nos faz crer que a intelectualidade brasileira teve escrúpulos em aceitar que a invenção literária, em sua fulgurante expressão, com seu caráter interpretativo, assertivo, analógico, sempre foi, onde seja, a plataforma da qual examinar, exumar, reconstruir o horizonte do mundo e do Brasil. Pois como imaginar a humanidade sem Homero, sem as tragédias gregas, sem Shakespeare, sem Molière, sem Cervantes, sem Tolstói? Acaso uma boca cerrada, um cérebro costurado, um coração silente?

Como, então, excluir da categoria de intérprete este Machado de Assis, exímio regente do discurso narrativo? O autor que lanceta a hierarquia social vigente e faz sangrar personagens cuja índole reflete ainda hoje o que somos? Este construtor de linguagem, que é o anteparo das ações humanas, e com a qual se socializa a realidade? Como interpretar uma nação sem a visão criadora, poética deste autor que perpetuou o fascinante delito de viver os limites da radicalidade social? E como transfigurar a realidade sem semear conflitos, ambivalências, controvérsias, substâncias, próprias da obra de arte? Sem uma linguagem que, conquanto límpida, comporta conteúdos simbólicos, insinuações míticas.

A linguagem de Machado de Assis transita por uma sociedade arcaica e modernizante ao mesmo tempo. De cosmopolitismo incipiente, mas cuja construção verbal se acercou dos barões da terra, dos coronéis provincianos, dos banqueiros, dos pa-

FILHOS DA AMÉRICA

rasitas, dos estudantes, das cortesãs, dos agregados, das costureiras, dos miseráveis, das viúvas.

Nenhum outro intérprete soube, como ele, abordar o Brasil, esmiuçar as artimanhas monárquicas, já pressentindo, sobretudo no romance *Esaú e Jacó*, o fracasso do advento da República Velha. Suas páginas analisaram impiedosamente o poder predador e sutil, os perniciosos costumes políticos e sociais, as tramas que advêm da família patriarcal, dos casamentos de conveniência, das alianças sucessórias, o amplo arco social que atendia às profundas instâncias da vida nacional.

Soube, sim, moldar sua arte com o fulgor da ilusão, alterar os rumos da urdidura novelesca ao seu bel-prazer. Enquanto anunciava a história da modernidade dos sentimentos, a história das emoções em vigília.

Graças à adesão de Machado de Assis ao real, os que o sucederam buscaram comprometer, com suas análises, as ações morais da sociedade. Tentaram revelar a farsa do cotidiano, os atavios humanos, o fluxo das nações. Assumir língua e narrativa, como o fizeram Alencar e Machado.

A fidelidade a tais propósitos, legado de Alencar e Machado, impediu que a passagem do tempo rompesse vínculos estéticos, ensejasse ruptura na linha sucessória da nossa criação. Facilitou que mais tarde, após a morte de Machado de Assis em 1908, surgissem novas expressões literárias, como o surgimento em São Paulo da Semana de Arte Moderna de 1922. Um movimento antecipado por irrupções no Rio de Janeiro, na sede mesmo da Academia Brasileira de Letras, e reforçado por clamores vindos de outras partes do país. E que tendo na proa as figuras de Mário de Andrade, Oswald de Andrade, Sérgio Milliet, Menotti Del Picchia, e outros epígonos, incendiou expressões artísticas como: Tarsila do Amaral, Anita Malfatti, Ismael Nery, Lasar Segall, Di Cavalcanti, Brachelet.

Uma Semana em seguida sucedida pela eclosão de talentos desembarcados do Norte e que ganharam, na década de 1930, notável representatividade. Uma geração formada por escritores que estabeleceram novo patamar para a obra de arte brasileira, como Graciliano Ramos, José Lins do Rego, José Américo de Almeida, Rachel de Queiroz, Jorge Amado. Grei de brilhantes escritores, cujas obras estão impressas no frontispício do Brasil.

Grupos esses seguidos, na década de 1950, por uma leva de escritores católicos influenciados pelo pensamento francês de Jacques e Raissa Maritain, Léon Bloy. E outros criadores provindos de variadas

FILHOS DA AMÉRICA

geografias brasileiras. Autores que, dispensados do exaustivo debate nacional, desfrutaram sem pejo dos benefícios estéticos e culturais que Alencar, Machado, Joaquim Nabuco, e outros notáveis se viram obrigados a pugnar em defesa de um ideário que propugnava por avanços estéticos e políticos.

Cada qual desses nomes lavrando na pele e no coração as marcas da irreverência de Gregório de Matos, dos versos apocalíticos de Castro Alves, das mágoas ressentidas de Lima Barreto (1881-1922) com seu *Triste fim de Policarpo Quaresma*. Cada qual em si uma entidade transgressora, espíritos que, em prol da evolução das matrizes da tradição brasileira e da língua falada no Brasil, travavam o bom combate.

A amostragem que advém dessa listagem nos remete com sucesso aos autores contemporâneos. Autores vivos, com idade que oscila, mas com a criação em curso. Inclinados a assumir tendências soberanas e díspares, distantes de uma escola comum a todos.

Aliás, um exame superficial das obras de autores mais jovens evidencia a atração que as estéticas dos eixos globalizantes, como Nova York e Londres, exercem sobre eles. Impõe-lhes sub-repticiamente a construção de uma estética que se enlaça e se confunde com criações como o cinema, a música, as artes visuais, as multimídias.

Esse conjunto de experimentos estéticos capta, em espiral crescente, os ruídos, as teses, oriundas da cultura pop, e rende-se a uma certa uniformidade que o universo globalizado determina. De tal convívio replicando um cosmopolitismo muitas vezes fraudulento, destituído de cultura sedimentada, de raízes genealógicas, e cujas expressões, mais parecendo originárias da Islândia, nada têm a ver com o Nordeste brasileiro. E de acentuada presença no Brasil de hoje, que exalta os desconsolados aglomerados urbanos com escassa densidade mítica.

Aferir, no entanto, valores qualitativos enquanto o cânone ainda não se pronunciou é sempre arriscado. Observa-se, no entanto, a tendência da atual produção literária a vincular-se ao discurso radical da modernidade, antes de haver firmado sua maturidade estética. De filiar-se a movimentos enraizados nas metrópoles estrangeiras, decididas a fixarem o grau de aprovação literária. O que leva autores menos experientes, em detrimento das próprias opções criadoras, e sem juízo de valor, a se submeterem às estéticas internacionais que, pelo seu caráter instantâneo, apreendem uma realidade concebida segundo ditames da moda.

O mercado exerce hoje um arbítrio estético. Aguerrido, assume papel de mentor. Infunde nos

FILHOS DA AMÉRICA

autores o temor de que lhes decretem a obsolescência prematura, caso não cedam ao que se espera deles. Como consequência levando a muitos desses autores a renunciar à aprendizagem literária, a única capaz de conduzi-los à culminância criadora, à singularidade do seu destino estético.

Sob tal angústia, o autor contemporâneo brasileiro é talvez instado a produzir a linguagem coincidente com o que se faz nos grandes centros de poder. A distanciar-se da periferia à qual pertence, e que lhe cedeu as substâncias profundas da sua arte. Envergonhado como se sente de que o padrão literário do Brasil seja tido como periférico pela crítica internacional.

Tal constatação é ameaçadora. Não só distorce a visão que se tem da própria trajetória, como danifica uma cultura que, como a brasileira, aspira a ser reconhecida sem para isso dar as costas ao Brasil.

Impõe-se, portanto, indagar como é possível conciliar uma obra individual, em progressão, com os centros internacionais que cobram do autor uma definição e prática estéticas contrárias à sua formação intelectual.

A palavra, contudo, viceja no Brasil, intacta diante dos parâmetros alienígenas. E conquanto os códigos literários se acomodem no perímetro urbano, na pólis, que se tornou epicentro ficcional, já não prevalece como outrora a hegemonia literária do eixo Rio de Janeiro-São Paulo. Um fator que antes levava o escritor a abandonar a província com eventuais prejuízos de seus postulados estéticos, e se instalar onde pudesse consolidar sua aventura narrativa e ser reconhecido.

É natural que a literatura feita pelos vivos revise as bases de seus estatutos, confie na invenção de uma realidade que lanceta a hierarquia social e sonde as emoções provindas da condição humana. E se esforce em reconhecer a modernidade dos sentimentos que estão em pauta. E dê provas de saber que a linguagem, com que faz seu livro, é o anteparo das ações humanas. Assim, convém se acautelar com o cosmopolitismo artificial que prega aplausos e contratos maquiavélicos em troca da alma narradora. Quando de fato o projeto literário de um escritor se abriga no fulcro da sua criação. É mister que a literatura seja sua razão de ser.

Nesse horizonte, Machado de Assis se sobressai. Não há como esquecer que o arco da sua criação cobrou as camadas da vida. Com sua pena do século XIX, moldou seu engenho com os dilemas impostos pela linguagem e pela visão do real, que são nossos.

FILHOS DA AMÉRICA

Graças a ele e outros parceiros, seguimos reconhecendo que o drama se circunscreve ao verbo desde Homero. E que a realidade brasileira aguça os conflitos inerentes à obra de arte e nos obriga a narrar.

É, porém, sob a ótica de todos os intérpretes que existiram, e hão de existir, que o Brasil se apresenta a nós, escritores e leitores, e permite que nós o leiamos.

OS ENIGMAS
IBERO-AMERICANOS

Ao longo da trama ibero-americana, feita de mil fios narrativos, ocorreram fatos inusitados, como quando em 1578, após a trágica morte do rei D. Sebastião nas costas africanas, que mergulhou Portugal em intensa melancolia, o Brasil e a coroa portuguesa passaram a pertencer à Espanha. Por essas inesperadas injunções históricas, adveio a fusão do império filipino e da língua espanhola com a história do Brasil. Um convívio de 1580 a 1640, tempo suficiente para a Espanha espargir signos na psique brasileira.

É difícil rastrear a influência que a língua espanhola exerceu no Brasil. Ou saber por meio de que interstícios essa língua avançou a ponto de impregnar as fundações brasileiras com seu arsenal mítico, sua semântica, com aquela matéria que faculta a cultura desenvolver-se.

Tal intensa presença, do castelhano em Portugal, suscitou que estudiosos proclamassem, com excessivo exagero, estar ocorrendo no país um certo bilinguismo. Um fenômeno cultural e político iniciado no período conhecido como Quatrocentos, e que só veio a arrefecer dois séculos mais tarde, antes da Restauração, em torno de 1640.

As circunstâncias históricas que, à época, enlaçaram ambas as línguas, quer na disputa do poder político, quer nas querelas poéticas, converteu o castelhano, na península ibérica, em língua de prestígio, amplamente adotada pela elite nacional. Uma simbiose social e linguística tão significativa que permitiu ao imaginário português ser lentamente abastecido por autores como Calderón de la Barca, Garcilaso de la Vega, Miguel de Cervantes, Lope de Vega. Um fenômeno a ocorrer justo quando surgira em Portugal criadores da magnitude de Luís de Camões e Gil Vicente.

A partir, pois, de 1580, após a morte do rei português em Alcácer-Quibir, Felipe II tornou-se dono do Brasil. Com escritura, bula papal, o rei espanhol se vê, ao longo de sessenta anos, senhor daquelas terras ultramarinas, quando se forma a União Ibérica. Contudo, a despeito da herança, as inusitadas flora e fauna do Brasil não atraem o monarca. Encerrado no El Escorial, nada lhe significava a luz dos trópicos, nem lhe apetecia ver de perto aquelas terras. Sem que sua aparente indiferença, no entanto, traduzisse uma visão política distraída. Pois, atento ele aos transtornos que intervenções radicais poderiam provocar na colônia brasileira, o monarca eximiu-se de cancelar as ordenações portuguesas, ou de impor aos nativos o espanhol como língua oficial. Ao contrário, o filho de Carlos V conservou as autoridades brasileiras e portuguesas à frente da administração, não interferindo em decisões que golpeassem a normalidade jurídica vigente. E ao resistir a anexar o Brasil à coroa do seu império, e dividir aquelas terras, o que teria dificultado no futuro a unificação nacional, ele favoreceu a expansão territorial do Brasil, ensejou que se caminhasse em direção ao oeste. Essa e outras iniciativas não só estabeleceram vínculos efetivos com os reinóis, possibilitando que os espanhóis mais tarde colaborassem com o Brasil na manutenção das bocas do rio da Prata, como facilitou um alargamento de terras que terminou por confluir para a existência das Bandeiras, uma iniciativa que viria a representar uma verdadeira epopeia nacional. Expedições,

FILHOS DA AMÉRICA

como eram estas Bandeiras conhecidas, chefiadas por Bandeirantes, homens destemidos que, em flagrante desrespeito ao Tratado de Tordesilhas, expandiram as fronteiras brasileiras, a pretexto inicial de buscar pedras preciosas, sobretudo esmeraldas.

Aliás, de certa feita, ao se inventariarem os escassos bens de determinado bandeirante, foi encontrado em sua bagagem um alfarrábio, amarfanhado pelo manuseio, contendo os poemas de Quevedo. O fato, além de indicar a presença espanhola no Brasil, encanta, a quem seja, imaginar que poemas de Quevedo, em pleno século XVI, foram arrastados pela selva por um homem capaz de fruir tão elevada poesia enquanto labutava por invadir o coração profundo do Brasil.

Na vigência da União Ibérica, o castelhano reforça sua presença na colônia por conta da vinda de espanhóis, da chegada dos judeus expulsos de Espanha, da inexistência da imprensa no Brasil, o que obrigava a ler muitas vezes em espanhol os livros que eventualmente chegassem a estas terras. E graças ainda ao gênero epistolar, à correspondência trocada em ambas as línguas. Ações que, em conjunto, impulsionaram a absorção do idioma espanhol, mas provocaram, em contrapartida, na comunidade portuguesa da colônia, um antiespanholismo, uma guerra em surdina que se alastrava entre os grupos. A ponto de determinado português, segundo registra o livro *Confissões da Bahia*, arrematar a um castelhano: "Antes ser mouro que castelhano." Ao que respondeu o castelhano: "Antes mouro que português."

Nessa alvorada histórica, revelam-se relevantes figuras para a cultura ibero-americana. Surge, no Brasil, a figura mítica de José de Anchieta, jesuíta canário enviado para a América em 1549, como muitos outros sacerdotes, na esteira do projeto colonizador dos portugueses, com ressonâncias também para o projeto espanhol. Iluminado pela exaltação religiosa, e indiferente aos preceitos impostos pelo Concílio de Trento, Anchieta ocupou-se em catequizar os índios e a fazer seus próprios registros poéticos nas línguas lusa, castelhana e tupi-guarani. Em obediência ao preceito da Companhia de Jesus que defendia a aprendizagem das línguas nativas, quando a nova língua se provava mais útil que a própria.

Anchieta segue essa norma com tal rigor que, além de dominar com maestria o tupi-guarani, escreve a primeira gramática dessa língua. E na condição de poeta de fina voluta verbal, cujo latim guardava um sabor renascentista, Anchieta injeta no imaginário brasileiro uma noção estética original. Tido ele como o primeiro escritor brasileiro, o

FILHOS DA AMÉRICA

canário promove entre os silvícolas, a pretexto do cristianismo, espetáculos teatrais rústicos, de precária imitação. Através de singelos artifícios, empenha--se por criar um mundo aplaudido por seu Deus, para tanto apropriando-se da ilusão como tema. E enquanto mistura seus autos com enredos bíblicos e romanos, tenta familiarizar os ouvintes com fragmentos da história universal. Quem sabe fazendo crer aos índios, que até há pouco guardavam em suas cavidades dentárias sobras de carne humana, que sua catequese teatral emergira não da sua crença, mas da fantasia dos autóctones.

É assim que Anchieta manifesta, através de tênue equilíbrio entre realidade e invenção, seus estatutos morais e literários. Graças aos quais implanta no substrato brasileiro a valorização de um cotidiano ainda que desvalido. De tal combinação advindo o sentimento de serem aqueles primeiros brasileiros capazes de elaborar no porvir um sistema social menos rígido, menos hierarquizado.

Anchieta, embora de temperamento medieval, viveu rara oportunidade histórica: ao enlaçar as três línguas, lançou as bases de um ecumenismo prestes a anunciar a futura propensão sincrética do povo brasileiro.

Graças a esse jogo verbal tão persuasivo, que abastece sua fantasia religiosa, o sacerdote integra-se definitivamente aos instantes que forjam a sensibilidade brasileira. Ele sucede, na história narrativa, ao escrivão da corte portuguesa Pero Vaz de Caminha, que após testemunhar o descobrimento do Brasil, escreve a D. Manuel, em Lisboa, sobre as novas terras. Uma carta que constitui uma espécie de certidão de nascimento do Brasil.

É Anchieta que, na condição de primeiro escritor do Brasil, enseja a vinda de outros sucessores, como o poeta satírico Gregório de Matos, que, na Bahia setecentista, se confessava um apaixonado por Cervantes, mestre do ridículo humano, lido no original. E ainda do extraordinário orador sacro, Antônio Vieira, cuja nacionalidade é disputada por brasileiros e portugueses, que escrevera algumas de suas composições em castelhano. E do brasileiro Manuel Botelho de Oliveira, poeta do século XVII, que criou também poemas e comédias em espanhol. Todas essas junções linguísticas, históricas e culturais que, emendadas entre si, revelam vestígios do espírito da língua espanhola no imaginário brasileiro nascente.

Desde os seus primórdios, a América ibérica reforçou a suposição de haver em seus traços culturais um acúmulo de bens de expressivo *corpus* artístico e reflexivo. Daí se reconhecer que o continente

FILHOS DA AMÉRICA

cercou-se de marcas iconográficas. Tangíveis ou invisíveis, esses signos, desde os primórdios dos impérios pré-colombianos até a Conquista, deram e seguem dando provas públicas de contar com diversas modalidades da arte e do pensamento.

Nesses casos entendendo-se a cultura, no sentido antropológico, como um bem, vasto e contraditório, que se produziu na América ibérica a partir das entranhas de cada casa, das intrigas coletivas, da imaginação desenfreada, das andanças pela urbe e pela vizinhança, do amontoado de valores milenares. Em especial daquelas expressões provindas das visões poéticas que se empenharam em decifrar o que esteve sempre sob o abrigo do cotidiano e dos fundamentos dos saberes.

Decerto pode-se assegurar sermos herdeiros de um conjunto de representações de realidades que, por sua força metafórica, conferem dimensão emblemática à maneira de pensar, de agir, de amar, de guerrear, de comer, de criar, do ser ibero-americano. E que proclamam, sob um desatinado impulso criador da arte, o estágio cultural em que se encontra uma comunidade. Expressam ainda que conteúdos e mistérios subjazem ao coração coletivo.

Ao longo das escalas evolutivas da América ibérica, houve a aspiração de transformar o inerte em

159

vida, o inexistente em matéria de arte. Os povos intuíam ser mister sobrepor-se ao entorno dramático, aos obstáculos históricos impostos pelos conquistadores. Havia que acreditar em um projeto existencial contrário aos códigos trazidos pelos dominadores e pela elite que se formava. Sem esses americanos se darem conta de que o novo continente, por força de sua singularidade, transferia igualmente aos ocidentais uma nova maneira de reorganizar sua percepção de mundo, de desmontar fórmulas estratificadas de pensar, de divisar um horizonte que até mesmo lhes afetava preceitos teológicos. Esses europeus que, após haverem sido expulsos do paraíso e virem desvanecer o paradigma da perfeição, se defrontam com o novo continente que lhes oferecia florescente visão do Éden. Era esta América que lhes inspirava o surgimento de utopias capazes de devolver à própria Europa a noção do paraíso perdido.

Intelectuais como Montaigne, Rousseau, La Boétie, enfeitiçados pelas condições americanas, disseminavam em seus livros o mito da inocência que viam alojada no corpo dos silvícolas. Viam nesses homens de pele cobre um ideal utópico a assegurar que a inocência, outrora perdida, residia na América. Uma corrente de pensamento que atribuía às novas terras uma cultura que se incorporava ao seu

FILHOS DA AMÉRICA

imaginário, à sua estética como um fato natural. Pois conquanto opostos, ambos imaginários, europeu e americano, absorviam contradições e diferenças. Esses pensadores fomentavam a convicção de que a imaginação criadora, capaz de aliciar a potencialidade humana, preenchia os vazios inerentes ao mistério e à transcendência que, em igual medida, respaldavam cristãos e povos idólatras.

Enunciados assim, confirmavam que a matriz da América, secreta e indevassável, ocupara sempre os escaninhos da criação. Por via da poesia, da narrativa, da escultura, da pintura, da arquitetura, do artesanato, da filosofia. Uma matriz que, associada à eloquência da natureza, à luta pela sobrevivência, às guerras motivadas pelo poder e pela escassez, advogava os fundamentos da vida e da morte através da arte. Uma inclinação vocacional que interferia no real enquanto modelava um projeto que tornasse a existência suportável.

Essa matriz, de irradiações poderosas, mensurou ao longo dos séculos os recursos com os quais a América ibérica se alargava culturalmente. Assim, aos poucos, prodigalizou a expansão da invenção narrativa, dos ruídos dos instrumentos de sopro e corda transformados em som harmônico, da modelagem da argila, dos desenhos nas superfícies sagradas, das camadas de tinta que acusavam a tristeza do artista ao errar, o mesmo repetimento visto nas telas de Velásquez, dos documentos que registravam entendimentos e desacordos provocados pela existência. De tudo, enfim, que se originava da matéria de sonho.

Resguardadas no aconchego do lar, nas igrejas, nos serros, essas manifestações culturais indicaram crença nos efeitos da imaginação criadora que latejava em cada ser. Indicaram a sensibilidade oriunda dos sentimentos cuja pauta os supria com provocações estéticas, mitos, lendas. Nutria-os com substâncias que forjavam um fabulário perturbador, uma lírica embutida nas línguas, uns instantâneos que forneciam as claves de acesso à vida.

Desde cedo, antes da chegada dos espanhóis, a América se via ameaçada pelo esquecimento. Seus povos temiam borrar o que sabiam e o que haviam vivido. As porções de sua gênese e de sua história. Igual os aedos gregos, aqueles poetas que se aprimoraram na arte de memorizar a fim de preservar intacta a obra de Homero, também os incas criaram uma categoria social, os amautas, dedicados a preservar os feitos e as riquezas a que deviam a unidade do império. Os indícios do seu modo de ser, da sua conduta, da sua arte, do seu pensamento.

Essa memória sincrética, em conjunção com seus povos, guardou tradições, raízes, elementos que

FILHOS DA AMÉRICA

ditaram as normas culturais de cada agrupamento social. Atavios e representações simbólicas que refletiram o ser ibero-americano e propiciaram uma cultura autônoma.

Embora essa geografia continental, formada por vinte países, possa arregimentar razões para explicar os fracassos havidos no campo político, econômico, social, ela teve sempre como ostentar uma cultura cujo desempenho persistia em interpretar o mundo, em subsistir nos museus, nas bibliotecas. Ciosa do legado dos códices ameríndios, como o *Popol Vuh*, livro sagrado dos maias, das crônicas da Conquista, como as de Bernal Díaz del Castillo, de frei Bartolomé de las Casas, de Sahagún. Ou de Guamán Poma de Ayala, nobre inca do século XVI que, imerso em lúgubre melancolia diante dos avanços do colonizador espanhol em suas terras, e confiante no efeito persuasivo das palavras, preencheu ao longo de trinta anos uma carta, portadora de suas considerações, destinada a Felipe II. Uma missiva que se extraviou durante trezentos anos, até ser encontrada nos países nórdicos, e jamais foi lida pelo rei de Espanha.

Uma América ferida pela lembrança dos traços culturais que resguardaram em seus estratos psíquicos a tristeza vinda nos navios negreiros, a balbúrdia das línguas dos imigrantes recém-chegados, o

Quijote proibido, os fantasmas imortais de Sócrates, Ovídio, Virgílio. E ainda o bacalhau, o azeite, o vinho, comestíveis e homens trazidos nos porões dos barcos com bandeira estrangeira.

As páginas da história ibero-americana facilitam uma leitura pelo viés cultural. Atestam que mesmo durante os regimes autoritários e os modelos econômicos irresponsáveis, contrários aos interesses nacionais, houve contínuo diálogo entre a comunidade e a arte. O esforço coletivo de resistir às restrições criativas e de provar estar em curso o entendimento entre agentes e criadores, entre a arte canônica e a arte popular, entre o pensamento e o verbo anunciado. E ainda a compreensão de haver por trás do projeto da arte o espírito do caos que nasce das inquietações humanas.

Pela sua natureza capilar, a prática cultural reforçou o tecido social do continente e agrupou os povos em torno de interesses comuns. Ajudou que cada qual expressasse seu modo de viver como forma de se atrelar a um patamar civilizatório.

A fusão étnica havida na América, amálgama de raças, fez florescer os sinais de uma cultura oriunda das fundações míticas dos ameríndios, das utopias expansionistas europeias, dos embates havidos entre expressões autóctones e estrangeiras. Estabeleceu

FILHOS DA AMÉRICA

a certeza de haver nestas terras uma mestiçagem cultural que, fugindo a classificações rígidas e a preceitos engessados, correspondia à mentalidade dos seus povos.

A aliança de africanos, árabes, asiáticos, europeus, índios, de todas as peles de variados matizes, permitiu fermentação poderosa. A grei ávida supriu artistas, criadores, povo. O encontro entre bárbaros e civilizados que consolidaram a imaginação exaltada, a atração pela magia, a iconoclastia. Culturas que pareciam soçobrar, mas cujo timbre inaugural enlaçava o que ainda estava em formação. Havia como que a épica de construção, capaz de fortalecer aos poucos um ideário continental. E de realçar a criação provinda dos vinte países ibero-americanos, sediados todos no centro da vida.

Enquanto se sofria essa metamorfose radical oriunda da mestiçagem e do acúmulo de propostas culturais, a cosmogonia americana, cercada de incertezas, perplexidades e assombros que atingiam a criação, questionou as correntes do pensamento ocidental, e além-Mediterrâneo, na ânsia de saber o que pulsava no seu ser e o constituía. As razões que sustentavam nosso desprezo pela natureza, pela memória, pela educação institucional. E por que os ibero-americanos tendiam em geral à construção maciça de metáforas com as quais ainda hoje frequentamos o teatro humano.

Contudo, esses parâmetros transgressores e contraditórios não impediram a constituição de um repertório ibero-americano de intensa riqueza. Nem impediram que o substrato a nortear esse universo se alimentasse de certa visão antirrealista do mundo. Ou que não desenvolvêssemos a aposta em um futuro que se traduzia por milagres que operavam em favor dos que acreditam em seus efeitos. E nem deixaram de tecer os fios da luminosa policromia da poesia, os registros artísticos ou literários das paixões que se debatem entre a vida e a morte.

Os ibero-americanos tenderam sempre a não se descuidar das zonas arcaicas e sagradas. Havia entre eles a suspeita de serem parte de um continente que oscilava entre o real e o mítico. Associados a um pensamento de raiz transcendente, inclinado em interpretar a realidade pelos canais da arte e da religião. Propensos, pois, a fazerem germinar, ainda que no plano inconsciente, a poética do simulacro e dos prodígios, cujos efeitos afetam até agora a psique coletiva. Dos quais decorriam estratos anímicos que a arte absorvia a fim de roçar o enigma ibero-americano.

Sob esse prisma, questiona-se se acaso a estética do assombro, presente na nossa arte, advém dessas

FILHOS DA AMÉRICA

fraturas com o real. Se acaso o chamado realismo mágico originou-se da nossa estranheza em face do mundo. E se a dose de fantasia que perpassa as obras do universo ibero-americano é uma fatalidade irrenunciável.

O discurso da imaginação, que procede desta consideração, talvez sustente que o processo cultural do continente se armou ao longo do seu curso criativo com os recursos havidos, sobretudo com um talento que mesmo desconexo produzia maravilhas. Enquanto arrastava consigo as raízes da tradição para falar do tempo presente.

O cômputo geral afirma que a América ibérica traduz um modo particular de se relacionar com o mundo. De interrogar a si mesmo em que circunstâncias o pensamento e a ação reagiram às imposições dos poderes, com o intuito de semear noções reais da vida. E assim estabelecer o embate provindo das realidades mestiças em oposição à cultura canônica. Um movimento pendular desejoso de questionar a própria universalidade na expectativa de ser legitimamente universal.

Reconhecemo-nos filhos da turbulência. Um estado com o qual chegamos ao futuro, onde hoje estamos. A despeito dos dramáticos efeitos dos impérios em ruína, do peso da Conquista, da Colonização, dos fracassos históricos, das dúvidas advindas das mudanças ocorridas à custa de sangue e violência. Cada etapa histórica se insurgindo contra expurgos estéticos, normas impeditivas, contra a sutileza da obra de arte. Contra o que despojava o verbo da sua verdade.

Na condição de poeta, que somos todos, seguimos fertilizando o presente ao interrogar os pormenores dessa gênese ibero-americana. A cada geração cabendo avaliar de que repertório fomos feitos. Nós que também sofremos ao longo dos séculos as consequências da falsa desfaçatez utópica da Europa, nós que renegamos o ideal metafísico, e que, através de bem-sucedido sincretismo, amaldiçoamos os exercícios espirituais e as veredas da santidade. E que, sujeitos à luxúria, ensejamos o surgimento de uma mestiçagem que intimidou os europeus, herdeiros diletos das utopias, mas não a nós, parte dessa espécie benfazeja.

Filhos da América, chegamos ao futuro, que é onde estamos. Ao longo desses interregnos históricos forjou-se uma cultura que, embora original, não nos livrou do peso de uma mestiçagem de que nos envergonhamos por tanto tempo. Não nos protegeu de uma política oficial que pregava a pureza étnica como elemento indispensável à ascensão social. Uma

FILHOS DA AMÉRICA

circunstância que nos levou a dar as costas à própria gênese, a não ouvir a voz dos intérpretes cujas obras ofereciam as chaves que abriam o cofre do coração para reconhecermos as senhas da nossa identidade. Para abrirmos as janelas da própria casa e arejarmos os retratos dos avós índios, negros, mestiços, imigrantes. Para conhecermos a vida e as idiossincrasias dos ancestrais que reverberavam em nós. Pois, não sendo assim, como traduzir o sentido da modernidade que pleiteamos, cuja faceta é restauradora do imaginário coletivo? Como trazer até nós a tradição antropológica que nos ampara?

Portanto, ainda que circunscritos a paradigmas da modernidade, perdura na arte e na cultura a consciência de que viemos de longe, e que, por onde andemos, pousam sobre nossa arte e nosso pensamento as senhas de uma identidade atrelada ao passado.

Viajamos ao cerne do continente para saber que só a cultura salva, embora ela semeie necessariamente a discórdia.

O ARFAR DA LÍNGUA

Penso na língua e humanizo-me. Sou quem fala o idioma do Brasil para arfar, viver, criar. E pensa como esta língua portuguesa chegou ao Brasil para fazer de nós quem somos. Para com ela contarmos a nossa história, enquanto nos enredamos em sua genealogia, em seu opulento léxico.

Emocionada, evoco o advento da língua, que é a nossa razão de ser. E reverencio o dia 8 de março de 1500, quando o Brasil se torna lusoparlante, a partir do instante em que a frota portuguesa, reunida diante do rei D. Manuel, em Lisboa, se prepara para as despedidas finais.

Sob a chefia do almirante Pedro Álvares Cabral, aquela tripulação, formada de homens desajeitados, pouco afeitos às boas maneiras, mal dissimulava a

FILHOS DA AMÉRICA

pressa que tinha de zarpar com seus barcos, ora ancorados no Tejo, para as terras que suspeitava existir abaixo do equador.

Pouco sabemos nós, brasileiros, dessa fria manhã em que o monarca, encapotado com a lã e com a melancolia portuguesa, suspirou pelo ouro e pela glória de que Portugal era detentor. Embora possamos presumir que aqueles marinheiros, sob o ânimo da esperança, acreditassem que o Brasil, a aguardá-los, existia em alguma parte, e que seria em breve palco de suas representações históricas. O teatro da realidade prestes a transferir-se para o novo continente.

Um território que os obrigou, mal aportados no Brasil, a rever o seu sistema vocabular, as suas metáforas, a fim de que dessem nome a uma visão próxima ao paraíso terreal. Quando, vítimas eles de súbito transbordamento verbal, urgia designar o sonho e a realidade, cotejar o novo com o arcaico, apontar o que lhes parecia original. Experimentar, enfim, na prática, a riqueza e a plasticidade da língua lusa. Uma língua que jamais lhes falhara, quer na prosa como na poesia. E tanto era assim que Pero Vaz de Caminha, escriba do rei, vindo com a frota, de imediato se pôs a descrever para o rei a paisagem exuberante, pautando seu relato com alguns matizes

NÉLIDA PIÑON

poéticos e meticulosa noção do outro tempo americano. Não deixando entrever, em esse primeiro documento da historiografia brasileira, qualquer lacuna linguística, enquanto esse certificado de batismo garantia que a língua portuguesa haveria de florescer e fixar-se para sempre na nova terra.

A partir do célebre escriba, o Brasil buscou o cálice da tradição linguística para expressar-se. Guardou, ao longo de seu percurso popular, uma tradição consubstanciada pelo uso pleno. Uma utilização que, provando ser hegemônica, permitiu ao Brasil recolher, ao longo de seus quinhentos anos, toda e qualquer produção humana, mesmo quando eventualmente negligenciada.

Sob o estímulo, pois, do grande legado popular e literário, a língua rendeu-se aos desejos humanos, às tentações do pensamento, serviu à insubordinação dos criadores. Ao longo dos instantes constitutivos da nação brasileira, foi sendo a língua forjada por aventureiros, por inescrupulosos, pelos bandeirantes, pelas diversas etnias, pelos vivos que lhe tocaram o coração verbal.

Este idioma português permitiu que se instaurasse em seu cotidiano linguístico o ritual da ruptura, dos inventos, das contradições, do que emanava do sagrado, do espúrio, do caos, da carência, da

FILHOS DA AMÉRICA

paixão, da substância do profano, do escatológico. A língua, indiferente à simetria e às estéticas depuradoras, rejeitou qualquer limpeza de sangue em suas fileiras verbais. Sobretudo abrigou em seu *corpus* neologismos, deformidades, contrafações, conciliou palavras díspares que se fundiram às clássicas, todas as formas de apreensão da realidade como prova de pujança.

Essa tradição da língua, falada no Brasil, consolidou a mestiçagem e impediu a fragmentação geográfica. Uma prática que, consagrando a multiplicidade social e étnica, facilitou a superação dos impasses históricos e resistiu aos tormentos oriundos de uma modernidade fátua.

Este idioma nos ditou normas civilizatórias enquanto deixava o coração brasileiro falar. Em seus redutos poéticos e mágicos repousam os acertos e os fracassos individuais e coletivos, as questões humanas foram sendo tratadas.

E ao favorecer a manifestação do fervor popular, realçou as instituições pátrias, enquanto esteve presente na criação fundacional de Gregório de Matos, de José de Alencar, de Machado de Assis, para citar alguns gênios primevos da literatura brasileira.

O Brasil, sem dúvida, é um país recente. E as nações jovens tendem a se queixar da escassez de sua história. Como se elas se sentissem privadas daquela matéria arcaica e inconsútil advinda das mil culturas que lhes pisaram o solo.

Temem, essas nações, que suas façanhas culturais não reverberem, e que suas memórias, empilhadas ao acaso, lhes neguem o acesso ao próprio mistério, que também é uma aspiração política. Como se padecessem, por consequência, do sentimento do vazio, e houvesse em seu bojo uma lacuna inapreensível.

Desatentos, esses países, com o fato de a língua, como é o caso do português, haver-lhes aportado uma genealogia capaz de lhes assegurar as mais esplêndidas invenções linguísticas.

A língua lusa, no Brasil, engendrou eloquente enredo verbal em perfeita consonância com a nossa história. Entre o povo brasileiro e a língua não há dissonância ou desencontro. O Brasil, quando fala, pensa, inventa, jamais desafina. O que desafina, sim, é a profunda carência educacional que impede ao seu povo de desfrutar das benesses de tal privilégio verbal.

No uso pleno da língua, o Brasil rastreia os seus traços civilizatórios. Através do seu léxico, envereda pelas tarefas da arte, do pensamento, da ciência, das instâncias da vida. O idioma, espalhado pelo território brasileiro, protagoniza uma ação cultural

FILHOS DA AMÉRICA

e criativa. Com ele, fala-se na cama, na cozinha, no espaço público, nos livros. Nada escapa às suas artimanhas, ora ambíguas, ora grosseiras, ora sutis.

Nada, portanto, se desprende das malhas do poder da língua, da sua transcendência, da sua máquina que fabrica o implacável realismo dos seres e a secreta poesia.

Há cinco séculos que a língua lusa é nossa. Esta língua que os bárbaros, os necessitados, os navegantes, os funâmbulos, os sonhadores engendraram para expressar carências e necessidades. Afinal, a língua é o prazer dos seres humanos. Seduz, mata, mitiga a sede, desliza pela carne e brilha. Nela repousam o invento e o desejo, o que nos ata à realidade e o que nos desata dela e nos imerge na utopia. Por meio dela alcançamos as fendas das quais se irradiam os traços da nossa humanidade.

Nos rincões brasileiros travamos a batalha do verbo. Somos filhos da língua. Pronunciamos suas palavras como ungidos pelos deuses. Por meio de seus vocábulos captamos o cintilar de um timbre sensível. Aprendemos que a vocação da língua é revelar o amor, absorver a transgressão, enriquecer-se com sentimentos inauditos, acumular os disparates humanos, acolher as percepções da modernidade, confrontar-se com as experiências radicais. Esta língua que é tão banal quanto utópica, tão transcendente quanto caótica, tão espúria quanto sublime, tão ideológica quanto grotesca, tão arcaica quanto contemporânea, tão carnal quanto espiritual, tão jovem quanto decrépita, tão coletiva quanto individual.

No Brasil, a língua jamais se quebrou ou desintegrou-se. Ao contrário, é aglutinadora, assegura a integridade nacional. Nos seus interstícios geográficos, esta língua dilata-se, regenera vocábulos perdidos, é visionária, atualiza-se nas mãos do povo e dos escritores. Graças a esses brasileiros desgarrados, sôfregos e apaixonados, a luz da arte projeta-se sobre os vocábulos, sobre a arte do cotidiano anônimo. Em cada palavra reside a equação da poesia humana.

Por todas as razões, é mister cobrar políticas públicas e sociais que estimulem o vertiginoso uso da língua. Pois que não há pátria, ou acampamento humano, sem a língua que um país fala. São os códigos, os objetos, as euforias, os pensamentos emanados do pleno uso da língua que nos situam no mundo. E não há igualmente lar e liberdade sem o exercício das palavras que dizem quem somos, como somos, de que substância nos vimos constituindo. Só ela narra a história de que somos protagonistas. Unicamente a língua pauta o transcurso reformista de uma nação.

FILHOS DA AMÉRICA

Falo-lhes, pois, da língua portuguesa que prescinde de defesa ou de contabilização enquanto for falada por todos nós. Esta língua de que ora faço uso para lhes agradecer, comovida, a grande homenagem que me prestam. Como transmitir o que sou, neste instante, senão dizendo-lhes na amada língua as expressões de minha reverência.

As homenagens dos contemporâneos são sempre benfazejas. Acrescentam à biografia do contemplado a esperança de não haver vivido em vão ao escolher o caminho da arte. E que a decisão de devotar-se ao universo criador, que parece provisório, intangível, frágil, significa ser parte das tradições literárias que refletem as quimeras humanas.

Diante desta distinta universidade, restauro-me. Seus gestos, solenes e generosos, asseguram-me que sou uma sucessora a mais de uma paixão narrativa iniciada ao pé do fogo, enquanto os seres conversavam na expectativa da próxima alvorada. Herdeira modesta de uma gesta que Homero inaugurou com a convicção de estar contando a história da humanidade. Graças a ele, e aos seus sucessores, resistimos a apagar a progressão narrativa, a que nos cabe dar prosseguimento.

Este título, que me concedeis, me rejuvenesce. Revivo tempos estudantis infiltrados pela rebeldia, pelas indagações filosóficas, pelas incursões utópicas, a pretexto de tudo. Apraz-me que esta honra chegue às mãos de uma carioca, e que tal gesto reforça o Brasil polifacético que dá guarida à alma brasileira. E que estende sua magnificência a quem preserva amigos e memórias desta terra. Afinal, o Rio Grande do Sul sempre deu guarida às minhas palavras e emoções. As amizades, que aqui vivi, foram moldura para meu crescimento afetivo. Não sou alheia, pois, à cultura e à fidalguia gaúchas. São tantos os que amei neste mundo do Sul. Mafalda, o lar dos Verissimo, Lya Luft, e outros seres que conjugavam cosmopolitismo e provincianismo, uma fórmula sem a qual não se alcança a dimensão universal.

Minha travessia humana começou não sei onde e nem saberei como há de terminar. Sei, porém, que, ao longo de tantos percalços, reparti sempre com os melhores espíritos do meu tempo, com aqueles narradores que, como eu, se entregaram à mágica função de perpetuar e desdobrar em mil urdiduras a história humana, e que, sem implacável obediência, consagraram o uso extenso e poético da língua portuguesa. Esta língua a que servimos todos com desmedida paixão.

A PÓLIS DE
MACHADO DE ASSIS

Na função também de geógrafo e historiador, Machado de Assis caminha pelas ruas e pelas almas com igual desenvoltura.

Reconstrói o Rio de Janeiro segundo suas noções do real. Sabe ser tudo trânsito e incerteza na vida de um ficcionista.

Esta cidade, no entanto, não lhe resiste, submete-se ao seu assédio criador. Aceita que o narrador exorbite na prática do seu poder, embora esse mesmo autor reconheça ser a urbe o refúgio dos mortais.

Atraído, pois, pela geografia imperfeita da metrópole, Machado de Assis a descreve em suas dimensões ampliadas. Um amontoado de casas e de ruas circunscritas às suas injunções narrativas. Um espaço ubíquo, tão instável quanto o espírito humano, e que a sua linguagem literária devora sem piedade. Talvez seja a urbe o falso poema que a inspiração lhe dita na solidão do Cosme Velho, no qual decidiu viver. Um feudo à beira do Atlântico que o autor se empenha em imortalizar.

As simetrias irregulares da vida carioca correspondem à instabilidade da linguagem com que Machado esmiúça os sobressaltos de um mundo feito de tijolos, de pedras e de telhados. Aquele Rio de Janeiro acanhado, pobre, sujo e pretensioso, de teatros e salões iluminados à luz da vela, que emula as edificações e os costumes europeus. Graças, porém, a tais iniciativas, o autor penetra no mistério urbano, capta-lhe o sentido iniciático, que lhe faz falta na condição de narrador universal.

Neste burgo, típico do século XIX brasileiro, a imaginação do ficcionista traça o roteiro que lhe convém. E pouco lhe importa equivocar-se na abordagem das convenções sociais, na apreensão de um retrato urbano similar a uma ilustração que vira em alguma revista francesa. O que lhe vale é como ele, estudioso de almas, acomoda entre salas e varandas seus personagens esculpidos com cinzel. Ciente sempre de que sua narrativa se origina de um fio sob a ameaça de extinguir-se.

A cartografia machadiana povoa-se de seres nascidos no Rio de Janeiro. Portanto, no seu acerto com

FILHOS DA AMÉRICA

a cidade, ele zela pela fisionomia dos bairros que lhe são familiares, como o Andaraí, o Flamengo, Botafogo. E as ruas dos Inválidos, do Senado, da Princesa, sem esquecer os arrabaldes. Logradouros por onde faz circular a paixão humana.

Entregue, contudo, à sanha da trama ficcional machadiana, o Rio de Janeiro iguala-se a qualquer outra urbe originária da fantasia, como, por exemplo, caso avançássemos na história, a Troia, que encerra no interior das suas muralhas vielas e albergues que Homero se despreocupou em detalhar, confiante que os aedos cuidariam de tais pormenores.

Tanto quanto Homero, Machado constrói paredes narrativas em torno da psique brasileira, representada pelos seus personagens. Movido certamente pela intenção de atar e desatar o nó cego de um drama na iminência de seu desfecho, a fim de revelar sua intrínseca natureza.

É com fina sutileza que Machado de Assis nos dá ciência de ser o Rio de Janeiro modelo literário ideal para sua concepção de mundo. Para tanto, ele ajusta o traçado urbano às deliberadas ambiguidades da sua ficção. Fratura a realidade e o simbólico. Inventa uma urbe que reforça a sua arte literária e expressa a forma como ele pensa o humano. O autor pretende que se saiba, através dos lugares mencionados, por onde andou o seu pensamento, a sua vigilante atenção. Em que presépio, mansarda, casario, pousou sua voluntariosa imaginação. Onde se encontra o compungido coração de Flora, personagem de sua estima.

Assim, enquanto as irmãs Natividade e Perpétua, do romance *Esaú e Jacó*, sobem a pé o morro do Castelo, decididas a consultar a sibila a respeito do destino reservado aos gêmeos Pedro e Paulo recém-nascidos, Machado se concentra na composição de personagens que tem em mira, ainda que sob forma embrionária. Não lhes menciona nomes, que os tem na algibeira. Como teve sempre, a sua disposição, Bento e Capitu, para ambos servirem a seu propósito estético. Daí ter podido lhes prever, com antecedência, o destino narrativo, programá-los para a traição. Um casal cuja concepção novelesca, a de mal saber amar, atordoara sem dúvida o próprio autor. Daí ter feito, por meio da escrita ou da imaginação, com que ambos, ao pretenderem passear pelo Jardim Público, escolhessem horários jamais coincidentes entre si, com o deliberado propósito de não conhecerem o prazer de se dar as mãos à vista de todos. Afinal, para o bruxo Machado, a simulação da felicidade induzia a viver. Era prazerosa, acalmava os ânimos sociais.

FILHOS DA AMÉRICA

No secreto aconchego do romance *Dom Casmurro*, a suposta traição conjugal de Capitu está em pausa e motiva Bento a instaurar um malogro que intensifica sentimentos narrativos oriundos das sobras de um eventual amor vivido por Capitu e Escobar. Aqueles amantes que, sob os desígnios da paixão invisível, se abrigam em algum esconderijo que o narrador se orgulha de ignorar, ou mesmo de nos revelar. A ponto de Bento, travestido de Dom Casmurro, negar-se a registrar em que cômodo de algum subúrbio carioca, alugado por horas, Capitu e Escobar se alojavam. Seria acaso um ninho de amor feito da palha que arranha a exaltada epiderme dos enamorados?

Bento, porém, como lendário personagem aos olhos do Brasil, atenta à cidade que mal favorece os encontros furtivos de uma dama do calibre de Capitu. Conquanto marido que se julgava traído, o desenrolar daquela paixão servia-lhe de alento. Era de sua desabrida imaginação provar que Capitu desrespeitava os votos conjugais. Assim previa que transporte, sege ou tílburi, depositaria o casal diretamente na cama, onde se instalaria o tempo suficiente para Bento, tocaiado na esquina da casa, municiar-se de informações que no futuro alimentariam sua narrativa. Sendo até provável que o mesmo cocheiro que conduzira os amantes até a moradia de certa viúva, que alugava quarto para esse fim, conduzisse a ele, Bento, de volta à própria casa. Pois a ambição de Bento-Dom Casmurro, era padecer dos desastres da imaginação e vir a acusar Capitu e Escobar pelos seus deslizes morais.

Machado de Assis, conquanto pretenda ser um autor discreto, surpreende o leitor. Só que, não podendo esquivar-se da própria grandeza, aceita protagonizar vários papéis no curso de sua obra. Desde a cultura da contemplação, que o força a fiscalizar os personagens sem perdê-los de vista. Até a cultura da ação, que cede aos mesmos personagens recursos narrativos para agirem como se o narrador, comprometido com outras tarefas, se ausentara da cena. E, como decorrência, adotasse uma farsa narrativa que, ao pretender ser autônoma, nos assegura existir em suas criaturas uma dimensão inesperada, superior à que inicialmente ele apresentara.

Esse contido temperamento, refletido na obra, exime Machado de Assis de acentuar em demasia os registros mesquinhos e desonrosos presentes em sua ficção. Delibera, no entanto, em consonância com o estatuto de não privar o leitor de observar como os homens assumem o fardo da própria conduta. Mas, por ser ele cioso dos encargos da arte propícios a

FILHOS DA AMÉRICA

distorcer e falsificar a aparência do visível, aposta na cópia imperfeita da realidade. Assim, Machado faz da cidade um cenário de representação, um simulacro de acertos e fracassos coletivos.

E, como exemplo dos recursos da sua estética, ele condena Bentinho a construir no bairro do Engenho Novo, onde mora, uma outra casa análoga, réplica perfeita da que morara na rua de Mata-Cavalos. A fidelidade ao passado desce a tais minúcias que provoca a suspeita de seus efeitos haverem danificado o psiquismo de Bento, que já não sabia mais a que referência obedecer naqueles anos.

Os adereços romanescos machadianos oferecem inesperados desdobramentos. Cada recurso visa a determinado fim narrativo, desde semear dúvidas, refrações ocasionais, tergiversações, como emoções pungentes. Como crer, a despeito das adversidades narrativas, na força persuasiva da própria obra. Cada esforço seu dando prova de o autor confiar na paisagem do Rio de Janeiro como geografia imaginária. Ainda que se furte às minuciosas descrições tão em voga à época.

Na sua arte, a serviço dos sentimentos narrativos, ele opta por captar o interior das salas, do espaço público. E, nesse caso, limita-se a fornecer indícios que justifiquem o formato urbano por onde os personagens se movem. Aqueles ambientes reclusos, quase abafados, que se estendem além de qualquer horizonte ficcional, e que o autor não esmiúça. E isso por haver, no substrato latente da escritura machadiana, como espécie de milagre da arte, uma linguagem embutida, engendrada na surdina, portanto não lida, capaz, porém, de criar efeitos multiplicadores.

É natural que Machado de Assis tenha escolhido o Rio de Janeiro como epicentro da sua obra. Nascido no morro do Livramento, em 1839, o escritor respira a despretensiosa atmosfera de uma cidade que prima pela imundície e pelas belezas naturais. Enverga trajes europeus, obedece a horários, apresenta gestos discretos, é um burguês cauteloso. Percorre diariamente as ruas do Centro, as redações dos jornais, as livrarias, a Academia Brasileira de Letras, então sem pouso fixo. Vence logradouros à cata dos ruídos humanos. Saúda conhecidos à porta da Confeitaria Colombo, belo exemplar art nouveau. Ao longo da rua do Ouvidor, espécie de cardo que os romanos criaram para controlar Jerusalém, que atravessa diariamente, a fim de recolher depoimentos e sussurros, antes que a fagulha humana se apagasse.

Sua imaginação, nutrida de legados culturais e memórias ancestrais, instala-se no Rio de Janeiro, que ele recusa a abandonar. O mundo só existe à

FILHOS DA AMÉRICA

sombra de uma urbe solar que lhe propicia recônditos registros, uma passagem obrigatória para escoar o fluxo da miséria humana. A esta cidade, e as demais urbes que jamais visitou, mas conhece com a imaginação, Machado pede emprestada a forma ideal da pólis narrativa. Quer de todas a topografia irregular, a paisagem, as ruas, as carruagens, os torvelinhos passionais, a cobiça, os sentimentos nefandos. E sempre com o propósito de enriquecer sua narrativa com esses bens, faz da sua cidade o equivalente a Londres, de Dickens, a Paris de Victor Hugo, a Alexandria, de Durrel, a Buenos Aires, de Borges, a Havana, de Lezama Lima, a Port Royal, de Pascal, o deserto incandescente, do Eclesiastes, a Bagdá, de Scherezade.

Imbuído de leituras clássicas, Machado de Assis reconhece que o homem — este enigma histórico, sempre sonhou alcançar, através da construção das cidades, uma visão cósmica, uma ordem espiritual. A esses epicentros imprimindo uma orientação cívica e sacra, como Delfos, Jerusalém, Roma, Meca, Santiago de Compostela. Em busca de um centro sagrado capaz de garantir-lhe a eternidade e o convívio com deuses e oráculos. Urbes que tiveram a primazia de ceder seus cenários às narrativas épicas, ainda que seus traçados originais sofressem, por conta da independência novelesca, significativas desfigurações.

Cidades que, dotadas para a prática narrativa, serviram de desaguadouro para a expansão da epopeia. Ou para a elaboração de mitos que ainda hoje atuam em nós. Como Tebas, berço de inquietações lendárias, paraíso das escavações psicanalíticas. Cartago, que encarnava, na antiguidade, a noção do aniquilamento feroz. Atenas, sob o diáfano manto de mármore do Partenon. Roma, que semeou discórdia e fé.

Certamente Machado teve em mente os hábitos mentais dos gregos que a tudo incutiam um conceito harmonioso e indissolúvel da realidade, aí incluindo a visão que guardavam da pólis compatível com a medida humana. Razão pela qual a arquitetura e o urbanismo ilustravam essa mentalidade, e ensejavam que o grego desse igual importância à ágora e aos templos que abrigavam homens crédulos. Daí o arquiteto grego, amparado pelo conjunto do seu projeto arquitetônico, e tendo em vista que devia a acrópole atingir a plenitude de suas funções, pôr à prova a resistência estética do entorno. Como o vento, o arco do céu, as pedras engalanadas, que ganhavam elevado relevo.

Contrário a José de Alencar, cuja literatura inocentava a natureza, Machado escolhe a pólis como centro de uma realidade que não antagoniza a cria-

FILHOS DA AMÉRICA

ção. Atribui-lhe um caráter perverso e moral ao mesmo tempo, em permanente conflito com as prédicas, as profecias, as transgressões profanas.

Dessa forma, em oposição aos templos que foram outrora premeditados pela fé de um homem, como Davi, ou mediante o sonho de um profeta, como Moisés, construídos, portanto, graças a uma substância divina, os povoados dos homens se originaram da carência e da imaginação.

Exemplo relevante é quando o próprio Jeová, ao prever o esplendor de Jerusalém, ajuda o homem a desfrutar de sua vizinhança divina. E antecipa-se a esse futuro por meio de João, no Apocalipse XXI, 2 sq:

"E eu, João, vi a Santa cidade, a nova Jerusalém que descia do céu, de perto de Deus, pronta como uma esposa que aguarda seu esposo."

E, não bastando, Jeová transporta Ezequiel à montanha mais elevada para o profeta contemplar esta Jerusalém, filha do seu expresso desejo.

Machado de Assis terá, sem dúvida, conhecido a expressão de Pascal, o inconformista de Port Royal que, tão pessimista quanto ele, mas para quem a crença em Deus era um lenitivo, se referia à cidade como "o eterno silêncio desses espaços infinitos". Enquanto Montaigne, referindo-se a Paris, se orgulha de proclamar que "je ne suis français que par cette grande ville". Séculos mais tarde, Bachelard, provido de sentimentos líricos, intitula a cidade de "imensidões íntimas".

O próprio Machado de Assis terá reconhecido que a cidade, similar à construção romanesca, obra oriunda do homem, além de hierarquizar os sentimentos sociais, se apropriava dos que viviam em seu círculo. Razão de o ficcionista revistar a trama epicêntrica e periférica, para realçar algum sentimento inefável, acaso sentido às expensas das alcovas.

Algumas figuras suas, de composição arquétipa, não lhe eram indiferentes. Atraíam-no os seres que, vindos de longe, havendo quem sabe abandonado a vida rural e já não tendo para onde ir, se acomodavam ao caos urbano, tomados pelo sentimento da estranheza.

Mas, em consonância com tantos embaraços sociais, Machado incorporava essa gente sua às estruturas precárias do Rio de Janeiro. Fundia a arqueologia dos costumes populares, das classes em ascensão, com as exigências da corte. Fazia a apologia de um burgo de cujo engenho dependia para sancionar as histórias que pretendia narrar.

A despeito da sua ascensão social, Machado é personagem essencial de uma biografia dramática. Afinal, descera o morro do Livramento, o altipla-

FILHOS DA AMÉRICA

no da humilhação, para instalar-se na planície. Ao largo de tal penosa aprendizagem, vira de perto os remanescentes do Valongo, o mercado dos escravos negros, de que se originara — e seus sentimentos pessimistas intensificaram-se. Aliás, na adolescência, o tráfego negreiro, embora abolido, prosseguia através de desembarques clandestinos. Mas a sensibilidade à flor da pele, a saúde delicada, a esposa branca, os preconceitos vigentes o impediram de mencionar, de forma frontal, a ancestralidade africana. Ou destacar, em sua obra, com a devida proeminência, a questão negra. Em compensação, se não retrata extensamente o negro em sua magistral criação, credita aos brancos, como represália, sórdidos sentimentos. Aliás, no romance *Dom Casmurro*, ao expor a teoria da ópera, Machado de Assis alista, entre as práticas mais abomináveis da civilização, o tráfego negreiro.

Seu agnosticismo, como resultado, talvez tenha se originado da pergunta de como Deus haveria de existir se permitira um crime assim nefando. Um degredo que lhe profanava o espírito já em si destituído de qualquer esperança.

Como caminhante do Rio de Janeiro, vira algumas vezes o imperador exposto à curiosidade do povo, quer ocupando o camarote imperial, a suspirar reservadamente por alguma cantora lírica, como a passar pelas ruas em sua carruagem. Diga-se que Machado de Assis acalentou sempre ideais monarquistas. Natural, pois, que o Brasil dinástico lhe ocupasse a obra. E que a República, ao ser proclamada, não o entusiasmasse. A política, sim, que conheceu de perto. Colhera o eco da corrupção dos homens, seu percurso moral — nas redações dos jornais, no Senado, nas confeitarias, e por meio ainda dos boatos divulgados pelas modistas, pelas cocotes, pelo povo humilde que vivia na encosta do morro do Castelo ou à beira do cais, genealogia viva de seus romances.

Ao longo da campanha abolicionista, por exemplo, ele observa o paulatino enfraquecimento do campo, a perda da autoridade política em favor da cidade. Tal tendência ensejando que a própria criação literária, antes associada ao heroísmo praticado no campo, abandonasse certas peripécias narrativas para concentrar seu enredo agora na pólis. Para tanto, abastecia-se de outros discursos narrativos, deixando-se irrigar até pela persuasão metafísica.

O conceito da cidade amplia-se na obra de Machado de Assis. Ele diz no romance *Esaú e Jacó*: "Nem todos podem dizer que conhecem uma cidade inteira." Mas de que cidade ele nos fala? Acaso de um cenário de papelão que propicia um apurado processo associativo, com o qual enriquecer seu

FILHOS DA AMÉRICA

repertório de metáforas, de imagens, da matéria poética, dos elementos paradigmáticos da memória? E que suscita inevitável visita à caverna de Platão, à pólis grega, aos burgos germânicos, às oppida dos etruscos, à Jerusalém libertada, de Tarso? Aos locais que no passado atraíram nômades e goliardos?

Sob o amparo, porém, de largo espectro cultural, Machado de Assis é o mítico Dedalus que serve a reis e a monstros. Graças a quem ele se familiariza com os labirintos do Rio de Janeiro, dos quais emergem intrigas e enredos. Concilia reflexões cotidianas com enigmas inerentes à pólis, que tem a face oculta. E ao se ver desafiado pelos personagens que parecem à beira do colapso moral, Machado rende-se à Ariadne e solicita-lhe o fio condutor com o qual apertar e afrouxar simultaneamente os nós da urdidura novelesca.

Falta, porém, ao afresco urbano machadiano envergadura virgiliana, vestígios de um ideal bucólico. Os mitos de outrora mal subsistem em suas páginas. Nesse contexto, a cidade não apresenta templos ou ruínas. E, ainda que os seus personagens tragam na alma as marcas que os gregos traduziam como falhas trágicas, não se leem nos pórticos do Rio de Janeiro as inscrições com que Delfos acolhia reis e peregrinos, na iminência de consultar Apolo: "Conheça-te a ti mesmo." E ainda: "Decifra-me ou te devorarei."

Libertos, assim, de certas tutelas, seus seres, sob a ameaça de preencherem seus vazios com enunciados insípidos, passam a dialogar com a própria solidão. Consciente de tal risco, Machado, cuja crença na arte é quase totêmica, apressa-se em colher a substância perecível das ruas, o ideário do cotidiano, e convertê-los em criação literária.

Embora não formule, o autor e seus personagens aspiram a perdurar na memória dos leitores. Sua grei sabe, no entanto, que depende da tinta do romancista para ganhar a imortalidade. Ou mesmo uma dose de perdão. Porque, afinal, padecem da própria incongruência, são todos vítimas de uma alteridade desavisada. Quando, então, um personagem pretende ser o outro, alguém diferente dele. Aliás, o próprio Bentinho, correndo o risco de ser ninguém, quer ser Capitu. Enquanto Ezequiel, nascido de Capitu, é filho sem pai. Uma circunstância que nos força a insistir, junto ao narrador, de quem Ezequiel, rebento do pecado, é filho? Indagações romanescas a que só a linguagem de Machado responde, ainda que não ouçamos o seu relato. Afinal, tudo neste brasileiro é de soberba mestria, obra de ourives.

FILHOS DA AMÉRICA

O Rio de Janeiro, de Machado de Assis, carnavaliza-se aos poucos. Vive a orgia do entrudo, confina a inquietante Medusa à caverna do inconsciente coletivo, reduz o grau de culpa da sua gente. Como decorrência, sua obra registra a aliança sincrética havida entre os rituais religiosos e os sentidos. Uma fusão que ele refina com seus recursos estéticos sempre irônicos, que insinuam mais que dizem.

A partir dessa certeza, este burgo carioca impregna-se de culturas e fantasias. A imaginação do autor, que é imprevisível, estimula que o leitor também especule, imagine a provável conduta de Éolo que, ao confundir Machado com Ulisses, arremete contra ele a ventania prevista para a Odisseia. Só que o astuto autor brasileiro aprendera com Ulisses como regressar à pátria da imaginação. Assim, Machado apazigua o deus do vento depositando entre as alfaias de narrativa certos personagens seus cujo oculto rancor correspondia aos irados personagens de Homero.

Machado de Assis exerce plenamente sua autoria. Concede aos personagens a regalia do seu gênio, mas, em compensação, reage a que queiram saber, de antemão, que espaço eles vão ganhar na sua ficção. Um dissabor que o autor refuta. Afinal, Machado os forjara afinados com o espírito burlesco das ruas do Rio de Janeiro. Fizera-os frequentar a cidade, levara-os à Confeitaria Pascoal, poupara-os do relógio mortífero do tempo a contar os minutos que faltavam para levá-los. E tudo porque o nosso narrador os queria universais, suscetíveis de ornar os semblantes com as digitais de Agamenon e Cassandra, caso assim ele o exigisse.

O Rio de Janeiro, em sua obra, é um coração inquieto que lhe cobra o deflagrar de dramas que Machado não deseja conceder. Seu instinto narrador, que se inclina para sentimentos sutis, simula não aprovar soluções hostis. Esquecido, no entanto, de haver acatado a impiedade com que Bentinho condenou Capitu ao exílio eterno, impondo-lhe uma morte branca.

A estética machadiana é soberana, elege o lugar da crise para melhor situar sua criação. Indica, a seu gosto, onde enraizar o conflito humano. O local em que radica a história do homem, que é a lei do coração.

É um criador moderno que se atualiza ao longo destes cem anos. Sobretudo porque sua modernidade se sustenta de alusões, de ambiguidades, dos subterfúgios narrativos que resistem a qualquer exame crítico. Uma ficção que, conquanto responda a diversas categorias estéticas, dispensa paroxismos, melodramas, retóricas altissonantes. Nele escasseiam

FILHOS DA AMÉRICA

peripécias, arcanos, ocorrências lendárias. O espírito de aventura não é o seu objetivo. Seus personagens, isentos de heroísmo, inspiram-nos a indagar a quem Machado teria confiado a busca do Santo Graal. A quem ele designaria como Parsifal? Acaso a ausência de seres memoráveis, em sua ficção, ocorra por lhe parecer impossível a um herói conservar intacta a sua singularidade em uma sociedade cujo imaginário social pretende ser igualitário?

Com esse raciocínio, cogita-se se Bento, falso herói, mereceria a prerrogativa de determinar o instante da própria morte. Mas, não sendo ele, qual outro personagem machadiano experimentaria a parúsia dionisíaca? Quando, investido de uma regalia que lhe concedesse a autoridade de sair de si mesmo, de seus parcos recursos, fosse capaz de retornar a um centro que lhe concederia delícias.

Esta pólis tropical do século XIX, onde vive Machado de Assis, embora sendo um enclave civilizatório, dista da afirmativa grega de que a urbe devia fazer parte do ideal humano. E que, por conta de tal crença, convinha, em que época fosse, encarregar Ártemis, herdeira dos atributos familiares de Zeus e Apolo, de integrar os homens à pólis. Quem sabe, por força de tal preceito, a deusa estendera seus tentáculos até o Brasil com o propósito de domesticar Capitu que, por sua vez, quis educar Bentinho, fazê-lo conhecer a si mesmo, conduzir o marido à vida urbana, ao imprescindível amadurecimento. Pois aprendera ela com Ártemis que a desobediência às normas sociais ocasionava imediata bestialização humana. Pois fora a deusa que afirmara caber à cidade domesticar os homens, exorcizar seu aspecto selvagem, definir os padrões civilizatórios, fabricar o enlace etimológico de urbanidade e polidez, oriundo da urbe e da pólis.

Machado de Assis sondava o universo poético do Rio de Janeiro com a bússola da invenção. Auspiciava que a experiência criadora transcendesse o meramente estético e se tornasse uma transgressão de ordem cósmica. Para tal fim decidido a alijar as regras de um realismo explícito, excludente.

A propósito da urbe, é interessante observar a genealogia das cidades na América espanhola a partir do século XVI. O advento de metrópoles construídas para servir aos interesses da corte de Madri. Nascidas de um ato de vontade, uma vez que tinham os espanhóis perfeita noção de lhes servir um determinado modelo urbanístico que ordenasse o mundo recém-conquistado, facilitasse o controle do reino e a obstrução de qualquer insurreição indesejada. Trataram de promulgar dispositivos que regessem

FILHOS DA AMÉRICA

a fundação de seus empórios de ultramar. Assim, criaram uma legislação que, conquanto advertisse os autóctones de estarem sob o domínio de uma rígida realidade, ensejava certo grau de fantasia ou de capricho estético.

Já no Brasil, contrário aos sonhos imperialistas dos espanhóis, as construções portuguesas eram rústicas, não foram erguidas para durar. Os portugueses não pretendiam desafiar a eternidade, antes manter a plasticidade do provisório. E por não serem construções autoritárias, integravam-se mais facilmente ao espírito das pessoas que ali se formavam. Tal prática permitiu que os portugueses, além de coabitarem com a desordem urbana, com igual naturalidade coabitassem sexualmente com os nativos.

Séculos mais tarde, surgiram no continente americano cidades a serviço da ilusão literária que, criadas por escritores, se tornaram verdadeiras fundações modernas. Originárias da imaginação dos criadores, eram tidas como cidades tão reais quanto as existentes. E foram elas que, resultantes de um simulacro estético, deram guarida a projetos novelescos sem precedentes. Entre essas criações destacam-se Comala, de Juan Rulfo, Macondo, de García Márquez, Santa Maria, de Juan Carlos Onetti, o condado de Yoknapatawa, de William Faulkner, Pasárgada, de Manuel Bandeira.

Verdadeiros feudos heréticos, elas encerravam, em sua concepção literária, contundente teatralidade. E, como cúmplices ativas do imaginário coletivo, essas cidades preservavam em seu bojo experiências comuns a tantos. Seu legado estético repartia-se entre todos mediante uma exaltada fabulação, um realismo mágico, um caos poético, uns sobressaltos oníricos, uns enigmas intraduzíveis que, ainda hoje, emanam de sua fascinante criação.

O Rio de Janeiro de Machado de Assis é sem dúvida uma metáfora do Brasil. Nessa condição, exigiu que o autor inventasse e ao mesmo tempo inventariasse emoções empilhadas, haveres narrativos. E se transformasse em uma urbe que, verbalizada pelo seu gênio, espelha, ainda hoje, seu melancólico esplendor.

E mesmo sabedores nós de que Machado de Assis jamais terminou de escrever a *História dos subúrbios*, como prometera, escreveu ele a história do Brasil. E, mais que tudo, Machado de Assis incorporou o Brasil a si mesmo.

SENHORA DA LUZ
E DA SOMBRA

Clarice oscilava entre o mistério e a claridade do cotidiano. Apreciava repartir comigo certas banalidades que testavam o nosso possível apreço pela vida. Não éramos exatamente duas escritoras que desafiavam a escrita ou se curvavam diante da gravidade do ofício. Escolhemos a amizade, que logo nos uniu, como modo de desenvolver a crença na lealdade, no porvir, na convicção de que valia a pena estarmos juntas, rirmos juntas, chorarmos juntas. O fato é que o cotidiano, corriqueiro, nos atraía, a ponto de reduzirmos às vezes a importância dos temas demasiadamente transcendentes, que não passavam de uma armadilha.

Ela e eu sabíamos do perigo que corríamos. Sobretudo ela temia que a nossa amizade pudesse de repente se romper pelas pressões que eu sofria na condição de irmã menor de uma ordem religiosa que a tinha como abadessa. Temia que eu devesse praticar o marricídio como forma de obter a independência literária. Mas eu lhe dizia: "Como se atreve a pensar que me deixaria enfeitiçar pela intriga, pela maledicência, cujo objetivo é romper os laços da nossa amizade?"

Supersticiosa como era, ainda assim me fez jurar que, em caso de alguém tentar lançar-me contra ela, eu me apressasse em lhe dizer, a fim de ela defender-se da falsa acusação. Algumas vezes juramos que era mister proteger a amizade. Sobretudo em dezembro, na praia do Leme, época propícia a juras, compromissos, quando o novo ano se descortinava à nossa frente. Descalças, à beira da água, não havia risco que nos roubassem os sapatos abandonados na calçada.

Seu olhar, embora atento, parecia revestido de uma neblina que a arrastava para longe, distante do que até então a interessara. Por essa razão, cedíamos às vezes ao peso da vida em sua casa, enquanto tomávamos café e ela fumava, com Ulisses, o amado cachorro, à espreita da guimba que depositaria no cinzeiro.

Ao longo de 17 anos, falávamo-nos diariamente. E lhe agradava dizer que eu, diferente dela, era uma

FILHOS DA AMÉRICA

profissional. Uma classificação que eu recusava em defesa do amor incondicional que sentia pela arte literária. Afinal, tanto ela quanto eu não podíamos ignorar o quanto havia que persistir no ofício para não ser tragada pelos obstáculos inerentes à criação, sem mencionar o sistema literário que tudo fazia para dificultar o desabrochar de uma pena de mulher.

Anos antes de conhecê-la, enviei-lhe na Páscoa uma cesta de ovinhos comprada na Kopenhagen. Pretendia dar início a uma amizade que não se fundamentasse na relação mestre e discípula. Razão de não me apressar em conhecê-la nem me identificar no cartão que incorporei ao presente. Limitei-me a deixar a cesta na portaria do edifício na rua Ribeiro da Costa, Leme, onde então morava, e registrar no cartão anônimo dizeres de sua autoria:

"Foi então que aconteceu, por pura afobação, a galinha pôs um ovo."

Aprovei minha conduta. Desejava iniciar essa amizade como uma aventura que não prevê início ou término. Pois pensava, caso viéssemos a ser amigas, seria para sempre. Não pretendia apostar no que mal começa e já traz em si o cerne da ruptura.

Os anos teriam se escoado se Nélida Helena, amiga do Colégio Santo Amaro, não detivesse o carro diante do edifício de Clarice, alegando precisar

203

deixar ali uma encomenda, antes de irmos jantar. Acompanhei-a, como pediu. E tão logo tocou a campainha, surgiu bela mulher com jeito de tigre, a cabeleira tão vasta que parecia agitar-se sob os efeitos de uma brisa invisível. Era Clarice Lispector que, ao nos convidar a entrar, decidira participar do jogo que Nélida Helena lhe propusera, como modo de me propiciar porções de felicidade.

Usufrutuária eu desse pacto, não lhe agradeci o gesto nem me derramei em encômios literários. Nada cabia diante da dimensão do seu gesto. Afinal, eu me beneficiava de um pacto impensado para a Clarice que fui conhecendo ao longo dos anos. Uma aliança aquela que não era do seu feitio. E não porque lhe faltassem generosidade e solidariedade com os aflitos. Contudo, mulher de elevada intuição, agindo como se tivesse a mão de Deus sobre os ombros, a conduzir-lhe o verbo e os passos, terá previsto, quem sabe, que aquela jovem sorridente, que se dizia escritora, haveria de acompanhá-la até o fim. Viveriam ambas uma amizade sem fissuras e defeitos.

Realço esses detalhes em meio a uma multiplicidade de memórias. Afinal foram muitos os feitos e as circunstâncias de um destino que nos enlaçou por

FILHOS DA AMÉRICA

longo período. Um tempo, porém, que jamais, de minha parte, ensejou desvendamentos, confissões, revelações. Nessa amizade não há lugar para exegese.

Julgo, porém, passados tantos anos após sua morte, que cada dia para Clarice era um fardo, embora com uma esperança latente. E isso porque, a despeito dos percalços da sua alma, lhe bastava tomar café, comer, saber de alguma boa intriga ou peripécia, para lhe nascer de imediato uma réstia de ilusão. Quando seus olhos, verdes, aflitos e intensos, pareciam transmitir a mensagem: "Tudo que vejo nesta sala me é familiar e monótono. Será que a vida não pode se renovar ao menos para me surpreender?"

Lembro-me de certa tarde, em 1975, no auditório da Pontifícia Universidade Católica, do Rio de Janeiro, quando, após instalar Clarice na única cadeira vaga, ela, simplesmente, pediu ao jovem ao seu lado que me cedesse a cadeira, só desistindo de insistir ao lhe assegurar eu que estava bem, sentada no degrau da escada, não longe dela. Eis, porém, que de repente o mesmo jovem, antes instado por Clarice a me ceder o lugar, se levanta e, com gestos constrangidos mas obedientes, abre caminho, dirige-se ao palco, sobe os degraus, vai até a mesa, onde se encontravam os palestrantes, apossa-se de um dos copos, enche-o de

205

água, dá a volta, deixa o palco, e de novo se encaminha ao seu assento e entrega o copo de água a Clarice que, sedenta, lhe cobrara o ato heroico.

Quando, então, dois famosos intelectuais, um no palco e o outro na plateia, deram início a intenso debate teórico. Uma discussão acesa, que fazia uso de linguajar tão rebuscado que temi as consequências daquela cena. E estava certa. Clarice Lispector, sem delongas, ergueu-se irada de sua cadeira, pedindo que a seguisse. Lá fora, entre o arvoredo do parque, dirigimo-nos à cantina. Transmitiu-me, então, o seguinte recado, com sabor de café e indignação:

— Diga a eles que, se eu tivesse entendido uma só palavra de tudo o que disseram, eu não teria escrito uma única linha de todos os meus livros.

Clarice era assim. Ia direto ao coração das palavras e dos sentimentos. Conhecia a linha reta para ser sincera. Por isso, quando o arpão do destino, naquela sexta-feira de 1977, atingiu-lhe o coração às 10:20h da manhã, no Hospital da Lagoa, paralisando sua mão dentro da minha, compreendi que Clarice havia afinal esgotado o denso mistério que lhe frequentara a vida e a obra. E que embora a morte com sua inapelável autoridade nos tivesse liberado para a tarefa de decifrar seu enigma — marca singular do

FILHOS DA AMÉRICA

seu luminoso gênio —, tudo nela prometia resistir ao assédio da mais persistente revelação.

No entanto, a história da amizade se tece com enredos simples. Com algumas cenas singelas, emoções fugazes e pratos de sopa fumegante. Tudo predisposto a dormir na memória e pousar no esquecimento. Até que uma única palavra dá vida de novo a quem partiu de repente.

Recordo, assim, com rara insistência, as vezes em que vi Clarice encostada no parapeito de mármore da jardineira, à porta do seu edifício no Leme — precisamente na rua Gustavo Sampaio, 88 —, enquanto os transeuntes passavam indiferentes à sua sorte.

Do carro, por breves instantes, eu lhe seguia comovida os secretos movimentos. Seus olhos, abstraídos, como que venciam uma geografia exótica, de terra áspera e revestida de espinhos. Imaginava eu então que espécie de mundo verbal tais viagens lhe poderiam suscitar.

Acaso a humilhação da dor e a consciência da sua solidão constituíam uma vertigem insuportável e impossível de ser partilhada? Daí por que parecia fundir inúmeras realidades em uma única, a que quisesse dar um nome doméstico, familiar e de uso comum a todos os homens?

Para dissolver o sentimento de ternura e compaixão que me assaltava nestas horas, quantas vezes corri até ela dizendo-lhe simplesmente:

— Cheguei, Clarice!

Ela sofria ligeiro sobressalto refletido talvez nos lábios retocados de rubro carmim, ou nas mãos, de gestos quantas vezes impacientes. Mas logo demonstrava estar pronta para partir. Por momentos confiava na salvação humana. Talvez a vida lhe chegasse pela fresta da janela semiaberta do carro, para não lhe despentear os cabelos louros, que se transformaram após o incêndio que sofreu. Fazia-me crer, enfim, que também ela, agora com o carro em movimento, acomodava-se à paisagem, às ruas, às criaturas, às palavras que eu ia-lhe derramando como um leite espumante e fresco, nascido das vacas que ambas amavam. Até o momento em que ela, havendo esgotado a novidade que a existência lhe oferecia naquela brevidade crepuscular, imergia de novo na mais espessa e silenciosa angústia.

E conquanto o teatro humano lhe trouxesse um drama composto de cenas exauridas e de final previsto, ainda assim Clarice deixava à mostra para eu jamais esquecer, pois seria um dos seus preciosos legados, um rosto russo e melancólico, desafiante e misericordioso. Nesse rosto de Clarice convergiam

FILHOS DA AMÉRICA

aquelas peregrinas etnias que venceram séculos, cruzaram Oriente e Europa, até ancorarem no litoral brasileiro, onde veio ela afinal tecer ao mesmo tempo o ninho da sua pátria e o império da sua linguagem.

Estava nela, sim, estampada a difícil trajetória da nossa humanidade, enquanto outra vez seu olhar pousava resignado na areia da praia de Copacabana que o carro, devagar, ia deixando para trás.

O MAGO JÚLIO

Descobri Julio Cortázar graças a Emir Rodrigues Monegal. Era frequente encontrar na *Revista Mundo Nuevo*, sediada em Paris, na década de 1960, o nome daquele argentino que vivia longe da pátria. Um escritor que me chegou associado a outros magníficos heróis da literatura hispano-americana que, como cavaleiros andantes, em busca do Santo Graal, arrastavam pelo mundo a criação deste continente.

Por meio da revista, eu me adentrava na vida de Jorge Luis Borges, Carlos Fuentes, de Vargas Llosa, de García Márquez, de Juan Rulfo e de tantos outros mestres, que recém-descobrira. Como um corpo de elite, eles e seus livros me batiam à porta da sensibilidade literária atendendo a minha avidez, ao desejo manifesto de abandonar os limites da minha

FILHOS DA AMÉRICA

cidade, do meu país, e passar a ser contemporânea deles. Uma vez que o Brasil, imerso à época na ditadura militar, me confinava, mantinha-me apartada das revoluções estéticas que esses seres, que bem poderiam ser brasileiros, alastravam pelo Ocidente.

Fui um dos primeiros brasileiros a absorver livros e informações que provinham da península ibérica e das capitais hispano-americanas. Com faro certo para aquilatar o valor desses escritores que deflagraram um movimento conhecido como o *boom*, e que mobilizaram o interesse do cenário internacional. Já, então, acesos debates e exegeses encantatórias gravitavam em torno desses talentos, impulsionando--me a descobrir em que medida as raízes literárias desses autores se afinavam com as nossas. De que modo, sendo nós, brasileiros, vizinhos e partícipes do mesmo banquete estético, poderíamos explicar nossa história por meio deles também. Era mister que eu me visse em um espelho cujo reflexo gerava uma imagem possivelmente comum a todos nós.

Naquela época era difícil atualizar-me a respeito desses autores, buscar-lhes as pegadas. Afinal, eram ilustres desconhecidos no Brasil. Mas, sempre levada pelo desejo de enriquecer o imaginário, de quebrar os grilhões que me prendiam aos limites nacionais, à esplêndida língua lusa que o resto do mundo ignorava, e segue desconhecendo, fui acumulando bens literários que esta nova literatura me ensejava.

Ao ser publicado *Rayuela*, com bela fortuna crítica, procurei sondar a genealogia estética desse romance que, com seu caráter inovador, rompia com padrões narrativos. Na minha solidão de leitora, constatei, para meu prazer, que seus atrevimentos inventivos repousavam, no entanto, em sólida linhagem literária. Aquele autor sabia, como poucos, engendrar novos espaços narrativos, sem perder de vista um Sterne, por exemplo, e outros autores, cujos rastros eu ia detectando nas páginas cortazianas. Aceitei, encantada, aquele jogo de armar que tocava com maestria na solidez de tantos princípios já implantados no saber humano. Aquela visão quase burlesca e lúdica da imaginação humana. E que, ao deixar tal processo algumas vezes a critério do leitor, lhe impunha, em contrapartida, uma simbologia que, conquanto nem sempre visível ou tangível, ia se desvendando segundo o repertório deste mesmo leitor.

Antes de adentrar-me, porém, na contística cortaziana, que tanto me seduz, quero realçar a figura humana de Julio Cortázar, que conheci em Nova York, em meados de 1970, na bela casa da Park Avenue, onde o Center for Inter-American Studies promovia um seminário.

FILHOS DA AMÉRICA

De imediato me chamou a atenção sua imponência física aliada a uma simplicidade comovedora. Uma maneira de ser tão afável que nos permitiu reduzir os embargos sociais e entretermo-nos com longas conversações. Era fácil conversar com ele, ouvi-lo, fazer-se ouvir, pôr em prática as regras de um convívio amável e encantatório ao mesmo tempo. Com ele, o convívio não provocava fadiga ou desinteresse. E nosso conhecimento se aprofundou quando Gregory Rabassa, o divino tradutor, como é hoje conhecido, convidou Cortázar e a mim, junto com sua esposa Clementina, para passarmos uns dias em sua casa de campo em Hamptons.

Já no trem, ao encontro de Greg, que ficou de nos recolher na estação praiana, iniciamos um diálogo que jamais esqueci. Poucas vezes conheci um homem tocado pela graça de uma sedução genuína, pois nada nele havia de mercantilismo, de interesses subalternos. Suas palavras, e sua visão da sociedade, sendo tão generosas, questionavam as minhas também. Não se ficava impune diante do que ele dizia. Como que se recuperava ao seu lado uma inocência prazerosa e que ajuda a viver. E com que despojamento abordava assuntos candentes por meio de um tom amistoso, disposto a retroceder caso fosse convencido de seus desacertos. Pronto, pois, a renunciar aos preconceitos, a interpretações mesquinhas, tão predominantes em nossa sociedade.

Era, sem dúvida, um homem contemporâneo, se interpretarmos tal conceito como alguém que assumia ser arcaico e moderno ao mesmo tempo, predominantemente afinado com as angústias e exigências do seu tempo. E tudo sem deixar, por isso mesmo, de ser uma criatura em progresso, de construção diária, capaz de renovar frequentemente o seu estoque ético. Pareceu-me entregue à difícil tarefa de modelar o corpo e o espírito a despeito do preço a pagar por essas versões de si mesmo. Tendo em mira desvendar uma realidade de antemão ambígua e complexa. Sob o impulso de causas solidárias que acentuava seu humanismo.

Foram dias maravilhosos aqueles, junto com o casal Rabassa. E que consolidaram uma amizade que foi crescendo com os anos, a ponto de, em certo instante, ele e nós imitarmos Chaplin, como se em meio aos risos e aos quitutes de Clem pudéssemos salvar o mundo graças à intensidade dos nossos afetos.

Esse grande escritor, porém, que logrou espelhar o seu próprio humanismo na obra, igualmente ousou erguer um edifício estético original, mas destituído da arrogância daqueles que pretendem ser artistas inaugurais, havendo o mundo começado com eles.

FILHOS DA AMÉRICA

Tanto que ele próprio admitiu haver sofrido intenso impacto quando leu, na década de 1930, muito jovem, portanto, o livro *Ópio*, de Jean Cocteau, como reconhecendo de antemão que essa leitura o colocou, e para sempre, em contato com o surrealismo, responsável por uma influência que jamais, de fato, iria abandoná-lo. Uma adoção que, em troca, imprimiu nele destemor e independência criadora.

Razão, talvez, de encontrarmos em alguns de seus trabalhos a presença liberadora de elementos oníricos sob a égide de uma exacerbação aplicada no interior da própria linguagem, ainda quando revestida de um tratamento formal, sempre de grande acerto estético. Vemos, assim, com que desenvoltura compõe personagens nascidos de rápidas pinceladas impressionistas, em linhas quase tênues, de caligrafia econômica, mas de surpreendente efeito. Como é o caso do conto "Casa tomada", incluído em *Bestiário* (em 1951, pela Editorial Sudamericana), a meu juízo um momento extraordinário da contística cortaziana. Quando o autor, como em outros relatos, não perde de vista a consciência de quem, a serviço da arte, se sabe narrando o tempo todo. Na iminência de ofertar-nos uma narrativa capaz de cobrir uma reflexão profunda e transversal do próprio ofício.

Nesse conto, não tendo ele ainda trinta anos, já se evidencia a concepção da escrita que norteia os passos criadores de Cortázar. Uma concepção que nos concede um cotidiano alterado, em aparente desrespeito à ordem natural das coisas. Em que o humano, abandonado ao destino da solidão, se vê nitidamente como uma criatura despaisada. Isto é, alguém que padece da ausência de pátria, do sentimento da pertença. Já não fazendo parte de si mesmo, da sua estrutura anímica, para integrar um universo atomizado, esfacelado. Perseguido, então, pela certeza de não pertencer sequer à casa onde nasceu e na qual habita. Acossado por estranho exílio que, contraditoriamente, libera o personagem a aceitar a inusitada máquina da vida. Quando ganha a consciência de que, a qualquer momento, forças estranhas, não solicitadas, lhe batem à porta e o deslocam do seu centro de gravidade, remove-o do universo que, além de bem conhecer, é capaz de traduzir, e tudo sem ao menos lhe prometer, como prêmio, o sentimento da aventura, do bem-estar pessoal.

Assim, acompanhando de perto a ótica do narrador de "Casa tomada", pode-se observar como ele duvida da importância do seu epicentro, tanto que o abandona quando lhe é isto exigido, sem nenhum

FILHOS DA AMÉRICA

esgar de dor. Uma postura de tal forma submissa que põe em xeque os próprios fundamentos da razão, cujos postulados, nesse caso, sendo ideologicamente falsos, se submetem ao imperativo do enigma. Como se fosse mister aceitar o ciclo da estranheza, quando a estranheza mesma passa a ser um estado aceitável, natural. E que, como consequência, em face da fatalidade das ocorrências humanas, gera uma passividade elegante e sóbria. Um horizonte narrativo em que não há uma rebelião em marcha, mas, sim, o legado da conformidade que abala a eficácia do próprio narrador que nos conta a história.

"Casa tomada" é um dos relatos mais emblemáticos da prosa cortaziana. Já nas páginas de abertura do relato nos defrontamos com uma genealogia soterrada, representada por dois sobreviventes: o narrador e a irmã Irene.

Mas, anteriores a esses dois personagens, existe uma grei que, embora já falecida, persiste, graças ao empenho da memória do narrador, em confundir-se com os vivos. Tal reverência nos recordando a possessão pelos mortos, presente em *Pedro Páramo*, de Juan Rulfo. Também no conto de Cortázar certas sombras vagam presumivelmente pelos aposentos da casa, como que trazendo à superfície o brilho de suas histórias pretéritas. Seres que, embora tenham perdido o direito à credulidade, se agarram à convicção de que a vida, ao prolongar-se após a morte, autoriza ações presentes.

É o próprio narrador, discreta primeira pessoa, quase despojada de densidade narrativa, que afirma haver sido aquela casa, onde a irmã e ele vivem, ocupada, ao longo dos últimos dois séculos, por seus ancestrais. Um registro que nos permite supor ser ali ainda o território dos mortos. Daqueles que foram semeando em cada rincão uma memória que, conquanto hoje esgarçada, exige partes substantivas da morada para se acomodarem.

O autor, porém, em breves linhas, obediente à concisa economia, instila no leitor desconfiada curiosidade por semelhantes descendentes, enquanto o faz conviver com um narrador com fina faculdade de narrar e prepararmo-nos para as aflições futuras. E que tem, como função precípua, contar-nos a história da casa, muito mais interessante que a da irmã e a sua.

A morada, como um elemento totêmico, é descrita minuciosamente. Como se houvesse a nítida intenção de inventariar um bem prestes a ser extorquido ou vendido. Suas medidas arquitetônicas, embora exageradas, havendo vencido a ação do tempo, são espaçosas o suficiente para abrigar os mortos, sobre-

FILHOS DA AMÉRICA

tudo suas lembranças que, possivelmente à deriva, alimentam, contudo, a imaginação dos homens.

E como o narrador, optando por certa imprecisão elucidativa, se esquiva em fornecer detalhes da construção, ignora-se a antiguidade do prédio. Há indícios, porém, aqui e ali, de sua construção anteceder a instalação da grei familiar na casa. Mas terá sido, possivelmente, antes do bisavô, e de outros membros que integram uma cadeia de sucessão sanguínea.

Paira, no entanto, na abertura do conto, uma certa advertência que não se identifica, dentro de uma sucessão de detalhes que nos preparam para o que virá a suceder. Como se, após descerrar as cortinas, a cena narrativa será paulatinamente ocupada por fantasmas e vivos sem distinção.

É sob o beneplácito de semelhante narrador, cujo nome não faz falta saber, que se aguarda o andamento de um conto de estrutura simples, mas na iminência de ganhar inequívoca densidade a partir mesmo do título: "Casa tomada". Título este que nos leva a indagar a razão de Julio Cortázar antecipar a ação, como que nos levando a suspeitar das intenções contidas na própria designação do relato. Uma antecipação, contudo, que, ao não revelar em momento algum a natureza profunda do relato, perturba o coração do leitor, hesitante entre a supremacia do título e do conteúdo do qual ainda não participa.

Tal decisão narrativa, por parte do autor, precipita a todos em conjecturas falsas e aliciadoras ao mesmo tempo. Fazendo-nos crer que estamos prestes a enfrentar um relato de rara carga simbólica. Composto de metáforas que se expandem e se acentuam à medida que a história avança em direção ao seu desfecho.

Acaso esse relato, ao tratar com o concreto e o visível, sob forma de uma casa, apresenta certo grau de realismo? Ou por trás dessa espécie de real persiste a representação de uma neblina que ofusca a visão do leitor e o prepara para uma outra dimensão da realidade? Tratando-se, portanto, de um relato simbólico prestes a insinuar o que está na esfera do enigma, disposto a revelar o que um universo realista jamais alcançaria dizer.

Essa casa, contudo, oriunda de um projeto humano ou de uma matéria de sonho, é tão poderosa que o narrador suspeita de haverem ele e a irmã renunciado ao casamento graças a ela. Entre suas paredes, ambos viviam como que mergulhados em uma relação metafisicamente incestuosa, permeada pela solidez da edificação. Apaziguados pela serenidade de uma morada que lhes impedia os devaneios

FILHOS DA AMÉRICA

e os fazia considerar que sobrava espaço na casa para razoável número de habitantes, uma vez que eles dois não podiam ocupar todos os cômodos ao mesmo tempo.

Sob a influência dessa morada, o narrador, em determinado momento, reconhece que a irmã, Irene, era uma "chica nascida para no molestar a nadie". O mesmo ocorrendo com ele, cuja aspiração era viver afastado do drama humano. Até que a casa, de repente, sem maiores explicações, é invadida por intrusos. Por seres ou ruídos que, sem pedirem licença, se apossam progressivamente da propriedade em prejuízo dos atuais ocupantes.

E a partir dessa lenta guerra de conquista, em que pedaços da casa vão sendo tomados, o irmão se limita a comunicar a Irene que "han tomado la parte del fondo". Sem que Irene, a tais palavras, esboce uma reação, limitando-se a murmurar: "Estás seguro? Entonces tendremos que vivir de este lado."

Submissos, assim, a leis superiores, resta-lhes obedecer. Aceitar o destino como aceitara Irene passar a vida tecendo sua lã, sem o pretexto de aguardar o retorno do esposo Ulisses.

De comum acordo, ambos aceitam que os despojem de suas possessões. Como aviso, talvez, de que a morte, em breve, virá cobrar-lhes uma vida vencida, tudo, enfim, que eles terão que ceder.

Nesse quadro, misterioso e insolúvel, e à luz da história da América Latina das últimas décadas, ganha súbita relevância a preciosa observação do narrador ao declarar que desde 1939 "no llegaba nada valioso a la Argentina". E quando, afinal, reconhece, em tom melancólico, que "se puede vivir sin pensar"

O PAÍS CHAMADO BRASIL

Frequentemente faço a mala e viajo pelo Brasil. Corto o país de norte a sul com o coração sobressaltado. Nunca sei o que estas intensas geografias vão me oferecer. Elas de muito são antropofágicas e inconformadas. Não permitem uma apreensão mesmo de caráter artístico.

Nessas cidades, à margem dos circuitos sofisticados, apuro a sensibilidade e escuto os ruídos do coração brasileiro. Ele lateja, mas não fala, não explica a arqueologia que antecede o momento mesmo da sua histórica fundação.

Busco por estas terras e por esses rostos de etnias caprichosas uma matriz comum a todos nós. Deparo-me apenas com um cristal esfacelado que reproduz, para minha surpresa, mil versões de um só nariz.

Sou tentada a crer, então, que a despeito do meu esforço intelectual, movido a carvão e a paixão, não consigo ser contemporânea do meu próprio país. Isto é, ao falar dele e por meio de um discurso teórico, resvalo no absurdo e no falso. Crio a estética da ilusão, da realidade forjada segundo a minha circunstância modesta.

O país, como um todo, me sobrepassa. Ele é de natureza voraz, antropofágica. Devora, sim, mas nem sempre devolve o que leva dentro. Há, às vezes, uma insolvência verbal em sua mais profunda esfera. Uma distância invencível entre o que nós dizemos dele e o que ele arrasta dentro das estranhas, como sua verdade. Os recursos de que dispomos provam-se insuficientes para falar dele e da sua produção literária. Como se ele nos sussurrasse: fale de mim com o coração inquieto.

Nada me facilita fazer uma redução sociológica. Pois tudo que sei — sobretudo falando de literatura — me chega com inevitável atraso. O atraso que contabilizo por meio de sucessivas viagens de tempo, se de fato quero explicar a nós mesmos. Ora recorro ao século XVII, levada por Gregório de Matos, debochado, cruel, que descascava as palavras com canivete. Ora me ancoro nos últimos anos do século XIX, só pelo prazer de averiguar as

FILHOS DA AMÉRICA

dimensões de um Brasil que engendrou, a despeito de suas estruturas arcaicas, um Machado de Assis descomunal e irônico. Um escritor que, longe de ser um gênio tribal, cuja criação organizada despejava farpas e armas brancas contra a sociedade brasileira, e ainda o destino humano, este acorrentado à sua implacável finitude.

Nessas cidades, porém, além de recolher provas contundentes da miséria, torno-me confidente daqueles escritores que, presos à província, são o testemunho obstinado da própria obra. Embora mergulhados eles no anonimato e na dúvida, tomam a si o encargo de relatar suas próprias histórias e, por conseguinte, aquelas que a todos nós nos dizem respeito. Dão-me eles constantes provas de heroísmo. Pois que registrar no papel as contingências humanas, sem acolher em troca aplausos e adesões, merece interminável reflexão sobre o papel do escritor nesta sociedade, mesquinha e empobrecida, que só o engendra para esquecê-lo ou desconsiderá-lo.

Eles e quantos de nós vimos devotando à literatura brasileira o esforço imperecível da criação, embora sem o acesso ao mundo livresco que nos teria permitido melhor dominar as correntes estéticas que avançam pela forma como meio de incursionar pelo espírito humano. Então teríamos intercambia-

225

do experiências, assinalado divergências, admitido influências, e apontado profundas confluências.

Afinal, como todos que se originaram do destino colonial, temos as vísceras e a alma encharcadas de gordura e de temperos raros ao mesmo tempo, que a Europa nos brindou ao longo das variadas formas de domínio.

As transferências culturais, no caso brasileiro, começaram mesmo pela língua. Lá veio esta língua lusa debaixo das axilas dos ansiosos portugueses, que se aproveitando das correntes alísias, a bateram no litoral brasileiro.

A par da perplexidade que lhes assomou ao rosto por se defrontarem com uma terra policrômica e retumbante, cercada de araras, árvores de oitenta metros, de índios que faziam da cara campo experimental de uma tela feita por um pintor tropical, também sentiam, ao deixarem para trás a ambiciosa Europa, que a língua falada por eles se transformava pouco a pouco numa outra, com matizes novos, só porque sucumbiam aos novos sentimentos e ao espírito de aventura que os haviam invadido como uma forte febre.

Já aí, a despeito do transporte cultural, se forjava nova língua para abarcar novas realidades. E nos séculos que se sucederam, enquanto absorvíamos o sa-

FILHOS DA AMÉRICA

ber de outros continentes, inventávamos igualmente aquele saber que está na ordem natural das coisas.

Portanto, tornava-se mister da arte — em qualquer categoria que se inscrevesse lançar o desafio da sua própria sobrevivência, quando então a arte se deixa usar, como uma alavanca, para abrir as portas tímidas de sua consciência libertadora. E ganhar uma vestimenta que lhe caiba por inteiro.

É natural que Cervantes, Sófocles, Shakespeare continuem a nos emprestar suas vozes e os espaços de que carecemos. Mas mediante acordo com o passado, com as turbulentas terras desbarrancadas, que a arte sabe provocar, também nós arrancamos a própria alma para levá-la à exposição pública. O que somos, de fato, aí está no que escrevemos, contamos, pintamos, falamos, amamos.

Como escritores brasileiros, nossas biografias literárias se dramatizam, fazem-se porosas e, sobretudo, vulneráveis, ante o impacto da realidade. Ante a certeza de que a nossa história secreta — a melhor de todas as histórias — nos cobra a cada dia a interpretação a que a literatura deve corresponder.

Enquanto isso suspeito que a Europa, nossa matriz comum, não percebe existir na sua formação o vazio cultural proveniente do fato de não haver recebido de volta, já processada, a estética produzida pelo Terceiro Mundo.

A verdade é que há uma sintaxe política e biográfica por trás das decisões estéticas. O estético tende a sucumbir ao clamor orgânico da língua e dos sentimentos deste povo que faz a escrita pulsar através do escritor.

Como escritora, habilito-me a transgredir a gramática da criação mediante acordo — ainda que involuntário — com a realidade vigente, na qual ocupo uma espécie de papel moral. E o uso dos recursos espúrios — sob a forma da aprendizagem com os grandes mestres — está a serviço, pois, de uma natureza estética que deita raízes populares. Embora fatalmente contrarie os interesses da realidade para criar o real, que é o campo da invenção.

Apesar da nossa tão decantada dependência cultural, preservou-se entre nós uma fundamental zona de atrito, de resistência — onde nos foi sempre possível praticar a nossa esperteza criadora e ensaiar a nossa inocência. Por meio desses recursos conseguimos nos proteger do avassalador acúmulo das obras literárias que pela sua importância atracaram no nosso consciente, e nem pouparam o nosso inconsciente.

Usuários, pois, de um equipamento cultural cuja origem se perde nas noites do tempo, não debatemos aqui o grau da nossa liberdade criadora, mas o uso da estética compatível com nossa identidade nacional.

FILHOS DA AMÉRICA

Para falarmos na prática dessa literatura brasileira mais recente, chamamos a atenção para a retórica do progresso que invadiu o Brasil a partir de 1955. De repente, com a abertura de novas estradas e com a indústria automobilística em expansão, a literatura, que tinha até então um caráter eminentemente regionalista, ou que se ocupava de uma sociedade rural, sofre uma mudança radical.

Eis que o homem brasileiro, incitado a desfrutar da velocidade dos carros, e a cruzar as estradas que o levariam como um nômade para qualquer parte do país — que lhe estava antes interdito —, abandona a miséria rural para integrar-se à cidade. Para ser parte do contingente urbano, inchado e desfalcado da estrutura de atendimento. Nessa cidade, porém, a realidade, para esse homem do campo, se reveste de uma fantasia desafiante, e que há de ser vivida ao preço de qualquer sacrifício.

Esse homem passou então a autoinjetar ao seu imaginário uma velocidade que o perturba a ponto de alterar-lhe a noção de tempo e de espaço que tinha até então. Da condição de uma criatura do século XIX, pois movia-se com atraso de cem anos, a vencer em algumas semanas a estrada desses mesmos cem anos.

É quando o escritor, submisso à cirurgia que se dá no país, também imprime ao seu texto uma cinematografia adequada à demanda da voragem urbana.

Ele sabe agora com certeza que o mito, uma de suas reservas de criação, também viaja. O mito sai do campo para a cidade. Transubstancia-se sob a opressão dos novos conceitos estéticos engendrados pela realidade. E ganha ele, junto com a população, a imagem oriunda da televisão. Um instrumento que opera no seu personagem, o homem brasileiro, como uma incisão. A realidade, por meio dessa imagem, alcança um nível onírico. E o brasileiro comum, sem maiores indultos educacionais, passa a acreditar no cotidiano sancionado pela televisão, o instrumento dessa mesma imagem.

Ao mesmo tempo que o personagem do escritor passa a residir nos limites ou na periferia urbana, sua memória, respirando agora fumaça e angústia, dobra-se sob o peso das lembranças recentes, que são todas de extração rural. É-lhe extremamente doloroso extirpar do inconsciente os laços rurais. Por sua vez, o esforço de ajuste do país ao mercado de economia internacional impõe-lhe toda espécie de sacrifício e renúncia. Sem saber, esse brasileiro participa de uma marcha e leva seu país à criação da maior dívida externa do mundo, de que será ele protagonista e vítima ao mesmo tempo.

FILHOS DA AMÉRICA

A produção literária é, contudo, sensível às mudanças sociais. Registra qualquer redução sociológica. E a perspectiva da vida urbana — após os vinte anos de autoritarismo — acelera para o escritor a posse dos instrumentos com que abordar o personagem industrial, ou pós-industrial. Todos nós, sem distinções, nos transformamos numa consciência repartida entre a fidelidade ao passado, no qual nos movíamos com a agilidade de quem dominava aqueles tempos, e a intransferível obrigação de fazer parte do futuro, este representado pela cidade.

Com a aceleração do êxodo rural, 70% da população brasileira se torna urbana, incha dramaticamente os centros. E tenta absorver em poucos anos a prática social inerente ao novo estado.

Nessa etapa, Guimarães Rosa nos força a compreender sua visão quase teológica da realidade através de uma paisagem mítica. Apropria-se ele do mito não apenas na sua forma arcaica, mas no seu aspecto clássico. No mesmo molde de Joyce, por exemplo, quando explora o tema homérico.

Em contrapartida, Clarice Lispector, a despeito do seu teor metafísico, traz no seu bojo a perplexidade pelo país e pelo homem que balbucia uma problemática obscura, posto que a experiência humana é também obscura. Daí o texto renunciar de-

NÉLIDA PIÑON

liberadamente ao entendimento claro, sob a pressão de um mundo de hierarquia provisória.

Ambos os escritores, cada qual mais exemplar, nos induzem a novas tendências literárias. Mas eis que a história impõe ditames inesperados. Com a implantação do regime militar, atado a uma sólida doutrina de segurança nacional, surge, no romance sobretudo, forte inclinação ao texto de caráter jornalístico.

Apoiadas na mediação da reportagem como expressão literária, essas narrativas, fugitivas do jornal por conta da censura, se apegam ao circunstancial, desenvolvendo eminente vocação mimética. Elas demonstram um apego à cópia. À defesa de uma realidade pictórica e factual que nos estava sendo extorquida em virtude da circunstância político-social. À supressão desta mesma realidade, obrigando o livro a competir com ela sem recorrer à mediação de um aparato literário mais complexo e denso.

Esse imediatismo literário lutava pela recuperação da verossimilhança. Isto é, pela fotografia sem o mistério do claro-escuro, pela abolição das sombras que enriquecem as obras de arte.

Não se tentava perpetuar uma reflexão histórica. O texto pulava fora das molduras mitológicas e despovoava-se das figuras paradigmáticas e arquetípicas para se render a uma necessidade episódica.

FILHOS DA AMÉRICA

Construía-se uma história que ainda não existia enquanto discurso elaborado.

Nesse mesmo período, e até o advento do trânsito democrático, explode no país a produção contística, enquanto sintomaticamente se produzem menos romances. Os jovens escritores, atraídos pela necessidade de reter um Brasil que unicamente se descrevia através dos canais oficiais, adotam o conto, mais portátil e acessível para a sua formação cultural, como meio de evadir-se da repressão a todos os níveis.

Enquanto o estamento militar e oficial impunha uma afasia verbal e criativa, o caráter documental dessa produção contística atinge uma dimensão praticamente anárquica, mas vigorosa. O empenho desses escritores é de desobstruir os empecilhos entre realidade invisível e criação literária. Isto é, trazer à tona as mazelas sociais. Para isso, porém, eles terminam fazendo uso de uma linguagem alusiva, em que abundam exemplos de fragmentação formal e conteudística. E até mesmo ausência de uma lógica narrativa, cujas sequências refletissem uma cronologia social com que se identificar.

Havia, por parte deles, constrangimento visível em encarar o real. Ao menos lhes faltava habilidade para organizá-lo sob forma literária. Daí a comovedora presença do uso da fala em primeira pessoa, solitária, quase narcísica.

Enquanto vemos nesses escritores o dilaceramento da consciência do narrador, como reflexo do momento político brasileiro, surge dos grandes escritores a proposta de debater em seus livros a poética do texto.

O próprio escritor, habitante do corpo interior do livro, questiona as fórmulas estéticas a partir das quais vai ele concretizando seu ofício de criar. E ao ampliar o espectro da criação por meio de reflexões oclusas, ele justifica, para si e para o vizinho, a necessidade de criar. Pois ao vivenciar o enigma que preside a mais sólida das suas casas, que é a casa da criação, ele se põe na condição de locador e locatário simultaneamente. De repente sujeito que aliena o próprio domicílio, caso queira. E, por outro lado, objeto de quem lhe reclama imperativamente a custódia de sua pretensa morada.

Tais romances metalinguísticos (Osman, Clarice, Autran etc.) também convidam o leitor a protagonizar a criação. Dividem com ele a responsabilidade de uma parceria nem sempre assumida, apesar da leitura do livro. Torna-se o leitor personagem duplo. Ora personagem da especulação ficcional, ora cúmplice do eufórico espetáculo da criação.

Essas tendências, porém, se dissolveram nos últimos anos com o advento de obras autônomas que

FILHOS DA AMÉRICA

dificilmente se inscrevem em escolas, nos modismos, ou nos permitem supor inclinações comuns aos principais ficcionistas brasileiros de hoje.

Incursos em seus projetos individuais, salta aos olhos o momento luminoso que vive a literatura brasileira. Cada escritor empenhado em recolher a intriga humana onde esteja. Para isso lançando mão dos mais variados recursos estéticos, desde que se autoproclame autorizado a inventar. Afinal, quando se trata de construir o enredo humano, não há punição prevista para o que excede na criação, ou é excedente. Para quem ousa multiplicar cada vida ao reproduzi-la em mil outras. Mil versões sempre inválidas, incompletas, mas sempre apaixonadas.

E isso porque, a cada manhã, o escritor brasileiro, ou não, de que latitude seja, inicia a áspera tentativa de reproduzir fielmente o rosto humano. E a cada pôr do sol, do mesmo dia, há o risco de que esse retrato se apague sem deixar vestígios visíveis.

Sendo assim, restam a coragem e o orgulho de propor-lhes que conheçam a literatura brasileira. De preferência me dispensem para essa descoberta. Porque ela é o melhor retrato deste país que responde pelo nome de Brasil.

O MITO INCA EM ARGUEDAS

O escritor peruano José María Arguedas pertenceu à categoria dos intransigentes defensores da causa indígena. Desde a infância, por razões biográficas, optou por amá-los. E já adulto, ao defender a etnia subjugada, confirmou seu compromisso político e estético. Não hesitou em deixar pegadas da vida indígena na obra ficcional. Rendeu-se a seus personagens humildes, proporcionando-lhes a possibilidade de reivindicarem a redenção social por meio de inesperado heroísmo, com que aliás encerra o seu romance. Como narrador, age como um deles, toma partido, é um mestiço conquanto branco. Assim, entregue à causa que agora julga perdida, não tem como livrar-se do sentimento da falência que o toma. Diferente de Guamán Poma de Ayala,

FILHOS DA AMÉRICA

que pleiteava reverter a situação penosa do Peru escrevendo a Felipe II, confiando em seus favores, Arguedas não tem a quem recorrer. Defrontado com a iminente derrocada do que restou do império andino, ele sucumbe aos poucos a uma dor que não o deixa viver, após haver, sem dúvida, preservado o imaginário inca em sua obra.

Assim, coerente com o seu coração, ele atravessa, no dia 28 de novembro de 1969, o secular pátio da Universidade de São Marcos, Lima, onde lecionava, encerra-se em uma sala de aula vazia e puxa o gatilho do revólver contra a fronte. É conduzido ainda vivo para o hospital, onde vem a falecer quatro dias depois, em 2 de dezembro de 1969, com 58 anos.

O dramático suicídio, que comove o Peru, é precedido por cartas escritas a familiares, amigos e correligionários políticos, como o célebre Hugo Branco, líder camponês. Uma correspondência que muitos suspeitaram ter sido redigida com a intenção de confundir seus destinatários. Isso porque cada missiva apresentava diferentes motivos que justificassem o gesto fatal do escritor.

Ao ler algumas delas, destaca-se a imaginação exacerbada de Arguedas, que, confrontado com penosas recordações, submetido a um turbilhão das emoções, se esquivou de lhes dar uma sequência plausível, de esmiuçar o teor de sua existência, de esclarecer enfim o que motivara o desenlace. Ambíguas, contraditórias, é natural que aplicasse à redação das mesmas as artimanhas inerentes à mente de um autor para quem morte e vida constituem intraduzível enigma.

O certo é que seus textos retratam sua existência solitária, o denso conflito em que estava imerso. Um homem cindido entre dois mundos, sem se render a nenhum deles. O que suscita ainda hoje que se façam toda classe de indagações sobre sua personalidade. Quem era ele exatamente.

Nascido nos Andes peruanos, território do antigo império inca, no ano de 1911, desde a infância acompanhou o pai, um advogado de caráter nômade, em suas visitas a mais de duzentas localidades peruanas. Marcado por uma infância ensombrecida pela morte precoce da mãe, cuja perda o lacerou ainda homem, foi por muito tempo educado por camponeses índios que traziam na matriz genética a tristeza motivada pela destruição da sua civilização. Com eles absorveu a visão das reminiscências do universo inca que trazia em seu bojo o sentido do sagrado, a devoção reverencial pela natureza.

Junto aos índios, Arguedas aprendeu a exprimir-se em quéchua, a língua geral, franca, dos Andes. Só

FILHOS DA AMÉRICA

mais tarde, ao ser resgatado pelo pai, que queria fazer do filho um peruano branco, o menino reaproxima--se do espanhol, que elege como língua literária. A despeito, porém, de tal decisão, guarda o quéchua no coração que lhe estimula o pensamento e a escrita.

Cabe, no entanto, questionar se o idioma espanhol lhe oferecia de fato os recursos necessários com que fundamentar seu imaginário, amparar sua criação literária. Ou, se era o caso, de Arguedas recorrer ao quéchua sempre que devesse explorar enigmáticos meandros psíquicos. E tentar ainda saber se o legado cultural da língua dominante, ao lhe causar conflitos, acentuava ainda mais a cisão que sofria por se considerar mestiço, inábil filho de duas civilizações.

Ele se queixava da dureza do idioma espanhol, que carecia, segundo seu juízo, do relevo e da iluminação que o quéchua, de acentuada estrutura simbólica, lhe concedia. Por sua vez era compreensível que o espanhol de Arguedas tivesse textura dramática porque, ao falar o quéchua, fazia uso de uma língua de tradição que desconhecia a escrita.

Portanto, a percepção narrativa do autor tinha base oral. Assemelhava-se a um raconto, a uma transcrição ditada pelas vozes dissonantes de um coro. Mas, ao procurar a visão que o idioma espanhol lhe negara, comumente subvertia seu sistema linguístico e afetivo com os recursos inerentes à sua personalidade criativa, como a poesia herdada dos incas, cujo repertório imagístico semeava loas à tradição oral. E assim agindo se sentia um mestiço para sempre. Alguém que, subordinado às pressões impostas pelas culturas indígena e ocidental, não sabia fazer melhor uso da dolorosa síntese que resultara da fusão de ambas as culturas.

A dupla identidade era um dilema, gerava angústia, depressão e contradições. Frequentava um cenário adverso constituído de duplicidade linguística, teológicas, ritualistas, estatutos políticos e estéticos. Vivia à deriva, mas a salvo pela escritura com a qual o escritor inculcava nos personagens os matizes oriundos das idiossincrasias dos indígenas e dos mistis, que aprofundavam o declínio das populações indígenas expulsas das benesses providas pelo poder.

No romance *Los ríos profundos*, publicado em 1956, Arguedas ausculta a matriz andina. Empenhado em enveredar por mundo atingido pelas noções trágicas da existência, afetado pela imaginação europeia decidida a desfigurar a cultura inca com crendices subalternas, com o descrédito sistemático de cultura de um povo que julgava inferior.

FILHOS DA AMÉRICA

Como romancista, Arguedas se antecipa em julgar os efeitos das iniciativas colonizadoras, cujas premissas cristãs não se afinavam às do universo inca. Estava ciente de existir na mentalidade inca, desde tempos pré-hispânicos, a noção do pachacuti, um fenômeno capaz de aniquilar os indígenas mesmo sem o uso de arma. E que afirmava ser o universo sujeito a transformações inesperadas, com força para abalá-lo. O próprio Bartolomé de las Casas, ilustre religioso espanhol que proclamou junto a Carlos V que os índios tinham alma, afirmou que o pachacuti era um personagem mítico com poder transformador. Enquanto o peruano Guamán Poma de Ayala esclarecia que semelhante fenômeno sujeitava todos a sua força telúrica. Um cataclismo que o mundo arcaico previa ocorrer a cada quinhentos anos, quando subitamente ativado.

Para os incas, o pachacuti, que teria sido impulsionado pela presença espanhola, provocou, como consequência, a inversão da ordem que alinhava as linhas mestras do império inca. Daí advindo a desordem em uma sociedade cujo pensamento, regido por uma estrutura dual, criava e defendia partes opostas e necessárias entre si. E que, portanto, além de garantir o equilíbrio psíquico, social, religioso, gerava a certeza de que por motivo dessa ordem se contornavam os transtornos sociais.

Essa sociedade, sustentada pela convicção de o cosmo dividir-se em duas partes iguais, o mundo de cima e o mundo de baixo, nem por isso sofria um cisma. Uma vez que a ordem fora emitida pelo cosmo e repetia-se em outros níveis do cotidiano e do imaginário inca. Não deixando o sistema de ser mesmo aplicado em Cuzco, cidade sagrada, capital do império que, em obediência à hierarquia que lhes pautava a existência, fora repartida em dois bairros, o de cima e o de baixo.

Como resultado do pavor que o pachacuti inspirava, da violência e discriminação sofrida ao longo dos tempos, tornou-se impossível resistir à opressão e à humilhação que os dominadores lhes impingiam. Aliás, as narrativas existentes revelam a abolição gradativa da consciência inca como resultado da prolongada dominação dos brancos. Os seus efeitos sobre uma psique que se fraturava, sem ânimos de se fortalecer. Ao mesmo tempo que a recôndita memória coletiva da comunidade indígena não se livrava dos vestígios do horror sofrido quando o comandante Pizarro, em 1532, na cidade de Cuzco, em total desrespeito à imponente hierarquia inca, submete o imperador Atahualpa ao garrote vil, para em seguida degolá-lo. Uma profanação inaceitável para uma população para quem o rei era um ser cós-

FILHOS DA AMÉRICA

mico, pertencente à estirpe dos deuses, reverenciado como se cultuava o sol.

Outras turbulências históricas se sucedem, dando sequência a esses malefícios. Cinquenta anos depois, em 1581, Francisco de Toledo alquebra o mundo inca ao cometer contra Tupac Amaru I o segundo regicídio. Por meio desse crime de lesa-majestade, que gera um abatimento moral que persiste ao longo dos séculos, Toledo instaura definitivamente entre os incas o horror psíquico. Uma violação histórica que precipita a derrocada do império inca. Um ato que introduz no imaginário peruano uma nova simbologia. A convicção de serem eles "um povo sem cabeça" que, após sofrer uma degola trágica, não cessa de indagar o que restara da cabeça sagrada do império. Onde estava a cabeça, a minha cabeça!

A dimensão do crime perturba o inconsciente da nação ao longo dos séculos. Enseja o surgimento de conflitos psíquicos que se irradiam pela política e pela literatura. E amarguram um povo que, vendo-se há muito privado de seus adornos cerimoniais, das pautas e das leis consagradas por uma ordem natural integradora de todas expressões essenciais, se refugia no silêncio, na submissão social, nos mitos que tentava proteger por meio da memória que,

243

para os incas, era o ninho dos mitos. Como reação ao sequestro diário de seus mitos, o povo cria aos poucos surpreendente mito:

O MITO DE INKARRI.

A gênese do Inkarri está associada à inconformidade histórica que se seguiu após as mortes de Atahualpa e de Tupac Amaru I. Quando os incas, desfalcados de seus valores, anseiam por estabelecer a crença de que no futuro a cabeça do imperador se uniria ao resto do seu corpo. E, ao se fundirem cabeça e tronco, a ordem mística de outrora se restabeleceria, cessaria por fim o sofrimento das nações indígenas.

Surgido na serra andina, o Inkarri propaga-se velozmente pelas cidades. Atrai imediatamente ideólogos, militantes, comunistas, intelectuais como Mariátegui, e o próprio Arguedas, que viram no mito uma utopia capaz de restaurar valores essenciais, de motivar uma revolução social. E desperta nos meios acadêmicos a adesão à causa indigenista.

José María Arguedas destaca-se entre todos. Seu talento de narrador, em acintosa defesa dos índios, utiliza a própria criação literária para assumir uma posição ideológica. Mas é tal o seu poder narrativo que, para atacar o universo branco que despreza, recorre a uma linguagem de rara densidade poética.

FILHOS DA AMÉRICA

Prova é seu romance *Los ríos profundos* que serve de plataforma para conferir veracidade ao que merece denúncia, sem abdicar, no entanto, de uma estética que o torna um grande narrador.

O livro opera em muitos níveis, mas no conjunto é uma espécie de suma teológica do baixo mundo andino. Opera com uma linguagem que se equilibra entre o rancor comprometido e a visão poética, sem danificar a qualidade estética do autor. À medida que a complexa ação avança, adentramos um universo cindido que concentra sentimentos adulterados dos vencedores e dos vencidos. Um cotidiano contaminado pela desconfiança comum entre os desiguais, entre os que desprezam e os que estão sob o regime do medo.

A substância trágica, inscrita no livro, impede os grupos de se reconciliarem. O acúmulo de conflitos asfixia a cena e conduz a um paroxismo que reverte o quadro da eterna humilhação sofrida pelos incas, para desembocar, sob os auspícios de uma genealogia imperial havida na memória de cada inca, em um comovente heroísmo. Em um epílogo que propicia sem dúvida a vitoriosa ascensão do sagrado.

Cuzco é o epicentro espiritual de *Los ríos profundos*. O adolescente Ernesto, alter ego de Arguedas, chega à cidade no meio da noite, levado pelo pai. O caráter simbólico dos detalhes da viagem indica que

Ernesto, no processo de iniciação, deverá submeter-se aos ritos de passagem a fim de conhecer a si mesmo e a alma coletiva.

Constituirá para ele uma travessia pelo mundo incaico em sua dualidade sagrada e profana. Até alcançar a ascese que lhe permitirá conhecer a própria gênese e descobrir a qual universo pertence. A busca do Centro, onde se localizam a fé e os templos imaginários, significará para o menino o retorno ao mundo do seu real imaginário. Uma viagem circunscrita às mortificações sofridas pelos incas vencidos, mediante a qual, porém, cumprirá a rota do sagrado pautada pelos rituais arcaicos.

A *ouverture* romanesca denuncia as intenções do narrador. Estar em Cuzco, afinal, eterna vila cósmica, imperial, instava a quem fosse se apossar dos códices incas, dos textos de eminentes tratadistas, da matéria da fracassada utopia incaica.

Ao levar Ernesto a Cuzco, antes de interná-lo no colégio em Abacay, a opção estratégica de José María Arguedas era fazer com que o adolescente Ernesto convivesse com o imaginário incaico sem a proteção paterna. E que, uma vez abandonado à própria sorte, tivesse condições de assumir sua memória latente e a dos ancestrais. Para melhor cotejar o presente peruano com o aviltado passado inca. E desenvolver assim

FILHOS DA AMÉRICA

a habilidade de interpretar os enredos indígenas, de sensibilizar-se com o pensamento arcaico, sempre modelarmente pretérito. Havia que se responsabilizar por uma cultura arcaica que só dependia dele para subsistir, para suas histórias serem contadas.

Instalado em Abacay, Ernesto dá início à exegese da sua origem e do seu espírito que justifica sua presença romanesca. Assume a condução de uma aventura que oscila entre os personagens cujo cerne ele, como narrador, terá o privilégio de dominar. Contudo, de forma talvez inconsciente, ele se submete à tradição milenar, ao sentimento modelado pela natureza entronizada pelo inca, à resistência espiritual que entre o povo andino ecoava com naturalidade, ao sentido da eternidade das águas do rio de Abacay, perturbadora metáfora. Sujeita-se, enfim, ao acúmulo de representações simbólicas.

Por meio dessa educação sentimental, que lhe forja consciência e sensibilidade, ele perde aos poucos a inocência e as ilusões ao mesmo tempo. Levará em consideração a melancólica frase de Francisco Quevedo relativa à utopia:

"NO HAY TAL LUGAR"

O pátio do colégio de Abacay, de frequência obrigatória, era o cenário de sinistros procedimentos sociais. Desse espaço se irradiavam jogos cruéis,

247

lutas fratricidas, que travavam mistis e cholos. E ainda a demência sexual que ensejava que alunos escolhessem índias, como a pobre Opa, para seus abusos e crueldades.

"Me apenaba recordarla sacudida, disputada com implacable brutalidade, su cabeza golpeada contra las divisiones de madera, contra la base de los excusados."

Uma sexualidade misturada ao mundo dos excrementos, aos olores fétidos, em vivo contraste com o discurso farisaico do padre que, pretendendo-se alheio às ações nefandas cometidas em seu entorno, pregava dos índios conformidade e passividade.

Aquela sociedade, que governava o mundo segundo suas prerrogativas, condenava a mestiçagem com a qual Ernesto se solidarizava. A injustiça que ele registrava dava-lhe coragem de metaforizar a realidade, de subverter a noção do mal, do declínio dos índios, da perdição generalizada que os demais lhe queriam impor.

A poética de *Los ríos profundos* concentra-se sobretudo em Ernesto, que narra com voz oculta. Sua imaginação verbal ganha especial relevo no capítulo intitulado "Zumbayllu", que trata da ilusão, da fantasia, do paroxismo que cerca os atributos inerentes à arte de criar.

FILHOS DA AMÉRICA

Suas páginas, de pungente reflexão estética sobre a natureza da arte, são um tributo de Arguedas à imaginação incaica. Quando ele credencia Ernesto a viajar sob o beneplácito do verbo quéchua que era para o próprio Arguedas o espelho no qual o povo inca se mirava para falar. A língua à qual o mestiço inca Garcilaso de la Vega, ao destacar suas vantagens, se refere: "la majestad con que el inca habló, ni con toda la significación que los de aquel linguaje tenían."

É, sem dúvida, um tratado poético sobre a ilusão. Ali se concentram conceitos dedicados à intransigente defesa da ilusão. A necessidade de suspender todo e qualquer obstáculo que impeça o discurso inconsútil da arte. Para que se ganhe, por meio de palavras conjugadas poeticamente, a convicção de que a ilusão literária, em seu esplendor, tem o poder de corroer os alicerces da realidade. Como se a energia transformadora que provém da *zambuylla* fosse o outro lado da realidade.

Ao longo da leitura, Arguedas prolonga a ação, dá destino aos personagens, observa as lacunas existentes. Enquanto Ernesto, menino e posteriormente adulto, em pleno exercício de memórias atemporais, vistoria a história andina, a história peruana.

Pois cabe-lhe assumir propósitos morais e estéticos para encerrar a narrativa. Antes de o epílogo fechar ou abrir as comportas, para quem entra e a quem expulsa. Devem ingressar os enredos e os personagens que tenham eficácia narrativa. Assim ele credencia o que está a serviço dos propósitos de Arguedas, grande narrador. E acentua seu testemunho da desolação social existente em Abacay, o que o leva a eleger um mito com que encerrar *Los ríos profundos*. Tem, no entanto, a miséria generalizada como pilar da ação final. E o desaparecimento do sal para as comunidades pobres como pretexto para o motim. O sal se torna o pivô do drama social. E que confirma a cobiça do rico.

Felipa, uma índia, torna-se protagonista, chefia a sublevação. Enquanto o motim está em marcha, a mulher dá início ao roteiro da própria lenda. Enfrenta as forças do mal, subjugada pela engrenagem lendária. Aguarda que o imaginário popular a secunde, apoie o que há em torno dos fatos. Mas ignora que, em defesa dos abastados, a Igreja a condena, lança os índios contra ela. Como consequência, sucumbindo ao escárnio popular, Felipa desaparece, parecendo ter morrido. Como se lhe tivessem cortado a cabeça como o fizeram com Atahualpa e Tupac Amaru I. O novo regicídio, em vez de ser em Cuzco, é em Abacay. Dessa vez o golpe mortal atinge uma índia sem linhagem.

Anos depois, não havendo ocorrido o milagre do Inkarri nem Felipa retornado à vida, Arguedas inclina o tronco sobre o altar para o sacrifício, que lhe cortem a cabeça.

A MORADA CENTENÁRIA

Nascemos em 1897. Precisamente no dia 20 de julho, à sombra de tênue inverno carioca. Um ano que recolhia os escombros da Monarquia, enquanto aguardava o futuro de uma República apenas instaurada.

Raros momentos aqueles que presidiram à inauguração da Academia Brasileira de Letras. Quando, sob os efeitos dos olores tropicais, da sensualidade urbana, se buscava elaborar claves e concepções estéticas adequadas às entranhas psíquicas dos brasileiros que então viviam em casebres, sobrados, palacetes, paisagem típica de uma urbe ibero-americana do século XIX. Em meio ao qual se destacavam um pessimismo disfarçado, uma austeridade forçosa, a ausência de modernidade. Decerto uma falsa hegemonia nacional, por conta dos embates ideológicos que se davam entre duas espécies de pátria.

De um lado, o Brasil do litoral, representado pelo Rio de Janeiro, a pólis de embusteiros, de inescrupulosos, do funcionalismo atado à corte em extinção, dos banqueiros a serviço da zona do encilhamento, todos figuras de proa que Machado de Assis incluiu em sua ficção a fim de descrever uma sociedade impiedosa, egocêntrica, destituída de solidariedade social, regida por estatutos hierarquizados que previam um persistente oportunismo, traço comum na corte imperial. Um agrupamento social egresso do campo, cujas raízes rurais buscavam acomodar-se às regras impostas pela etiqueta da extinta corte. Uma urbe que Machado de Assis, a serviço da inefável ilusão da arte, ausculta tentando consolidar a língua. Por meio de rigorosos pormenores, dá relevo a homens com trajes escuros, cartolas enterradas nas cabeças, e a mulheres cujas saias se agitam no afã de proteger voluptuosas virtudes. Empenhado, certamente, em não se enganar com a falsa alegoria citadina, ele repudia a visão triunfal com que os brasileiros se distraíam a fim de se esquivar das consequências de uma visão crítica e do temor de estarem à mercê de um declínio coletivo.

E, em oposição a este país urbano, o Brasil profundo, da mata, do sertão, das margens ribeirinhas, sobrecarregado de mitos, de crenças e de distúrbios

FILHOS DA AMÉRICA

religiosos. Um país recém-saído da dependência política, com fronteiras frágeis, necessitado de defender o território, a língua, de estabelecer ainda novas regras de convívio social. Carente, portanto, de cobrar de sua população, na maioria constituída de analfabetos e de escravos abandonados na via pública, o fogo inflamado dos debates e das múltiplas versões que uma realidade desigual e ingrata forçosamente devia suscitar. Sobretudo porque havia no país discreta elite intelectual que confiava na cultura e na arte como instâncias soberanas, capazes de interferir no processo traumático ora em pauta no território brasileiro.

É nesse entorno histórico, a reclamar progressivas mudanças sociais, como a implantação de um regime propenso a admitir que iníqua miséria se alastrava por todos os extratos, que surge a Academia Brasileira de Letras. Justo quando o Brasil padecia as consequências provindas de um conflito que alcançou proporções dantescas. A guerra de Canudos, o sertão monárquico em confronto com o litoral republicano. Uma guerra que abalou os alicerces morais da nação, genialmente descrita por Euclides da Cunha em seu monumental *Os sertões*. Uma luta fratricida ocorrida no arraial de Canudos, às margens do rio Vaza-Barris, no interior da Bahia, iniciada em 1896 e com desfecho em 1897, entre o Exército Brasileiro e Antônio Conselheiro e seguidores. Um conflito de proporções cruéis, oriundo da descrença popular na República recém-instaurada, que representaria para essa comunidade miserável a materialização do reino do Anticristo na terra. E isso porque o governo eleito, sem demonstrar nenhuma sensibilidade política, sem preparo prévio, propugnou pela separação entre Igreja e Estado, pela celebração do casamento civil. E, por cima, elevou os impostos, indiferente à pobreza reinante no sertão. Assim dando provas cabais, para a população que perambulava faminta por aquelas terras, de que se aproximava o fim daquele único mundo que eles conheciam. O conflito bélico, ao longo de dez meses, tomou tais proporções que culminou com a total destruição da povoação. O arraial de Canudos arrasado e incendiado, e a população, estimada em 25 mil pessoas, aniquilada. Os que sobreviveram havendo sido implacavelmente degolados. Um genocídio imperdoável, um dos maiores crimes praticados até esta data em território brasileiro. E que o gênio de Euclides da Cunha, ilustre membro desta Casa, não nos deixa esquecer.

Em meio a tantos confrontos e dilemas, que removiam a sociedade do seu falso centro de equilíbrio, surgem alguns jovens intelectuais, certamente

FILHOS DA AMÉRICA

inconformados com a nação prostrada diante de feitos históricos tão dramáticos, e dispostos a reagir. Eles se dão conta de ser possível unir às palavras o gosto da ação, e encetar a inexcedível convocação da consciência nacional tão ofendida. Intuem ser esse o momento de conferir certa transcendência ao cotidiano mesquinho, de reforçar as bases da cidadania do país, de rasgar fronteiras, de se aproximar da Europa, padrão civilizatório. Como se quisessem captar, como já o fizera Machado, a mensagem nacionalista de José de Alencar, sempre fiel ao seu receituário idílico, mas vigorosamente pátrio. E fosse mister adaptar a narrativa e o pensamento a uma realidade apreensível para todos. Empenhados eles, e demais escritores, sobretudo Machado, na ingente tarefa de unir a tradição à modernidade, o particular ao universal. Por pretenderem, decerto, como criaturas afeitas às civilizações, situar-se no epicentro da vida. Agirem como herdeiros do latino Terêncio, para quem o humano não era estranho.

Mas quem eram esses jovens que buscaram a proteção e a aquiescência de Machado de Assis e de Joaquim Nabuco? Moços, como assim os designou Machado em seu discurso de inauguração da Academia Brasileira de Letras, texto comparável em beleza e em reduzida extensão ao que Abraham Lincoln pronunciou em Gettysburg. Moços, sim, tendo à frente Lúcio de Mendonça, a quem devemos essa esplêndida aventura do espírito e da nacionalidade, da qual resultou a fundação desta Casa. Sem dúvida jovens, idealistas, pobres e progressistas. Também desconcertantes, que confiavam, no entanto, na pujança do verbo para quebrar as amarras do provincianismo a que estavam submetidos, cuja resistente ossatura impedia voos inaugurais.

Nessa quadra da história, os escritores brasileiros acreditavam na língua como promotora de um cosmopolitismo que se conciliava com a audácia estética e com as reformas políticas e sociais que o país requeria. Assim, destemidos quanto à medida de seus sonhos, que eram mola propulsora de seus projetos, foram em busca de Machado de Assis, gênio da raça brasileira, e de Joaquim Nabuco, aristocrata do espírito e herói da Abolição. Não podiam prescindir do prestígio de ambos os intelectuais, do respaldo intelectual que lhes faltava. Junto a esses mestres, e demais parceiros de igual estirpe, confiavam que o vento Éolo, que ganha proeminência por conta da astúcia de Ulisses, iria conduzi-los, céleres, à ilha da invenção, às quimeras que os carbonizavam.

Já então o autor carioca era tido como um dos maiores escritores vivos. De aparência austera, es-

FILHOS DA AMÉRICA

forçando-se em apagar os vestígios de sua negritude, embranquecendo-se com os anos, tartamudo, com dificuldade em controlar a fala. E, para surpresa ainda hoje de seus biógrafos estrangeiros, jamais saiu do Brasil. Quando muito se distanciou do Rio de Janeiro no máximo uns duzentos quilômetros.

Senhor de admirável mente, que se refletia em sua obra, desse patamar descortinava o mundo, rasgava fronteiras. Não havia limites para sua percepção da realidade, para sua vocação de grandeza. Fora sempre pioneiro na defesa de uma estética compatível com o que se produzia no Ocidente. Um criador que, ao dominar os saberes humanos, se aliava aos mais ecléticos repertórios.

Aliás, o Brasil tem se equivocado ao não incluir o nome de Machado de Assis entre os seus mais notáveis intérpretes. De não reconhecer no autor uma transcendência analítica que instaura a modernidade no projeto nacional. Como se a intelectualidade brasileira tivesse escrúpulos em aceitar que a invenção literária, em sua fulgurante expressão, tem caráter interpretativo, assertivo, analógico, havendo sido desde tempos áureos a plataforma da qual examinar, exumar, reconstruir o horizonte do Brasil.

Por que, então, excluir de semelhante categoria este regente de exímio discurso narrativo, que lanceta a hierarquia social vigente e faz sangrar personagens cuja índole se ajusta ainda hoje ao que somos? Este construtor da linguagem que é o anteparo das ações humanas e com a qual se socializa a realidade. Pois como interpretar uma nação sem o amparo da perspectiva criadora do artista que perpetua o fascinante delito de viver os limites da radicalidade social?

Intérprete, pois, dos códigos étnicos, lendários, secretos do Brasil, Machado estava apto, assim como Joaquim Nabuco, o belo Quim, grande escritor e de brilhante oratória, para compreender a proposta que os jovens lhes faziam. Ambos antagônicos na origem, na beleza, no destino, mas eles se queriam, dialogavam. Nabuco, homem universal, senhor dos salões e conhecedor da Europa e dos Estados Unidos, devotava a Machado profunda admiração, reconhecia-lhe o gênio.

Após razoáveis resistências, deram-se conta de que faltava ao Brasil a academia que lhes propunham. A partir da decisão coletiva, dado os primeiros passos por Lúcio Mendonça, mentor intelectual do projeto, eles pregam em uníssono a evolução das matrizes nacionais, a criação de uma amostragem literária representativa, a ascensão da cultura na escala civilizatória.

FILHOS DA AMÉRICA

Fundem-se as propostas de Machado e Nabuco, no início divergentes. Afinal inaugura-se a Academia Brasileira de Letras nos moldes da Academia Francesa, fundada em 1635, no reinado de Luís XIII, pelo diabólico e astuto cardeal Richelieu, que amou tanto os gatos que lhes deixou em testamento considerável soma em dinheiro.

Na adoção das medidas práticas, os novos acadêmicos se atêm às circunstâncias nacionais. Em linguagem simples, sem arroubos, redigem um estatuto coerente que abarca as necessidades eventuais. Uma construção bem elaborada, sensata, democrata, que se tornou, passados 117 anos, intocável, pétreo como a Constituição americana. As pegadas iniciais da fundação refletem a índole do seu tempo, e a escassez de recursos Circunscritas a modesto cotidiano, não se priva de um ideal elevado. Há indícios de que pretendiam resistir à intempérie dos anos. Confiavam na sensatez e no talento de seus sucessores

Convém, aliás, recordar a sábia frase de Machado de Assis diante do incômodo de ser obrigado a repartir espaços com outras instituições, por falta de casa própria. "Outra geração fará melhor."

Congregados em torno desse projeto, estavam convencidos de estar a sociedade brasileira desse final do século XIX, no albor do XX, pronta para a reflexão, para o espetáculo da arte, capaz de conviver em igualdade de condições com outras instituições, cujo destino de confraternização tantas academias buscaram desde tempos homéricos, com os aedos errantes, esses enigmáticos poetas da memória.

Uma Academia que, a partir de sua formação, naquele ano, e até os nossos dias, deixou transparecer, em diversos estágios, seu vigoroso propósito de devotar-se à intransigente defesa da língua portuguesa, à unidade literária do Brasil.

Vista ela à distância, é-nos grato saber que a Academia Brasileira de Letras, desde os primórdios, foi juvenil e poética. Destituída de recursos, sem pouso sequer para instalar-se, onde deitar raízes e esperança! Sem, no entanto, se ausentarem nesses longos anos de existência os princípios que lhe nortearam a longa jornada. Comprometida sempre em glorificar a língua lusa, firme matéria do sagrado e do profano.

Uma fidelidade que, posta à prova, enseja que recapitulemos a história da Academia à luz desses anos. Para situarmo-nos sob a égide de um sentimento prospectivo, documental, com o qual restaurar, quando seja, sua trajetória pública e privada. Em tal empenho memorialístico, que nos caracteriza, reagindo às imolações que ceifam a consciência histórica, insurgindo-se contra o esquecimento

FILHOS DA AMÉRICA

que persegue a trajetória humana. Posturas graças às quais seguimos narrando o percurso desta instituição. Levados todos pela convicção de ser esta Casa, que também chamamos de Casa de Machado de Assis, parte essencial do imaginário nacional. Um legado que se reforça através de seus quarenta patronos, quarenta fundadores, e 189 acadêmicos e 153 sócios correspondentes, que por aqui passaram. Legião admirável de vivos e de mortos entregues todos à salvaguarda da arte, do pensamento, de um humanismo pronto a se regenerar quando açoitado.

Desde o nascedouro, a Academia Brasileira de Letras participou dos instantes constitutivos da história brasileira. O país deu-nos guarida na fundada crença de virmos a ser exegetas da própria realidade enquanto ela nos ia modelando. E que pudesse o substrato indecifrável, revestido de arte e de mistérios, que há séculos forja o Brasil, se instalar nos criadores e pensadores desta Casa. A fim de que a psique brasileira, alojada entre nós, sob o candente e moderno primado da memória, atualizasse quem éramos e nos redefinisse.

Esse permanente anseio pela memória, da parte da Academia, a libera para transitar, com igual desenvoltura, pelo passado e o porvir. Ambos tempos enlaçados, reconhecendo ser a tradição o traço de união entre todas as épocas e todas as civilizações. A tradição que ampara benfazejas rupturas, a matéria provinda das margens, o caos propenso a implantar modelos estéticos. Pois que a tradição é solidária com o que se insurge contra ela.

Há 117 anos temos sido hóspedes ativos do Brasil. De sua memória, de sua história. Sob a guarda de inestimável repertório produzido por aqueles acadêmicos que, por meio da arte, da vida, do pensamento, fizeram da Academia o logradouro de suas luminosas inteligências. Sem dúvida um legado que nos credencia a apresentar ao Brasil uma narrativa que enriquece a própria história do país.

Desde o final do século XIX até os dias atuais, fomos e somos, como já afirmei, 189 membros efetivos. Cada acadêmico identificado com as agruras e inquietações de sua biografia e de sua respectiva época. Cada qual largando atrás uma esteira de valiosas contribuições culturais. Cabendo-nos, portanto, indagar o que seria de nós, brasileiros, se esses seres não tivessem existido, povoado este território de esperanças de virmos a ser um dia a República dos sonhos.

Pois como imaginar o Brasil sem eles! Que matéria utópica apresentaríamos a nós mesmos, a nossos filhos, se não pronunciássemos seus nomes agora,

FILHOS DA AMÉRICA

em voz alta. Se não lhes oferecêssemos o panteão do mérito. Que língua falaríamos neste Brasil descuidado, negligente com o idioma português, se não deixassem eles provas do esplendor da língua. Como pleitearíamos nestes tempos orgulho, ilusão, e outros símbolos que habitam a alma e a pátria, se não tivéssemos eles, vivos e mortos, sentados à nossa frente, nestas poltronas da sala do Petit Trianon, ajudando-nos a escorar o Brasil para que ele não tombe. Este país que, a despeito de desenganos e desconsolos, é a nossa maior invenção coletiva.

E não é verdade que, se pronuncio agora os nomes de Machado de Assis, Joaquim Nabuco, Rui Barbosa, Euclides da Cunha, Afrânio Peixoto, Aluísio Azevedo, Coelho Neto, Olavo Bilac, José do Patrocínio, Barão do Rio Branco, Clovis Beviláqua, Guimarães Rosa, João Cabral de Mello Neto, Jorge Amado, José Lins do Rego, Antônio Callado, entre tantos outros igualmente fundamentais, responderiam todos em uníssono nesta sala: presentes!

E se volto o olhar para os acadêmicos sentados à minha frente, seres que admiro e estimo, acaso não terei razão de acreditar que cada qual estará disposto a defender esta Academia da corrosão do tempo, da fraude que se tornou regra, dos estatutos imorais vigentes, da frivolidade que o Estado e a sociedade de comum acordo estimulam, do fracasso que afeta a educação e a cidadania? Reagindo eles em prol da nossa salvaguarda ética, cultural e histórica?

Ou se evoco outra vez o nome de Lúcio Mendonça, é para reconhecer que contraímos com ele uma dívida impagável. Acaso, por esse gesto de reconhecimento, ganhamos a autoridade para propor aos jovens brasileiros, justo no dia do nosso aniversário, que se aventurem a sonhar com um ideal que os leve um dia a construir o equivalente ao que a Academia Brasileira de Letras hoje representa? Pois que será sempre o momento de reduzir a distância que separa os jovens das instituições consagradas pelo Tempo, graças às quais se forjou a cidadania. Afinal, a modernidade, em geral atribuída aos jovens, é uma premissa equivocada, implica condená-los ao degredo da sabedoria própria da velhice. Convém, pois, que os jovens brasileiros, como sucessores e intérpretes do futuro, rastreiem sua genealogia doméstica e urbana, para não perderem de vista de onde procedem os subsídios de uma nação que eles herdaram ao nascer. Aqueles pilares da nacionalidade.

Esta Casa, em consonância com seu papel aglutinador da consciência intelectual, tem reforçado vínculos com as forças vivas da sociedade, forçado o país a se conhecer, a abandonar os limites de uma simplicidade

FILHOS DA AMÉRICA

enganosa, atribuída ao povo, como se significasse ela uma porta aberta para a sabedoria. Triste ingenuidade que sociedade e Estado julgam prudente alimentar.

Esta Casa é libertária. Ao fundamentar-se no mérito, acolheu descendentes de escravos, aristocratas, membros da classe trabalhadora, da classe média, filhos de imigrantes. Todas as etnias, em esplêndida mestiçagem. Só tardou em acolher as mulheres, o que o fez em 1977 ao trazer Rachel de Queiroz para suas fileiras. Meses antes de a Academia Francesa aprovar o ingresso em suas dependências da extraordinária Marguerite Yourcenar. E que não hesitou, no ano mesmo do seu Centenário, em 1997, em eleger uma mulher como sua presidente. Um feito que se repetiu anos depois, ao conduzir Ana Maria Machado para o mesmo posto.

Assim, ao receber brasileiros de todos os estratos sociais e de todas as regiões, alcançou uma representatividade que o talento cobra e merece. Assinalou em seu frontispício o emblema do Brasil, fez convergir para seu plenário evidências, diversidades, antagonismos, pontos de vista culturais contrários ao estabelecido pelos centros canônicos.

Convém enfatizar que, como guardiões de magnífico patrimônio intelectual, zelamos por preservar um legado que julgamos pertencer à coletividade. Uma vez que poucas entidades são tão representa-

265

tivas quanto a nossa. Tão integradas ao povo brasileiro, ainda que o povo ignore. Para tanto, há que pôr esta Casa à prova. Fazer com que os brasileiros ingressem em seus recintos como quem vai à morada familiar. A fim de conhecer quem somos e quem são eles. As portas, amigos, estão abertas. Sempre estiveram, contrário ao que se pensa. E não poderia ser de outro modo.

Recentemente, no exterior, revelei que o Brasil era minha morada e que tinha gosto em servir à literatura com memória e corpo de mulher. Uma memória que corresponde também às ações do presente, sem se descuidar da matéria esparsa que a cada dia vai sendo deixada para trás mesmo sem atentar ao rigor e à lógica. Uma noção que aprimoro na Academia, que zela pela memória e pelo idioma português, ambos inseparáveis.

Vivemos todos, dentro e fora desta Casa, a enaltecer a língua do Brasil, a língua do direito universal, a língua do amor e dos sentidos, a língua que discute com Deus. O verbo da poesia, que é a palavra secreta. A língua que sustenta o edifício da Arte. O repertório que, associado à ilusão do artista e do povo, se embrenha por onde nunca estivemos, o lugar aonde afinal chegamos graças ao milagre da língua. Sim, a língua dos ancestrais, que padece os

FILHOS DA AMÉRICA

efeitos transformadores dos anos, e que vem a nós para que exerçamos também o direito e o gozo de açoitá-la, de lhe dar formas novas, de experimentar sintaxes e sons surpreendentes, de cinzelar a fogo o que de verdade estamos necessitados de dizer. Esta língua lusa sem a qual a nação naufraga quando por força de maligna redução, de indigência vernacular, nos transformamos em criaturas afásicas.

Foi neste dia, há mais de um século, que passamos a existir. Nascemos então modestos, líricos, nômades, mas apaixonadamente comprometidos com o Brasil. Ciosos da língua e da literatura. Desses sistemas de símbolos que são escudo da representação humana. Graças à qual ousamos relatar o que se transforma em narrativa que conta a história. As inenarráveis combinações do verbo assegurando que existimos. E a narrativa eterna é prova dessa verdade.

Este tem sido o destino da Academia Brasileira de Letras. Nosso preito de amor ao que somos.

O AMIGO TOMÁS

Eu o chamava de Tomás, às vezes de Tomás Eloy. Pronunciava-lhe o nome afirmando o meu afeto e admiração. Sem forçar uma espécie de intimidade que se reparte frivolamente entre todos sem considerar noções hierárquicas, ou distinções profundas.

Ao seu lado, reconhecia-lhe o imenso talento, o modo como formulava ideias, de como as palavras, em seu luminoso discurso, tinham lugar certo para se encaixar. Nele, não havia lacunas, desorientações culturais. A tradição e a modernidade caminhavam juntas.

Era fácil querer-lhe bem. Considerá-lo o amigo de gestos nobres, altaneiros que convinha olhar. Belo e carismático, nunca o vi amesquinhar o cotidiano da arte. Ao contrário, seu espírito criador fazia-nos crer na pulsão da escritura, da criação literária. Por todas as razões fazendo ele parte de uma linhagem

FILHOS DA AMÉRICA

que representava, no conjunto, o que a América produzira de melhor.

Eu prezava o nosso convívio. Nunca quis perder essa amizade que o destino selou a nosso favor. Foram inúmeras as vezes em que nos abraçamos, frequentamos seminários, participamos das mesmas mesas-redondas. Uma frequência que nos ensinou a permutar confidências, fidelidades, a apurar o incondicional amor que ambos nutríamos pela literatura.

É difícil detalhar a história da nossa amizade, rastrear-lhe a genealogia. Veio, porém, de longe e há muitos anos. Felizmente tivemos tempo de acumular feitos e encantos que forjam as aventuras afetivas e intelectuais. Aliás, neste próprio Foro, que hoje é uma casa a perambular pelo continente transportando ideias e afetos, intensificamos, ao longo dos anos, nosso amor por Tomás. Este Foro, que tem sido a memória de todos, permitiu-nos preservar seus gestos, seu verbo, seu magnetismo.

O brilho e a clarividência de Tomás Eloy Martínez manifestavam-se através de diversas expressões da escritura. Sob que forma sua linguagem se apresentasse, quer na ficção, no jornalismo, no ensaio, como no magistério, trazia a marca da originalidade criativa. A narrativa, sobretudo, conciliava a invenção, em estado abrasivo, com a refinada habilidade de erguer um universo onde coubessem personagens, linguagem e o mundo vasto.

Ao ocupar no passado uma cátedra na Universidade de Miami, tive a ocasião de eleger o romance *Santa Evita* como tema de um seminário. Ao ler e reler o livro, ia admirando como sua narrativa, além de esmiuçar em totalidade a vida oficial e secreta de Eva Duarte de Perón, auscultava as entranhas da Argentina. Tratava-se de um verdadeiro depoimento moral, político, antropológico de uma nação cujas idiossincrasias o autor, no afã de lhe fazer a exegese, expunha sem nenhuma comiseração.

A morte e o poder, ambos protagonistas, legítimos temas recorrentes, sustentam a narrativa. E permitem que Evita assuma uma dimensão trágica e se torne um mito indestrutível e universal. E, a tal ponto, que nos faz acreditar que, conquanto embalsamada, ocupa ainda a Casa Rosada e o imaginário argentino.

No curso do romance, desmontam-se aos poucos os alicerces de uma sociedade que, a despeito de seus altos indícios civilizatórios, seguia obedecendo a ditames patriarcais e oligárquicos.

A partir da morte de Evita, a matéria narrativa, circunscrita a Perón, Evita e seu círculo de acólitos, favorece a análise feroz de um poder cuja astúcia degrada as camadas sociais.

FILHOS DA AMÉRICA

Este poder, que Tomás ausculta com rigor e instigante minúcia, disseca ao mesmo tempo as entranhas da heroína, Eva, e introduz-nos a situações inverossímeis, ao amplo repertório das emoções humanas.

É com cautela de ourives que o autor nos conduz aos interstícios de uma época para destacar as fraquezas dos indivíduos, a sordidez que o casal presidencial alastra a fim de governar com mão férrea.

Empenhado em criar uma aura novelesca fantasmagórica, Tomás exacerba a fantasia. Com ela tece uma rede de suspense, equívocos, contradição. Elementos estes e outros que, adicionados à máquina de absurdos, dão relevo ao cadáver que se transforma em um ideário político, ideológico. Uma entidade inanimada que, ao superar os próprios limites biográficos e históricos, se transforma no corpo sagrado da nação.

O legado metafórico do romance é inesgotável. Por meio de sua representação cênica, defrontamo-nos com um país convulso, cuja legião de personagens impulsiona Evita a transformar-se inicialmente em mito e, em seguida, na santa. Que lhes faltava.

Como mito e santa de uma história que não domina, Evita submete-se aos papéis que lhe são atribuídos. Um processo construtivo que enseja mil versões sobre o mesmo tema, assim como a admissão

afinal de um personagem que, pela sua multiplicidade, se torna um dos mais fascinantes da literatura
latino-americana.

Evita, então, embriagada pela morte, pelo mito e
pela santidade, aceita a custódia desse novo ser que
se tornou. Graças à urdidura narrativa de Tomás
Eloy Martínez, ela é vítima de uma metamorfose
radical. Deixa de ser quem foi para corresponder
aos anseios coletivos, ao imaginário do seu povo. E,
em obediência a tal desígnio, sustenta e alimenta as
máscaras que a vão adornando.

Assim, as intrigas e as conspirações da corte, os
andamentos históricos e as mutilações sociais con-
vergem para Evita e debatem entre si. E passando,
pois, a ser uma réplica de si mesma, ela imerge em
um conflito com características gregas e populares
ao mesmo tempo.

Essa imaginação e essa argúcia narrativas conjugadas suscitam dúvidas, imprecisões, matizes. Aqueles
pilares presentes em uma obra maior. De magnitude que dispensa o autor de ofertar um epílogo ou
uma solução, de verdade, inexistente. Limita-se ele
a abandonar a convicção narrativa para reforçar a
ambiguidade de Evita e para expor a precariedade
que reveste a todos enquanto narram uma história.

O romance *Santa Evita*, sem dúvida, solapa a
realidade. Longe de mimético, desrespeita as claves

FILHOS DA AMÉRICA

biográficas, a história oficial. Consente que Evita, objeto especulativo de Tomás, desoriente e aprofunde a verdade narrativa.

Uma realidade, contudo, que cobra de Tomás Eloy Martínez uma linguagem capaz de exceder os limites do livro. Assimétrica, esta realidade impõe-nos o jogo da ilusão, alarga os fundamentos da criação, enquanto forja um timbre que enlaça realismo, fantasia, marcas poéticas.

O romance *Santa Evita* fascina e perdura como um clássico, sua estética nos compele a aderir a parâmetros que justificam o grotesco e o bizarro que radiografam um país imaginário cujo cortejo de insensatos, covardes, vendilhões da pátria, de apaixonados destilam o veneno da servidão corrupta.

Muito mais se poderia acrescentar à trajetória criadora de Tomás Eloy Martínez. O seu fervor democrático, a brilhante labuta do jornalista, o mestre, sempre atuante, nas universidades americanas. O homem generoso, alegre, contador de histórias. Sempre pronto a cumprir com os deveres da amizade mesmo quando o corpo já emitia sinais de fraqueza. E ainda assim se deslocou até a capital mexicana para acompanhar as celebrações em torno dos oitenta anos do amigo Carlos Fuentes. Naqueles esplêndidos festejos, lá estava ele, indômito, imbatível, senhor

NÉLIDA PIÑON

de sua imensa humanidade, cuidando de desanuviar as nossas preocupações, empenhado em apagar a perplexidade que surpreendia em nossas faces.

Ao final da temporada mexicana, já deixando ele o hotel, junto ao filho, acompanhei-os até o carro. Custava-me aceitar que se tratava de uma despedida. Não desejava eu prever que em breve nos reuniríamos na República Dominicana para render-lhe homenagens, para destacar sua memória, sua sabedoria, seu intenso humanismo. Como poderia permitir que um amigo nos deixasse para sempre?

Agora, que já não temos Tomás Eloy Martínez entre nós, consola-nos agradecer a sua existência exemplar, agradecer por nos haver escolhido como amigos.

A GENEALOGIA DE MARÍLIA PÊRA

A trajetória de Marília Pêra constitui uma narrativa. A história de uma grande atriz do proscênio e das gambiarras que se confunde com o enredo brasileiro. E que, ao se enlaçar desde a infância com o teatro, manifestou por essa arte um amor que ela reforçou com os anos, indiferente às agruras reservadas aos que viviam de tal ofício.

Testemunhou desde o berço o drama vivido pela família, dentro e fora do palco. Uma grei que percorria os teatros do Centro e dos subúrbios do Rio de Janeiro a atuar, como se fossem funâmbulos oriundos das feiras medievais. Uma experiência andarilha da qual Marília Pêra extraiu a sensação de repartir arte pelos grotões do Brasil, enquanto colhia moedas.

Devotos da representação, os Marzullo, de origem italiana, e os Pêra, de procedência lusitana, transladados para o Brasil, deram sequência a um desígnio que os lançara à aventura de reproduzir no palco os segredos da vida. Apostaram sempre no caráter universal do verbo que emitiam em cena, e cujos autores revelavam as faces ocultas da tragédia humana, em nítido desafio às convenções sociais. Obedientes, eles, à cartilha a lhes indicar que regras artísticas se adaptavam ao teatro então montado no Brasil.

A família, de linhagem teatral, formava uma verdadeira dinastia que difundia arte e entretenimento, enquanto transmitia à filha mais velha, Marília Pêra, os fundamentos da arte praticada no palco. Aquelas noções, exemplares, que forjavam a essência dos artistas capazes de empunhar a tocha da arte, sem a deixar tombar no solo.

Manoel Pêra e Dinorah Marzullo tinham a ribalta como lar. A despeito do aspecto precário dos camarins dos teatros que frequentavam, nada os impedia de considerar tal recinto a sala em que todos, da companhia teatral, se congregavam com o intuito de confabular sobre o papel que desempenhavam na sociedade brasileira. Era comum debaterem sobre o

FILHOS DA AMÉRICA

que havia certamente escondido nos escaninhos de um ofício que cobrava alento e paixão. Mas capaz, talvez por conta de seus enigmas, de sustentar a fabulação e torná-los porta-vozes de uma dramaturgia consagrada desde os gregos. Assim lhes cabendo a nobre função de renunciar às próprias vidas em troca das falas emprestadas a Hamlet a fim de o príncipe dinamarquês desfilar suas perplexidades. Ao imprimirem, graças à mera entonação vocal, sobressalto ao coração dos intérpretes.

Na intimidade conjugal e no teatro, Manoel e Dinorah reproduziam no cotidiano as peripécias atribuídas aos personagens no palco. Perfilados na coxia, avançavam palco adentro para dar início à peça que abordaria os percalços humanos. Quando se reconheciam, conquanto premidos pela escassez econômica, portadores de uma cultura que convinha valorizar em um país em formação.

Ao nascer, registrada com o nome de Marília Soares Pêra, ela consolidou uma genealogia familiar. Atraída pela atmosfera teatral, assumiu, muito cedo, a tarefa existencial de se entregar ao palco, como se lhe faltasse a opção de eleger outra carreira. Entregue a um destino natural, o teatro se tornou a escola que a diplomou para a vida. E que lhe concedeu o benfazejo ofício de induzi-la a refletir, a reproduzir, a parodiar, a perpetuar os episódios humanos.

Já aos cinco anos, escolhida para encenar a filha de Medeia, a trágica rainha que no ápice da tragédia mata os dois rebentos, Marília circunscreveu-se à epifania do desvario que condenaria Medeia. A cada espetáculo observava a crueldade de um ato que lança ainda hoje eterna penumbra sobre a natureza humana. Adentrava os meandros da tragédia da mulher que, inconformada com a traição do marido, Jasão, clama por vingança, rebela-se contra um herói que simbolizava a prepotente civilização grega que a excluíra por considerá-la bárbara.

O sangue falso, que no palco jorra do cutelo utilizado pela mãe desorientada, respinga na menina que, ao viver uma experiência radical, incorpora, quem sabe, à sua precoce alma de artista o verbo raivoso com o qual Medeia consome a tragédia.

Menina ainda, Marília observava a família. O esforço com que eles ao longo dos anos dissecavam um repertório teatral compatível com as leis estéticas que escoravam a narrativa propícia a assinalar os sentimentos inerentes a qualquer época. Enquanto

FILHOS DA AMÉRICA

recolhia dos pais e dos grandes atores como Conchita de Moraes, Dulcina, Procópio, Madame Morineau, Suzana Negri, Eva Todor, Dary Reis, Dercy Gonçalves, Bibi Ferreira, e outros mais recentes, o precioso legado da arte de representar. Aprendia em que medida cabia aos atores alterar o rumo dos sentimentos vinculados às cenas em que interviessem como personagens. O quanto lhes era permitido, à margem do diretor, reformar uma frase incômoda, modificar a ideologia do drama, afetar a índole do personagem. Se acaso, por serem cúmplices do autor, era cabível ajustar o personagem à versão que tinham dele.

Testada em cena, Marília valorizava o peso da trama e da intriga presentes nos interstícios da dramaturgia. Havia que trazer para o epicentro do palco o inefável tecido do mistério onde cabia o enredo do mundo. Sobretudo não podia faltar ao teatro a consciência de estarem representando as criações geniais de Shakespeare, Molière, Lope de Vega, Aluísio Azevedo, Nelson Rodrigues.

A configuração mágica do palco seduzia a atriz em formação. Vivia a paixão de sentir as tábuas do palco estremecerem sob seus pés, à sua passagem. De ter ao alcance o espaço cênico que confirmava não haver vida fora do mundo da ilusão, o único tido como real.

Em qualquer tempo, Marília Pêra não renunciava à construção de um projeto compatível com seu ideário artístico. A rota da vocação exigia-lhe sacrifícios, devoção integral. Assim enfrentou o arenoso, o conflitivo, a substância que, contraditoriamente, transbordava da arte e lhe fornecia o pão da salvação. Uma arte, no entanto, que os compensava com a euforia provinda do Olimpo.

Sucessora de uma família que mal sobrevivia com o dinheiro ganho, eles todos prosseguiam unidos. A montarem peças que se sucediam sem trégua. Uma temporada após a outra. Um esforço nascido da devoção pelo teatro e da carência de recursos.

Magra, de aparência frágil, o imenso talento de Marília Pêra superava os obstáculos, multiplicava-se em cena. Dotada de artimanhas teatrais, ela representava, dançava, cantava, enquanto detalhava a natureza dos textos com a mesma perspicácia de quem os escrevera. A figura flexível agia no proscênio como se em seu corpo se alojassem mil.

Manoel Pêra e Dinorah Marzullo resistiam aos embates. Seguiam os passos da filha com a esperança de que avançasse pelos labirintos do ofício e se tornasse soberba atriz. Um prognóstico que os anos confirmaram.

FILHOS DA AMÉRICA

Aliás, no seu livro *Diário de uma jovem atriz*, a atriz destaca, emocionada, o momento em que o pai, veterano ator, já avançado em idade, observava, da plateia de um teatro vazio, a filha a ensaiar um trecho da peça *A megera domada*, de Shakespeare, quando, tomado de intensa emoção, se pôs de pé para aplaudir a jovem como se não fora sua filha, mas uma atriz tocada pela graça que a arte reserva aos intérpretes de magnífica envergadura.

A aliança, havida entre pai e filha, assinalou a singularidade do instante, e que não se rompeu nem com a morte do pai. Um pacto mediante o qual Marília contraiu o compromisso de preservar a memória familiar, de conduzir o bastão da corrida de quatrocentos metros sem o deixar cair, que Manoel, Dinorah, Antônia, os Pêra, os Marzullo lhe passaram.

No dia 24 de setembro de 1967, adveio a dor sem consolo. Manoel Pêra, após ensaiar a peça *Inspetor geral*, às vésperas da estreia, regressa à casa no Rio Comprido, e falece. Imersa na tristeza, a família vive um luto que não cessa, agravado pela falta de recursos. Socorre-a o amigo, Léo Juzi, produtor teatral, que se encarrega de arcar com o enterro. E assim se despede o brilhante ator Manoel Pêra, que, imolado na ara das lides teatrais, serviu com denodo às exigências do teatro, e jamais renunciou a dotar o Brasil com sua arte. E que ao morrer, após 55 anos de carreira, deixava patente a situação de penúria em que viviam os artistas brasileiros.

Junto com Sandra, sua irmã, Marília Pêra se imbuiu do espírito sucessório. Subjugada pelo encantamento oriundo do trabalho, prosseguia destemida, após eleger o anel de pedra oval, de cor azul, herdado do pai, como emblema de resistência e de amor filial. Um anel que Manoel Pêra usava no dedo mindinho, sem o dispensar nem mesmo quando encarnava um papel impróprio para tal adorno.

Ainda hoje, Marília o leva no dedo, assegurando assim a permanência do pai em cena e na sua vida. Aliás, em 1967, ano do falecimento do progenitor, um episódio expressa seu vínculo com o anel. Na estreia de *O barbeiro de Sevilha*, ao entrar em cena, seguido a um gesto impulsivo, o anel voa e pousa no palco, com a pedra virada para cima, ensejando que o pai pudesse acompanhar o desempenho da filha.

O talismã, na mão de Marília, tem ainda agora efeito transcendente. Traz de volta à cena o objeto que aviva a memória do pai e consagra a honra de uma família que se devotou ao teatro.

FILHOS DA AMÉRICA

Acompanhar a vida do outro, mesmo sendo uma figura pública como Marília Pêra, torna-se um desafio. Não é fácil cruzar a fronteira do corpo alheio, repositório de idiossincrasias e salvaguarda da soberania individual, e colher pormenores que, observados pela metade, relegam à sombra justo a porção que falta. E atrever-se a designar a morada sagrada que sustenta a sensibilidade de uma artista como Marília, a quem se aplica a grandeza estabelecida pelo padrão social.

Ao longo de sua carreira, essa atriz brasileira transfigurou a arte mediante uma interpretação que imprimiu rastros emocionais em seus personagens, assegurou-lhes carne e osso, devolveu-os ao imaginário cultural, e simulou ser quem pensava que eles fossem.

Sobre o palco, ela fabulava, respondia às exigências do drama. Tinha a virtude camaleônica de programar ser até mesmo a Virgem Maria que, no Gólgota, protegendo o corpo do Cristo recém-apeado da cruz, inspira-lhe a comovedora madona do filme *Pixote, a lei do mais fraco*, em que traz ao peito, em gesto similar, o menino exangue.

Ao longo de cinquenta anos, sob a luz do palco, ou nas telas, Marília Pêra exerceu um ofício que,

NÉLIDA PIÑON

ao propugnar por ideais renovadores, sujeito a incompreensões, à censura imposta pelo regime militar, foi quantas vezes simbolicamente desalojado do lar, que era o teatro. A classe teatral, porém, resistiu. A própria Marília não sofreou o talento e a coragem. Reagiu trabalhando, transfigurando os personagens, adicionando a cada qual características comuns a uma comunidade. Uma prática que terá recolhido dos trágicos gregos, cujas criaturas cênicas, conquanto designadas por um nome, traziam em seu bojo o significado da multiplicidade que, aliada à metáfora, os transformava em modelo arquétipo. De forma que cada personagem, embora de aparência individual, agisse como arquétipo, uma vez atrelado ao arbítrio da plateia. Um, em mil.

Assim, ao ser Carmen Miranda, Mariazinha, a solteirona virgem, Dalva de Oliveira, Milu, Maria Callas, a hippie Rejane Batista, Chanel, Maruschka, Darlene, a mulher do povo, ela operava o milagre de assumir o estatuto social de uma nação. Liberava com mágica energia a linguagem teatral com a qual compatibilizava o público com as leis do teatro.

As palavras, então, ditadas no palco, ao ganharem voz e entonação, permitiam ao drama reverberar e ser veraz. Afinal, Marília assimilara as manhas

FILHOS DA AMÉRICA

havidas no indizível de uma arte que a solidão e a carência humana engendraram, e do qual se origina a criação que nos humaniza.

Confiante nos efeitos do apaixonante uso das cordas vocais, a atriz instrumentalizou o corpo para representar, dançar, cantar. Empenhada em absorver os ideais de um teatro que destilara sabedoria ao longo dos milênios. Para ser capaz de emitir sussurros e uivos contidos na poesia que o teatro filtra.

Senhora de um acervo formado por títulos de peças originárias de autores clássicos e contemporâneos, Marília Pêra, em suas ações verbais, arrancou da obscuridade da gaveta títulos esquecidos para formar com eles um compêndio sem o qual o teatro é incompleto. O trabalho seu que soube conjugar interpretação e escritura teatral. Um enlace que, ao infundir ânimo a uma encenação, incorporou à identidade nacional, como parte da memória coletiva, personagens vividos em cena ou na tela.

Zelosa da linguagem teatral, Marília Pêra reverenciou o peso histórico da arte. Intérprete do turbilhão das palavras ora efêmeras, ora mortais, reconhecia nelas a matéria subjacente e o subterfúgio poético que ensejam o ator a brilhar em cena.

Sob os efeitos da parúsia cênica, que é o advento da criação, assumia no palco a nossa humanidade, vivia em nosso nome. Em atos representativos, propiciava ao público fruir da arte, abeirar-se do sublime, sair do casulo individualista para se transfigurar em uma entidade teatral.

Festejada no Brasil e no exterior, foi Marília Pêra finalmente homenageada pela Academia Brasileira de Letras. No dia 17 de junho de 2014, no salão do Petit Trianon, cenário de instantes notáveis da vida nacional, nossa instituição maior outorgou à grande atriz a Medalha João Ribeiro, um galardão reservado às relevantes personalidades do universo cultural do Brasil.

Um reconhecimento que, provindo de proposta feita por esta escriba, e acatada por unanimidade pelo plenário, deu prova pública do alto apreço que a casa de Machado de Assis devota a essa admirável atriz que, no palco e nas telas, desafiou a matéria fugaz e ambígua da arte de representação, afetou a realidade sob a égide da liberdade artística.

Ao ser ela convocada pelo presidente Geraldo Holanda Cavalcanti para receber o prêmio, o público, de pé, reservou-lhe uma ovação. Um reconhecimento da galhardia com que serviu a uma arte vinda de tempos imemoriais até a complexidade de

FILHOS DA AMÉRICA

nossos dias, do grande talento com que reforçou os sentimentos humanos. De como venceu os limites da arte cênica para exaltar o teatro e o seu mistério poético.

As homenagens que prestemos, porém, a esta grande brasileira são insuficientes. Nenhum diploma lhe fala tanto ao coração como ela própria reconhecer que a arte de encenar, à qual entregou sua vida, é um legado intemporal dos Marzullo, dos Pêra, que lhe deixaram um ofício com o qual identificou o território cênico das idiossincrasias pátrias e serviu ao Brasil.

AS FACES DO BRASIL

O país onde se nasce enseja uma visão utópica. Não há isenção na hora de defini-lo. Abordo o Brasil com cuidados. Acerto e me equivoco. Mas pouco importa. Quem saberia lidar com país de tal magnitude, cujo território se sobrevoa durante horas sem jamais abandonar suas fronteiras? E que, a despeito da desmedida geografia, não sofre turbulências linguísticas e ostenta as vantagens de ser mestiço no corpo e na memória sincrética. Uma mestiçagem que ultrapassa a pele, tinge a alma com uma cultura insidiosa e esplêndida.

O Brasil é um amálgama de seres e saberes. E, embora de variadas etnias, somos fundamentalmente ibéricos, filhos da imaginação portuguesa e espanhola. Herdeiros de um universo impregnado de ficção, de maravilhas, de peculiar noção de

FILHOS DA AMÉRICA

realidade. De uma realidade concebida como se fora uma invenção narrada por cada qual segundo seus desígnios. Segundo um caráter individualista que se opõe aos projetos coletivos, às organizações sociais programadas para durar.

O realismo pátrio é pautado por forte dose de fantasia. Inventar faz parte da sua índole social. Assim como aparentar o que não somos, exibir o que nos falta, simular a posse de bens que pedimos emprestado ao vizinho. E tudo para apresentar um valor que não temos, e poder proclamar que somos amigos do rei, do presidente, comensal do prefeito da cidade para retirar do bolso do colete um nome famoso e insinuar que é amigo.

Somos cortesãos com gosto. O poder é o mel das nossas vidas. E essa dança de aparência, há muito instalada entre nós, originou-se de diversos povos, em especial da península ibérica, e prosperou na nossa psique antes de existirmos como nação. Um comportamento social que nos induz a inquirir sobre a nossa gênese.

Até mesmo intérpretes como Sérgio Buarque de Holanda e Gilberto Freyre, que se aventuraram a definir o brasileiro, em justificar sua conduta pública e privada, não nos asseguraram de que linhagem procedemos, o que nos une e nos separa. Não excursionaram por paragens metafísicas, nem apalparam o que é do âmbito do mistério. Ou disseram com exatidão onde se resguarda a matriz do nosso ser. Não esclareceram por meio das vozes canônicas e populares o significado de ser brasileiro ao longo do século XIX, e como sê-lo em meio às turbulências do século XXI.

Acaso ser brasileiro torna-o dono de uma terra com mais de 8 milhões de quilômetros quadrados, sem contar com as célebres duzentas milhas do litoral atlântico? É nascer em uma aldeia que não se localiza no mapa nem com lupa? Um grotão à margem da civilização que a mãe, ao parir o rebento, inventou para assegurar-lhe que embora tivesse vindo em um lugarejo esquecido, seguia sendo brasileiro? Enquanto lhe enchia a cabeça com devaneios, lendas, narrativas, no afã de garantir-lhe humanidade.

Ser brasileiro, então, é ter epiderme e espírito mestiços, é se municiar da certidão de nascimento que o incorpora a uma estatística controlada pelo Estado? É ceder ao país os sinais da sua etnia, como cabelo, narinas e cor? Um conceito que mais envergonha que serve, e que só vale quando se proclama oriundo das andanças humanas pelo mundo.

Acaso ser brasileiro significa amar com um ímpeto repartido entre todos, é ter idiossincrasias e

FILHOS DA AMÉRICA

paixões que se equivalem, instintos que, conquanto cruéis, são tidos como cordiais? É ser nordestino que padece de sede e sulista que se perde nos pampas enquanto toma chimarrão iludido de ser argentino? É ter inscrito no DNA do seu temperamento o lema positivista situado na bandeira brasileira: "Ordem e Progresso"?

É ser brasileiro pela língua que se fala no lar, na cama, na via pública? Cada qual com um sotaque a indicar se é fronteiriço ou caipira de algum grotão. Um anasalado ou afunilado que soa como música aos ouvidos de quem se emociona com a sonoridade da língua que nos veio de Portugal há mais de quinhentos anos. Língua hoje dos quebrantos, dos desejos eróticos, da eloquência parlamentar, das emoções recônditas, das astúcias, dos mentirosos, dos inescrupulosos doutrinários. Língua dos amantes e da poesia. Dos guerreiros, dos corruptos, sediados em geral no planalto federal. Dos ditadores expulsos com a Constituição de 1988, dos vândalos, dos supliciados, dos fariseus que ludibriam o povo a partir das tribunas. A língua dos vencedores, dos que pecam e pedem perdão sabendo que breve incorrerão na mesma culpa.

Há tantas maneiras de ser brasileiro. Ao rir, confrontado com o ridículo que atribui ao vizinho. Ou quando força o pranto diante da tragédia pública para fazer crer que é solidário. Sensíveis diante do mistério da dor. Ser brasileiro, pois, é dilacerar as cordas vocais na hora do gol, certo de levar para casa ao final da partida a ilusão de enfrentar com denodo os embates do cotidiano, como o transporte precário, as dívidas acumuladas, a matrícula dos filhos na escola, a casa à beira do barranco que ameaça deslizar no temporal. É beber a cerveja apelidada de "loura gelada", sua Marilyn Monroe, com a qual cria vínculo erótico. Quando, em torno da mesa do bar, emotivos e vulgares como o humano, estabelece com os parceiros falsas alianças, atrai-lhes a atenção por meio de piadas que exprimem implacáveis preconceitos. Enquanto, fortalecidos pelos efeitos do álcool, sorvemos a cerveja que nos reconcilia com desafetos e transfere para o futuro as divergências de outrora. Certos, então, de não haver piedade na nação brasileira.

Ser brasileiro é aceitar o mistério de um Deus nascido no Brasil, a quem cabe solucionar os conflitos nacionais. É ter fé de que este país é sua morada, e nada lhe faltará. Nem teto, nem a sopa fumegante, uma vez que a vida supre a todos com sol, alegria, sal e a esperança dos dias vindouros.

Com tal convicção, nos trópicos brasileiros as colheitas se multiplicam, o que se planta aqui vinga,

FILHOS DA AMÉRICA

segundo afirmava Pero Vaz de Caminha em 1500, em carta ao rei D. Manuel, em Lisboa. E assim surgiram bananas e o fausto da língua lusa. Um éden que bonifica a memória com fugazes lembranças e esquece o que convém apagar.

O Brasil é, contudo, a pátria dos cultos sincréticos, das religiões recém-fundadas, que dão as costas aos enigmas gregos e hebraicos. Formadas por fiéis cujos modestos preceitos teológicos não ofendem a Deus. Afinal este é um país sem tradição filosófica, que narra a vida com volúpia novelesca. E que, por força da intriga e da imanência da metáfora, somos voltados ao mesmo tempo para a ficção e a poesia.

Os saberes, contudo, que cultivamos correspondem à matéria que guardamos do mundo. Como esquecer que, para sermos brasileiros, somos gregos, romanos, árabes, hebreus, africanos, orientais. Fazemos parte essencial das civilizações que aportaram nesta terra onde afloram a abundância, a alegria, a traição, a ingenuidade, o bem e o mal, a nostalgia. Atributos nutridos pelo feijão-preto bem temperado, o arroz soltinho, o bolo de fubá, o bife acebolado e os anjos feitos de açúcar e gema de ovo que enfeitam a paisagem atlântica e sertaneja.

No Brasil surgiram narrativas astutas e inventivas. Cangaceiros, malfeitores, heróis, criaturas de estirpes emaranhadas. Abominados uns, hoje reverenciados. Mas também, quem se interessa pelo julgamento da história? Pelos personagens afinados com as torpezas e as inquietudes do seu tempo, acomodados à sombra da mangueira que resistiu aos anos, enquanto outros brasileiros, em seus lares, dedilhavam as cordas do violão e do coração, ou singravam os mares com os saveiros da imaginação. Cada qual, porém, fincando no peito coletivo bandeiras, hábitos, linguagem, loucas demências, sobras de cultura.

Motivo talvez de se aconselhar, a quem visita o Brasil, que se embrenhe pela sua história e suas leis, sempre de interpretação provisória. Certifique-se se de verdade ancorou no paraíso utópico no qual sonhou investir seu capital, cuja volatilidade de fato não nos interessa. Saiba que a Esplanada do poder, em Brasília, segue um código cifrado e estatutos cuja linguagem, em especial para os brasileiros, é transversa, ambígua. Contudo, para conhecer melhor o país, urge auscultar os sentimentos cotidianos e as regras da vida, a linguagem maliciosa, a vocação de alterar as diretrizes governamentais em meio a sua aplicação. E aprenda sobretudo que é praxe criar dificuldades para obter vantagens. Quando nos iludimos em ganhar um tempo e ignoramos o que fazer dele.

FILHOS DA AMÉRICA

Convém auscultar o coração brasileiro, que se reparte entre família e amores clandestinos, lendo os escritores que chegaram perto da nossa matriz, indo fundo à genealogia dos afetos e das contradições. Da escrita deles emana a nossa medida humana, uma fé que expurga a sensação de degredo. E vislumbra-se ainda como este povo singular trata a vida com admirável leveza, com humor generoso. Sem jamais esquecer de carnabalizar a realidade, que lhe faz falta, de enaltecer a luxúria que leva para casa como parte dos seus troféus.

E, em especial, vale recordar que Machado de Assis nasceu no Brasil do século XIX. Um escritor cujo determinismo expresso em sua obra falhou ao não prever a própria grandeza. Um pessimista feroz que nos deixou o legado do verbo capaz de nos definir e de conceder-nos um destino solar.

MEUS ESCOMBROS

Falo-lhes como uma escritora a serviço da memória brasileira. Como se fora um autor entregue ao abandono e que é trazido de volta à cena contemporânea décadas depois.

Ao mesmo tempo sou o corpo que a memória tem em mira, e encarno os mortos do passado que apagamos das páginas literárias. Uma entidade que, movida pela piedade, se desdobra nos mil personagens que emergem desses escritores esquecidos e reclama que retornem à vida literária.

A memória, que é um bem comum, propaga indícios do real, oferta-nos, na sequência dos serviços que me presta em especial, intrigas, percepções secretas, sinais da vida, saberes, urdidura novelesca, o pensamento do mundo. Cravada ela no coração humano, confesso que nada sou sem seus recursos.

FILHOS DA AMÉRICA

Seu legado, que é civilizatório, e que se origina dos meus ancestrais, pousa hoje, mais forte que nunca, no meu regaço. Produto meu e da cultura, graças a ela discorro sobre a poesia e o repertório literário. Dependo dela para me recordar as vezes que pernoitei, enlevada, na casa alheia, emiti alaridos infantis galgando montanhas e árvores, dei início aos folguedos da arte. Em especial quando celebrei aquele mês de novembro em que, menina, desembarquei em Vigo, sob o frio e a chuva galega, a pretexto de conhecer a família, mas sobretudo para aprender que a narrativa salva heróis e vilãos do naufrágio estético.

Essa memória, minha e coletiva, impulsiona o processo associativo, tende a desembocar na invenção. Ajuda-me a compreender a fadiga dos meus anos e o colapso eventual das civilizações ao longo dos milênios. E ainda que a arte não depura a alma do criador, mas, em compensação, o acerto da criação literária consiste em originar-se do caos verbal.

Submeti-me sempre aos desígnios da memória que, utópica e epifânica, descreve a imorredoura beleza de certa ilha surgida no rio Araguaia, após a vazante das águas, onde desfrutei dias ensolarados. Instantes únicos que minaram o campo das minhas convicções, e me fizeram aceitar a ficção como a arte da mentira, cujos efeitos podem ser benéficos, jamais moralmente iníquos. E isso porque a opção estética, proposta pela imaginação, é uma amostra da vida que guarda no seu bojo a chave de uma promessa.

A minha memória, que reparto com todos, defende civilizações anteriores ao meu nascimento. Afirma ser eu parte da veracidade da ilusão, dessa matéria inefável. Sugere que enxergue no mapa dos tempos os motivos de estar eu imune à descrença, e disposta a aderir ao humano, às recordações que me revestem de narrativas, de noções emblemáticas, de haveres guardados no abismo da terra.

Esta memória, em troca destes bens, desfruta da prerrogativa de frequentar a intimidade do meu lar, que é o Brasil. No bairro onde moro, cercada de objetos, livros, seres viventes, decifro o que narro. Sob o comando da escrita, arregimento estímulos para prosseguir. Lanço mão de recursos mágicos na expectativa de me ver assentada de repente na corcova de um centauro a fim de encontrar o vocábulo capaz de redimir meus erros.

Circunscrita contudo aos desmandos e acertos da memória, eles me confirmam a origem, os laços contraídos com os avós Amada e Daniel, Serafim e Isolina. Por meio deles sei-me herdeira das pegadas que ora repousam no cemitério dos séculos. É esta memória que me diz em tom solene que não vivi

FILHOS DA AMÉRICA

meus anos em vão. Foram esses anos que me deram a autoridade da escrita, da artimanha metafísica, do jogo lúdico. Deram alento ao coração, permitiram que viajasse em pensamento para a Argólida, com o projeto de trazer de volta ao Brasil um singelo arbusto seco.

Mas, enquanto escrevo, a memória insiste que eu registre minhas intimidades em alguma página do livro. Não quer que partes essenciais morram comigo. E temo ceder um dia. Afinal, alojada esta memória em meu epicentro, infiltra-se em mim, aconchega-se em meu mistério, funde-se com a minha carne, fornece-me o que se origina da liberdade poética. Com tal poder, a memória esmiúça minhas aventuras, torna-se parte do patrimônio que Carmen e Lino me deixaram sob forma da louça portuguesa, do faqueiro de prata, dos cristais Saint-Louis, que a mãe adquiriu em troca de precioso rádio que há muito detinha.

Minha memória, conquanto inconsútil, vale mais que os tesouros da caverna de Ali Babá. Prevista para não perdurar após minha morte, o que talvez sobre dela será um bilhete anônimo esquecido sobre a mesa poeirenta de um lugarejo brasileiro. Mas pouco me importa, desde que em algum momento tenha se filiado, com sua letra gótica, ao que consideramos civilização.

No entanto, a memória age em meu favor. Emite sinais para eu vencer as entradas e as saídas dos labirintos mortos. Mas não me indica, ainda que eu suplique, onde está guardado o enigma alheio, que é também a salvaguarda da civilização. Como que insinua que os alicerces civilizatórios se reforçam com a aventura narrativa.

Indago-lhe com frequência onde estive outrora. Careço às vezes de aprimorar minhas noções do passado, de cotejar a paisagem da infância com os túmulos dos reis, com os estábulos das vacas que amei. Careço, sim, de reunir os estilhaços da existência através de um decálogo contido no interior de um caleidoscópio em contínua rotação.

São perguntas vãs, mas elas reconhecem a memória como mediadora do arrebatamento da imaginação coletiva. Mesmo sendo esta memória evasiva, dúbia, mimética, propensa a trair, a cancelar conceitos que a querem mera cópia do real. Pois seu propósito, desse acervo monumental, é quebrar o molde, o protótipo da vida, em prol de um modelo literário ambíguo e transgressor.

Ao longo do meu percurso inventivo, estimulei a lógica e o encanto dos experimentos narrativos. Daí evocar Carlos V e Péricles, e fazê-los vizinhos de porta, vivendo na mesma rua. Gosto de abusar

FILHOS DA AMÉRICA

das analogias que aproximam tempos e culturas. Acredito que as peripécias acaso atribuídas a eles intensificam minha escritura, incorporam os cacos da vida e da imaginação à arte de narrar. Só com o socorro da matéria que excede visão e pensamento alargarei os limites da minha criação.

Graças, pois, à memória, acedo à história dos vencidos e às sobras do inconsciente meu e alheio. Tal esforço construtivo permite que eu, como herdeira e viajante, vague pela geografia e pelas *animas*. E tente entender os seus caprichos, e isso porque a memória me atribui fatos jamais ocorridos, como incrustar no centro da minha testa o olho de Polifemo, com o intuito de me ceder a visão de 360 graus de camaleão, capaz de enxergar além da própria retaguarda.

A memória é, sem dúvida, implacável. No entanto, já no curso do sonho, pouco antes do despertar, propicia-me o assombro da beleza e do verbo, de tudo que reverbera. Em contrapartida, ela às vezes me falha, já não me traz como antes pedaços da existência deixados para trás.

A memória afeta minha função de narradora quando teima em fazer uso de um realismo iníquo. Ao projetar à força na tela de um cinema de bairro as sobras do cotidiano comunitário, sem estabelecer mínimos critérios de avaliação. Embora tenha ela

301

como desculpa para os seus excessos transformar a matéria vital em substância narrativa. Enquanto não se esquece de me suprir com um horizonte poético comovedor.

Apelo à memória com frequência. Em geral quando pretendo fecundar os personagens com facetas novas, pormenores abonadores. E isso porque, se lhes dei nomes, identidades, devo zelar pela sobrevida de cada qual, ainda que se revelem contra esta escriba Nélida, sempre magnânima com eles.

Eles são ingratos, e raramente dóceis. Opõem-se, furiosos, às versões que lhes atribuo no intento de preservá-los da banalidade narrativa que subsiste às vezes no meu texto. São, contudo, indiferentes aos cuidados com que os filio à poética provinda dos irmãos Mnemósines e Cronos. Deuses cujos atributos, rigorosamente tentaculares, memorizavam a vida, contabilizavam o tempo, pautados pelas nove filhas que Mnemósines pariu, conhecidas como as Musas, e ainda o neto, o poeta Orfeu. Uma constelação familiar que formava, com seus detalhes míticos, uma simetria perfeita. De tal conjuntura advindo a convicção de o espírito humano originar-se de uma arte com maciça dose de invenção e mentira. Ambas, enlaçadas, municiando o farnel da imaginação.

Mas, graças ao valor agregado à memória, enveredo pelas fendas da existência. Sem disfarçar, escan-

FILHOS DA AMÉRICA

caro as janelas da casa na expectativa de os deuses do Olimpo me permitirem cultivar a memória arcaica que, havendo servido a Homero e Sócrates, agora serve a mim.

No escritório, ou no quarto do hotel, peço aos vizinhos um mandato com o qual arrolar, além das premissas do cotidiano, como nome, filiação, país de origem, carteira de identidade, igualmente a escritura utópica, as alegorias da arte. A fim de neutralizar, com tal pedido, a ambição dos meus personagens, cuja carnadura vi igual em algumas telas do Museu do Prado. Personagens a que volto com frequência a despeito de pleitearem a imortalidade. Quando lhes digo que semelhante privilégio se reserva somente às personas de Cervantes e Shakespeare. Contudo, apiedo-me dessas criaturas nascidas sob o prisma da memória coletiva, do cárcere do verbo, de porções míticas e falsamente contemporâneas. Mas para lhes fazer justiça narrativa, e apurar-lhes a decisão estética, tento à força comprometê-los com a arte de contar histórias. Enquanto, de minha parte, me compenso com a carta de alforria.

A memória, a que sirvo, é sempre abundante. Seus excessos expressam o fausto da civilização. E quando a fartura ocorre, suas rubricas alcançam o efeito benéfico da dispersão poética e o grau máximo da invenção. Enriquecem a versão final do livro.

NÉLIDA PIÑON

Ela se aprimora ao me ajudar a resgatar o mistério, a erguer o edifício narrativo com o cimento recém-saído da fornalha humana. Coloca-se a meu favor no campo da fabulação. Percebo, então, que seus códigos perpetuam os remendos romanescos requeridos pela arte. Assim, a memória e eu mergulhamos no centro insidioso da arte com a esperança de retornar a salvo um dia à nossa casa.

EGRESSO DO JUNCO

Tua jornada é itinerante, como a de todos. Perambulas pelas trevas em busca dos pontos de luz que esbocem o caminho por onde seguir. No teu caso, vieste do sertão iluminado por um sol inclemente que priva a terra da água. Uma paisagem de vegetação rasteira que contraria as pinceladas poéticas de tua obra. Um cenário com o qual aprendeste a atrelar a realidade à sobrevivência

Nesta data, que congrega a comunidade brasileira, acabas de ser empossado membro desta alta instituição brasileira. Um instante destacável para ambas as histórias, a tua e a minha, ao me teres designado para recebê-lo em nome dos demais confrades. Uma eleição que me propicia oferecer ao grande escritor, desta tribuna, palavras benfazejas que ensejam um acerto de contas das respectivas trajetórias, que coincidem no que diz respeito à versatilidade do mundo, à aprendizagem da arte e da vida.

Cabe-me, nesta cerimônia, arrolar os feitos da escritura, a composição do teu cotidiano, dos quais se originaram ramificações com que se ergue uma obra literária de tal envergadura.

Alguns laços nos irmanam desde que nos conhecemos, em torno de 1973. Sonia, os filhos, a paixão pelo ofício, as viagens pelo Brasil e além-fronteiras. Similitudes que, respaldadas pela vivência secreta de cada qual, fortaleceram o verbo, o ideário utópico, e os laços amorosos que nos unem ao Brasil. Sem nos abstrairmos, no entanto, dos valores pessoais que se sobrepõem à sociedade à qual servimos.

Ver-te na cadeira acadêmica impulsiona-me a confessar que testemunhei tua ascensão e tenho agora a meu dispor a palavra que te vai honrar. Mas sei, de antemão, que os nossos pares, ao eleger-te, se tornaram igualmente partícipes de uma biografia que especula sobre o arcabouço da obra literária iniciada há décadas no Junco, e cuja lembrança te acompanha neste momento. Quando

FILHOS DA AMÉRICA

o Junco e o acadêmico, visceralmente enlaçados, vivem hoje a festa magna da Academia Brasileira de Letras.

O ingresso nesta instituição traduz uma opção de vida. Consolida um vínculo com a identidade e o pensamento brasileiros. Aqui se realça a figura de Machado de Assis, que ocupou a cadeira número 23, a qual recém assumiste.

Esse criador, que imortalizou o Brasil, deu eloquência narrativa à Nação. A seu povo que, imerso na tragédia educacional de quase nada saber, desconhece a existência desse criador, ignora que a dignidade cívica de cada um de nós repousa nele, símbolo e intérprete da pátria.

Esta cadeira teve José de Alencar como patrono. O nacionalista que, à época, nos alentou com a certeza de estarmos na iminência de construir sólida narrativa. E teve ainda outros ilustres ocupantes. Entre eles a amiga Zélia Gattai, que acentuou com lirismo e perspicácia o significado da presença italiana na construção da grandeza de São Paulo. Jorge Amado, cuja poderosa imaginação reforçou a decisão de vires a ser escritor, e que, ao engendrar a nação baiana, povoou-a com protótipos da humanidade brasileira. E o fez com tal persuasão narrativa que os personagens, caso se fragmentassem de repente e tombassem ao chão como um cristal, guardariam nos estilhaços a efígie da nossa carnalidade. E Luís Paulo Horta, a quem sucedes, exegeta das idiossincrasias civilizatórias, mestre do pensamento teológico e dos estilos musicais, ambas disciplinas cingidas ao sagrado que resgata o humano da escuridão a que se vê quantas vezes condenado.

A nossa amizade impulsiona-me a adentrar por aspectos existenciais, como se fora uma arqueóloga confiante em escavar o portal soterrado da infância, para surpreender o menino Tonho, de calças curtas, a correr pelo descampado, sem saber que já dera início à coleta das matérias com as quais suprir a memória do escritor.

Não conheci esses tempos, mas guardo as ocasiões em que o vi absorto, com os olhos fixos em um sinal invisível aos demais, como se estivesse a arregimentar as novidades do mundo. Seduzido, talvez, pelo magnetismo de uma frase, ou de alguma lembrança que alastrou pelo rosto a sombra melancólica que ainda agora perdura nos romances.

Suas confidências destacaram sempre o peso da infância no percurso vital. As ocorrências que formaram, no conjunto, um labirinto onde era fácil

FILHOS DA AMÉRICA

se perder e ao qual convinha abordar com cautela, dada a riqueza existente em cada curva.

Aquela infância foi um tempo de fundações. Quando, arrastado pelo caudal de emoções canalizadas mais tarde na criação, Antônio Torres criou claves secretas, sucumbiu ao peso da atração poética.

É difícil, porém, submergir na intrincada malha do coração do menino Tonho. Escrutinar os semblantes dos habitantes do Junco, os cenários das casas. Forçar o ingresso nos seus personagens que, conquanto de representação simbólica, podem ser identificados com familiares e vizinhos, a fim de formarem um mosaico que se aprecia visto de longe.

Contudo, há que regredir no tempo para interpretar sua gênese. Afinal, nascer onde seja não é um equívoco, é uma bênção. Assim, ao ver a luz no Junco, o autor ganhou uma linguagem que esteve, desde o início, à disposição de uma volúpia narrativa graças à qual publicou seus livros. E ainda a certeza de haver pertencido a uma família que conspirava contra o realismo das urbes esquizofrênicas, destituídas de rostos e nomes, para lhe ofertar poderosos indícios narrativos.

Cedo, elegeu um ofício destinado a combater o silêncio que coage os humanos em troca das histórias que os tambores da floresta, os xamãs, os funâmbulos, os avós das casas narraram há milênios. Quis ainda, como escritor, sustentar, através da tênue chama do verbo, os enredos cuja premissa era desestabilizar a ordem e a hierarquia das paixões humanas.

Naquela terra inculta, bravia, mas amorosa do Junco, a imaginação esplendia, as tramas sobravam. O povo, que mal assinava o nome, compensava as agruras da escrita tecendo seus contos. Entre eles vicejavam lendas e narrativas, algumas provindas de um medievo atrapalhado, vergadas pelas mil versões que, acrescidas ao longo do transcurso narrativo, deturparam o sopro da primeira inspiração. Naquela terra de Antônio Torres jazia a história humana.

A caminho da lavoura, com a enxada no ombro, os lavradores, na expectativa de que os deslocamentos das nuvens significassem chuva, decifravam o céu, semelhante a uma esfinge, com ardor apaixonado. E, enquanto aguardavam o aguaceiro, atavam as intrigas umas às outras, até formarem um feixe de palavras que entretinha os vizinhos.

Esses rapsodos, da roça brasileira, também foram seus mestres. Preencheram a sensibilidade incipiente do escritor, insinuavam-lhe ser mister impedir que simples falha verbal esvanecesse qualquer drama em pauta. Havia que prorrogar a história prevista inicialmente para ter sujeito, verbo e predicado. Uma

FILHOS DA AMÉRICA

lição que terá propiciado ao jovem escritor o entendimento de haver no discurso humano, falado ou escrito, uma teia subjacente ao que se dizia e ao que se insinuava. Um saber que se aprimorou após a mãe, dona Durvalice, introduzi-lo ao abecê, o "libreto do analfabeto", como era então popularmente chamado.

Aliás, nunca lhe faltou a vigilância amorosa da mãe. Conquanto não fora ela designada ficcionalmente, traçou o destino de Tonho. Ao costurar para uma família de 13 filhos, e ao usar elementos simbólicos como agulha, linha e dedal, selou com o menino um acordo mediante o qual os sonhos estariam ao seu alcance.

Não exagero ao supor que a mãe foi a primeira heroína da história que ora relato. E isso porque não faz falta dizer que a arte literária, ao lidar com o precário e o ambíguo, se atreve a crer que a figura de dona Durvalice abasteceu desde o nascedouro as concepções narrativas do acadêmico.

Cedo, ela percebeu que a vida naquele mundo rural e ágrafo exigia adesão às letras. Convinha abandonar os rabiscos no chão à guisa do poeta José de Anchieta, as marcas feitas a canivete nas cascas das árvores, os gravetos amontoados no chão que anunciavam, "eu te amo", como prévio aviso à amada, caso o filho quisesse enveredar um dia pelas frestas do Brasil.

Aquele amor materno urdia manhas, contaminava Tonho com a tentação terrena, lhe esboçava o futuro. E, sob o risco de perdê-lo, mostrava-lhe a eficácia da leitura, uma ferramenta mais relevante que a enxada. As letras coloridas que pulavam da página como uma rã saída do pântano em busca da claridade, mas que o levariam para longe. A ela pouco importando as consequências do seu ato libertário, se o seu dever era ensinar Tonho a desprender-se do lar, para não mais regressar, após lançar a âncora em qualquer terra que o fizesse feliz. Desconhecendo ela, no entanto, o penoso que era para um escritor encontrar um lugar no mundo.

Na escola rural, a professora Teresa ajudou-o a ler, a libertar o coração. De tal experiência advindo o reconhecimento de que, ao descobrir os livros, descobriu a vida.

Aliás, as mulheres trouxeram-lhe sorte então, e hoje, com Sonia, generosa companheira. Elas lhe franquearam a terra. Um elo que não se rompeu. Sob a instância da terceira, dona Serafina, que lhe deu a mão, subiu no coreto da praça para declamar em público poema de Castro Alves, a quem ambicionou ser ao crescer. A aventura despertou-lhe intensa emoção e nunca mais foi o mesmo.

Menino ainda, como coroinha, ajudava o sacerdote a oficiar a missa. Ouvia a simetria e a racionali-

FILHOS DA AMÉRICA

dade do latim. E, na sequência, foi também escriba. Redigia cartas para os conterrâneos incapazes de escrever, mas necessitados de amor ou de informação dos seres distantes. Uma tarefa próxima à que pratica há anos e que consolidou o amor que nutre pela escritura que se ocupa das carências humanas.

Após o Junco, Torres tornou-se navegante: Alagoinhas, Salvador, São Paulo, Rio de Janeiro. Longe da geografia originária, já havendo começado a escrever de forma sistemática, coube-lhe atravessar o Atlântico em sentido contrário ao dos imigrantes. Portugal deu-lhe berço para renascer. Sobretudo para pôr à prova os limites da língua portuguesa e dela extrair seus efeitos.

Após três anos de convívio com a riqueza lusa, fez amigos, assimilou a maneira daquele povo de traduzir os sentimentos formadores de uma cultura universal. Preservou os traços fundacionais do cancioneiro luso, a devoção lírica por uma antiguidade ultramarina advinda da vizinhança do mar e dos rios Tejo e Douro. Embrenhou-se pela natureza épica da nação que Camões glorificou no largo poema. E, subjugado pelo idioma, auscultou o seu âmago na tentativa de averiguar como ressoava ela no Brasil, após séculos de afastamento da matriz.

NÉLIDA PIÑON

De regresso ao Rio de Janeiro, os mistérios o rondavam. Foi um período de enfrentamento estético e cívico. E, ao publicar o primeiro romance, *Um cão uivando para a lua*, em 1972, tomou consciência de que chegara o momento de sondar o acervo existencial. De averiguar o que levava no farnel. Afinal, ele viera de longe, tangido pela carência e pela brisa dos devaneios. Sob o impulso da invenção, que é júbilo e mortalha, começara a devotar-se à desmedida humana.

A escolha pela literatura significou, para Antônio Torres, compromisso com a ilusão, cujos fios invisíveis deviam sustentar a crença no universo narrativo. E com a qual estabeleceria paradigmas prontos a explorar a astúcia narrativa, a ambiguidade dos sentimentos, a intuição aplicada à retaguarda do real. Substâncias todas geradoras de conflitos, mas propícias aos avanços romanescos.

Como escritor enredado pela história brasileira, viveu em meio a um tumulto civilizatório que lhe afetava a escritura. O torvelinho de tantas comoções suscitava uma estética compatível com o atordoamento dos personagens que criava. Para superar os obstáculos antepostos entre criador e arte, não devia perder de vista o centro da invenção, que era o Junco.

Para lhe rastrear a criação, consultei o mapa e não vi o Junco, o vilarejo que soa na memória do escritor. E que, embora batizado mais tarde com outro nome,

314

FILHOS DA AMÉRICA

não afetou o seu repertório literário. Graças ao qual pôde, ao tornar o Junco uma invenção literária, resgatá-lo do esquecimento. Uma pólis imaginária que lhe servia de pano de fundo para abrigar temas e personagens de seus diversos livros. Aqueles territórios que se associam ao milagre da escrita, como Yoknapatawpha, de William Faulkner, Santa María, de Juan Carlos Onetti, Macondo, de Gabriel García Márquez, Pasárgada, de Manuel Bandeira.

E assim atestar que a literatura abrigava sentimentos indevidos, mas literariamente defensáveis. E que atraía incautos e apaixonados. Aos ficcionistas que, ávidos do engenho humano e dos descalabros da invenção, se filiavam às façanhas inaugurais propostas desde sempre pela imaginação humana.

O acadêmico fez ecoar pelo Brasil a voz do Junco. Aquele sermão moral e emocional que, aninhado no subsolo coletivo, nos trouxe a explosão narrativa dos despossuídos, privados da esperança, e que era mister exumar.

Reli sua extensa obra e ela sangra. Oriunda do caos da terra, sua escrita recolhe sobras e preciosidades sem expurgar ou discriminar a produção da nossa espécie. Uma obra que dá evidência ao verso e ao reverso dos personagens, ao sinistro e ao sublime, ao arcaico e ao contemporâneo, à cultura erudita e ao cancioneiro popular, ao sertão e ao universal. Aos signos emblemáticos que permeiam os pedaços da alma e do lar.

Sua literatura tem dimensão moral. Uma força poética que trata o sórdido e o triste como partes de uma engrenagem criativa indisposta a falsificar a realidade ou a transigir com subterfúgios o que a história quer silenciar. Tal argamassa narrativa apura com poesia repentina e realismo impiedoso os dilemas, as contradições, o que é assimétrico e nos assola. As frases, deliberadamente curtas, velozes, atuam como jorro de água. Uma estratégia que o autor adotou a fim de compatibilizar o enigmático da arte com a fúria que irrompe de tantas páginas. Em especial ao apontar as injustiças sociais, presentes em seu legado narrativo.

No romance *Um táxi para Viena d'Áustria*, Torres também questiona a vertiginosa agonia urbana. O círculo de fogo que carboniza valores, família, amizades, memória, vestígios culturais, e propicia o sequestro da identidade individual e social. Para tanto, insta os personagens a reproduzirem condutas dissociadas da sua índole familiar. E a se insurgirem, já sob os efeitos de um estado psíquico desregulado, contra um cotidiano ardiloso e cruel.

FILHOS DA AMÉRICA

O paroxismo presente no romance assenta as bases para o surgimento das aventuras existenciais fadadas ao fracasso. Vemos Watson, um publicitário desempregado que, sob os efeitos do álcool, mata, sem motivo aparente, o amigo que não via fazia vinte anos. Um ato que nos remete a *O estrangeiro*, de Albert Camus, em que Meursault, em gesto tresloucado, comete igual desatino contra um árabe praticamente desconhecido. Em seguida ao crime, Watson homizia-se no táxi, um cubículo no qual delira. Quando sua estranha lógica, amparada por célere fluxo narrativo e brilhantes diálogos, nos supre com uma vida miserável que se confunde com a realidade do Brasil.

Também o romance *A balada da infância perdida* diagnostica o país. Segue a linha urbana cuja verdade narrativa incomoda. E, em contraste com seus personagens rurais, os filhos da selva de cimento se debatem entre o lirismo, o escatológico e o pecado mortal com que fomentam a imaginação. Combalidos, porém, pela estreiteza da existência, esses seres tangenciam a realidade simulando uma crença que lhes falta. Como consequência, agridem a própria sensibilidade cancelando qualquer traço de pudor moral. Em falsa ascese, dizem o que não se admite para si mesmo nem em voz baixa.

Meu querido canibal confirma o poder inventivo do escritor. Heroico e aventureiro, o romance retrocede ao século XVII, o país ainda sob o domínio luso, e tem como protagonista o líder Cunhambebe. Uma odisseia passada no albor de um Brasil ainda em formação, que retrata o despertar de uma consciência judicativa da parte dos primeiros donos da terra. E que nos subsidia com os alicerces de uma surpreendente cultura que dá margem às tribos indígenas, após os primeiros embates contra os portugueses, criarem um movimento de salvaguarda nacional, conhecido como Confederação dos Tamoios. Uma épica tão admirável que terá também alimentado o mito do bom selvagem que intelectuais como Rousseau, Montaigne e Montesquieu sustentaram.

Carta ao bispo é um romance de impactante beleza. Escrito sob forma de carta, e com exíguas linhas, avizinha-nos à tragédia que se deflagra tão logo Gil, figura central, ingere formicida da marca Tatu. O recurso extremado apressa a morte. Antes, porém, exige do narrador equilíbrio na aplicação dos recursos emocionais que o próprio Gil reparte da sala da casa até a cozinha, enquanto deixa na parede do corredor as arranhaduras que atestam sua dor e o estado de sua psique desbordada. Os sentimentos tumultuados, que são expostos, seguem uma sequência

FILHOS DA AMÉRICA

planejada. Não colidem entre si nem empalidecem as intenções do livro e o desespero de Gil. O drama, trazido a nós, traduz-se através do penoso solilóquio do iminente suicida.

A carta que Gil deixa ao bispo não será lida pelo leitor. O prelado torna-se o único mandatário desse legado.

Raramente a história pública, representada pelo poder constituído, concede direitos plenos aos cidadãos, simples sócios minoritários. Sobretudo quando a ditadura militar, que se estabeleceu no Brasil a partir de 1964, semeou pela terra tempos obscuros e cruéis.

É difícil rastrear os efeitos dessa tragédia que se abateu sobre a vida nacional. Uma circunstância que também golpeou os escritores, vítimas dos efeitos produzidos por um sistema que, em defesa de estruturas monolíticas, cerceava a liberdade, cassava direitos, impunha vigilante censura. Era como viver em um exílio que nos privava da rebeldia intelectual inerente ao ato mesmo de refletir, que cancelava o pensamento portador em seu bojo de variações e matizes, enquanto nos punha à margem dos apelos contemporâneos.

Sob o controle de um regime que abortava projetos, imergíamos em mortífera clandestinidade. Contudo, a serviço de um ideal libertário, reagíamos ao formar certa falange com nomes como Torres, Loyola, Louzeiro, Ednalva, João Antonio, Rubem, Lygia, Cícero, Novaes, a escriba que lhes fala e outros nomes mais.

Unidos, demos início a uma empreitada cívica contra os que faziam regredir as pautas essenciais da civilização. Através de protestos públicos, de manifestos e de viagens pelo Brasil, transformamo-nos em goliardos medievais a divulgarem pela Europa a liberdade acintosa e a palavra poética.

Antônio Torres, levado por convicção democrática, emprestou voz e ideário à causa comum. Entregues à pregação democrática, vencemos as distâncias de ônibus, dormimos em pensões cujas camas de mola recordavam os catres dos monastérios cistercienses, alimentamo-nos de feijão, arroz, bife acebolado e de uma salada cujas folhas lutavam por se manter intactas durante o tempo da refeição.

Com falsa toga de Cícero, elucubrávamos diante dos jovens. A fala irada que o senador romano nos emprestara exigia a destruição de Cartago, sob forma da ditadura. Havia que demolir os alicerces do opressor a impor a crença que faltavam à arte literária

FILHOS DA AMÉRICA

mérito e eficácia. Um argumento de fundamento insidioso que nos golpeava justo nos tempos em que brasileiros eram lançados nos calabouços para morrer.

A despeito das ameaçadoras sanções, e de reconhecermos o quanto era penoso ser brasileiro, tínhamos fé. Nossas noções utópicas não esmoreciam. Mantínhamos acirradas discussões sobre a atemporalidade de um Brasil que seria um dia justo e soberano.

Naqueles anos, Antônio Torres comprometeu-se. Conservou intacta a confiança no valor moral da estética e na transcendência dos direitos humanos. Não invalidou a língua portuguesa e nem renunciou à escritura.

Como consequência, fez do Junco burgo mítico. Fincou fundamentos narrativos, as entrelinhas, a matéria subjetiva, preservou a memória do sertão.

E porque sofreu as penúrias impostas pela migração obrigatória, pelo êxodo que despertou nele e nos personagens a noção de estranhamento, descreveu, com afilada dor, os filhos da seca. Aquelas criaturas que, antes de serem entregues indefesas à voracidade urbana, foram outrora arrimos do sonho.

Graça à sua arte, o sertão real e simbólico converteu-se em escritura. E porque teve o resguardo de uma tradição fundacional e arcaica, resistiu à modernidade licenciosa, à reflexão condicionada às injunções que inculcam nos romances uma frivolidade aterradora. Não cometeu o ato nefando de apagar os palimpsestos, os códices transmitidos de pai a filho e que contêm a história da humanidade.

Na trilogia composta por *Essa terra, O cachorro e o lobo* e *Pelo fundo da agulha*, Antônio Torres, tendo o Junco como epicentro, evidencia os mitos incrustados no inconsciente coletivo da sua grei. Carcaças e mitos oriundos de épocas imemoriais, que assentaram praça nos casebres, na caatinga, no cemitério do lugarejo.

Essa terra é romance seminal, prolonga-se em outros livros. Gravita em torno de Nelo, que, de regresso ao Junco após anos de ausência, traz o estigma do fracasso. É um filho pródigo abatido pela tristeza e pela miséria, vigiado por todos, sentenciado pelas leis do sertão. Quando, vencido pela fadiga moral, atinge os limites suportáveis da existência e já não lhe convém mais viver. Cumpre, então, o que determinam as marcas impressas no pergaminho do seu corpo.

Nelo enforca-se e Totonhim, o irmão, em meio ao flagelo do sertão, assume a persona de Nelo. Aparenta prescindir da linguagem para em troca ativar uma história previamente vivida pelo suicida.

FILHOS DA AMÉRICA

A trama, feita de linguagem, decide sua sorte e ele toma a rota do Sul, substituindo o morto.

O suicídio de Nelo dilacera o pai. Incumbido de enterrar o filho, que ainda tem a corda no pescoço, e em obediência ao mesmo princípio civilizatório que regeu Antígona e Príamo de enterrar seus mortos, ele conta tão somente com seu ofício de carpinteiro para cravar o filho na cruz do caixão construído por ele.

Aquele suicídio assegura a continuidade narrativa da trilogia e concede-lhe um protagonismo tão perdurável quanto a intenção do autor de fazer duradoura a própria arte de narrar. O ato suicida alimentará a indigência familiar. E destaca a persistência com que Totonhim, igual a Telêmaco, sai de Ítaca para refazer a viagem de Ulisses, seguindo talvez o desígnio de Nelo.

A obra de Antônio Torres não se esgota em moderada abordagem. Exige que nos esforcemos em perseguir o epicentro da sua narrativa, requer uma exegese que vai além da matéria que nos cede. Há um outro livro no interior do livro lido. Um centro que se desloca para o desfecho como se houvésses preparado uma emboscada.

O milagre da estética ocorre porque aprendeste com os mestres, e com a própria intuição, a desalojar os personagens de um centro protetor para revelar as mutações que sofriam sem o suporte afetivo com que contavam no início da narrativa. Assim, com admiráveis irradiações poéticas, seus livros questionam o inconformismo de que padecem todos, empurrados por um destino torpe que sufoca sonhos e vidas. Enquanto deixa claro que o Brasil não nos pertence. Nenhuma cidadania está prevista. E menos ainda para os miseráveis que, nada tendo de seu, não têm sequer o direito de reclamar os filhos e a cadela Baleia, que foram tombando na estrada.

Sem dúvida, teu saber não envelheceu. É fruto do acúmulo dos saberes literários que acompanham autores maiores. Tu deves tanto a todos. Como são Paulo, que reconhecia em suas peregrinações por Jerusalém, Antióquia, Éfeso, Roma, que era devedor dos antigos e modernos, dos gregos e dos romanos, dos que derramaram sementes pelas trilhas do mundo. Como consequência, alocam-se em tua criação vestígios de vilarejos esquecidos, borrados, que o Junco encarna. Guardas na memória histórias impulsionadas por fantasmas de vários séculos que, mediante ações narrativas, iluminam o verbo no terceiro dia. Pura gênese.

FILHOS DA AMÉRICA

Acadêmico Antônio Torres:

Nesta noite, no plenário do Petit Trianon, graças a tua obra literária, o Brasil se integra uma vez mais. O sertão e a pólis se enlaçam. Uma circunstância que nos leva a louvar o autor que, vindo do Junco, enalteceu o Brasil. É propício, pois, proclamar que a Academia Brasileira de Letras acolhe Antônio Torres com orgulho.

OS ECOS DA ESCRITA IBERO-AMERICANA

Aprendi e desaprendi com a arte. Os anos responderam pelos acertos e equívocos. As dúvidas se acumularam, impedindo o exercício ao menos de uma relativa liberdade. Ignoro como dar solução ao que não pede respostas terminais e concretas. Sei, contudo, que a matéria da arte é fugidia, vive em suspensão. Como se voasse, incapaz de pousar em que parte seja do planeta.

Sei que ela tem a propriedade de ressuscitar mortos e enterrar vivos com igual equanimidade. Feita de sobressaltos, impressiona e emociona os vivos. Uma arte que, indiferente às crises que assolam as civilizações, não estabelece acordo prévio com o futuro. Assim é de sua intrínseca vocação nutrir--se de todas as épocas, de um passado com o qual

FILHOS DA AMÉRICA

fomos contemplados. Como se por meio desse recurso cimentasse sua perenidade graças no ânimo de que depende para semear ilusões e discórdias ao mesmo tempo.

Com semelhante reflexão, miro o mapa dos países vizinhos ao Brasil. É o universo latino-americano que se destaca à minha frente, vasto e diferenciado no horizonte. Cada pedaço deste continente, ao qual pertenço, corresponde a um país com nome próprio, em um total de 22. Todos, com apetite voraz pela arte, integram a história coletiva das nações, e da história privada dos indivíduos. E, sem exceção, sentem atração pela perplexidade, pela magnitude do real, pelo redimensionamento da imaginação. Tudo, na arte de cada qual, é excedente no seu afã narrativo.

Comovo-me com esta América Latina, quando lhe consulto seus enredos salpicados de tristeza, de generosidade, de exuberância. Quando lhe bato à porta dos seus tesouros, que me foram eventualmente confiados. Contudo sei da fragilidade destas terras, de seus dramáticos tropeços históricos, de como foram assaltados por malfeitores, ditadores, elites insensíveis. Temo, pois, por seus dias, sempre sob a custódia de ameaças tangíveis e invisíveis, ainda por vir. Anseio por sua redenção, que pode ocorrer graças a um conjunto de circunstâncias que dependem muito mais de nos mesmos que das decisões internacionais.

Onde quer que eu esteja, vagando pelo mundo, chegam-me os ecos narrativos do passado e das vozes contemporâneas que, em poderoso enlace, atualizam uma realidade em geral dramática. Um mundo coral que insiste em dizer quem somos, o que não estamos podendo ser, o que merecemos ser. E conquanto essas vozes, no legítimo exercício de sua autonomia literária, discordem entre si, os ruídos e os matizes estéticos que elas provocam são indispensáveis para explicar o universo ibero-americano.

Em geral temos sido um continente voltado para a tarefa explanatória. Isto é, desde os primórdios de nossa história, os escritores desta América empenharam-se obsessivamente em descrever estas terras. Inicialmente para si mesmo, de modo a criar um legado anímico, e, mais tarde, para um interlocutor invisível, fora da narrativa, à espreita, a observar-nos na expectativa de nos desvendar.

Este escritor latino-americano, herdeiro do mundo ibérico e de outros povos que o forjaram, encarregou-se por isso mesmo de guardar em seu texto fórmulas de preservação. Soube dar palavra ao pensamento, fez falar o cotidiano do coração. Uma

FILHOS DA AMÉRICA

providência criadora que lhe permitiu, entre outras iniciativas, rastrear o mistério da gênese continental, apalpar a substância arqueológica de sua imaginação. Sobretudo empreender a interminável viagem narrativa que, mediante fôlego de epopeia, aborda a fatalidade e a epifania da sua própria condição latino-americana.

Tal esforço de desvendar a natureza da psique coletiva serviu para reforçar a capacidade de inventar desta literatura. De consagrar os andaimes fundacionais de uma criação que, com frequência, entrelaça mitos arcaicos e contemporâneos. O que certamente lhe permitiu a adoção de uma estética que ainda hoje se traduz em ações que se projetam como modelo para o porvir.

Em face, contudo, de um procedimento futuro, de como se comportará a criação literária sob pressão dos caprichos da modernidade, ou das imposições tecnológicas, tudo nos dá motivos para acreditar que as normas da arte, nestas terras, obedecerão sempre a um projeto revolucionário, insubordinado, elástico, que, a despeito da indiferença das elites dominantes, e das fórmulas coercivas das sucessivas ditaduras, soube moldar formas de sobrevivência.

A tarefa de escrever continua a mesma. É seguir criando uma estética que desenvolva o discurso do

NÉLIDA PIÑON

bem e do mal. Uma estética insidiosa e inconformista, capaz de prevaricar na escrita, de submergir sem medo na mentira e na dissimulação da verdade, de ultrapassar as fronteiras do puramente mimético. Sem renunciar para tanto aos mitos dos quais provém, nem abdicar da capacidade de engendrar outros mitos, de trazê-los à mesa, para que comam em nossa companhia, fecundem o baú inesgotável da América, façam parte, enfim, da nossa consciência cívica.

É natural que assim seja. Afinal, os mitos viajam, fundem-se com as invenções em cuja defesa ora nos lançamos. E não há também que temer os mitos que imigram, chegando-nos de todas as partes, com o intuito de realçar nossa própria grandeza.

Prezo recordar uma experiência emblemática para estes tempos e que poderia personificar nossos temores contemporâneos, enquanto nos alerta para os desafios que se avizinham.

Antes da chegada dos espanhóis, os incas, cientes da infalibilidade humana, do esquecimento ser tão letal quanto as armas inimigas, e de não poderem prescindir da memória ativa que a qualquer momento cobrisse suas necessidades, decidiram criar uma categoria social, os amautas, encarregados unicamente de relembrar as cronologias e os feitos do referido império.

FILHOS DA AMÉRICA

Esse esforço de valorizar a memória, de fazê-la guardiã e arauto da história, vinculando-a à capacidade de um povo perdurar, deveria tornar-se assunto de segurança nacional, sobretudo para que pressintam todos o esmaecimento cultural do continente, em face de avanços tecnológicos que inibem e desconsideram o acervo que provém de países que não transitam por sua esfera de prestígio econômico, ou político.

Não quero com isso afirmar que os conteúdos culturais, estéticos, do mundo ibero-americano, ora aqui tratados, possam simplesmente desaparecer em face da prepotência informativa que emana do uso abusivo e indiscriminado da tecnologia. Mas, certamente, muitos destes conteúdos poderão sucumbir diante das galas ostensivas de outras culturas que emanam do poder globalizado. Bem poderão ceder passagem a uma cultura que, revestida de poder encantatório e histriônico, de alta visibilidade, tem como destino atacar as funções sensíveis e reprodutoras das artes de países fora do circuito tecnológico.

Qualquer cultura, proveniente de países de reduzida autoestima política e social, é presa fácil das culturas de exportação, constituídas de falsa, faustosa, assimilável modernidade. E que se apresentam, diante do usuário da cultura periférica, com estrondoso aparato percussionista, impondo-lhe, como consequência, o sentimento da obsolescência e do anacronismo.

A substância da arte, portanto, que não é preservada pela sociedade de forma também institucional, pode ser atacada pelo vírus do descrédito, da humilhação cultural. Nos regimes em que a cidadania se apresenta debilitada, envergonhada, como ocorre nos países latino-americanos, o acervo artístico e literário corre o risco de ingressar um dia no rol daquelas lendas e daquelas fantasias que terminam como memórias desacreditadas.

Nosso dever ético, pois, é resistir. Impedir o esvaziamento de preciosas modalidades e manifestações culturais. Sustar, a que preço seja, o avanço dessa espécie de barbárie. Sobretudo obstruir esse caos civilizatório.

MORTOS NOSSOS

Encarno os mortos do passado que apagamos das páginas literárias a despeito das obras produzidas. A serviço da memória brasileira, como se eu própria fora criatura do século XIX, empenho-me em trazer de volta à cena contemporânea, décadas depois, aqueles escritores que, conquanto decretaram suas mortes mediante um silêncio mortífero, seguem arfando. Como se aguardassem, pacientes, ser devolvidos no futuro às prateleiras das bibliotecas brasileiras.

A tal teor criador, há tanto sepulto, devemos um legado que discorreu sobre o trágico e o cômico, dos seus respectivos séculos, sobre o que não se via, mas que sabiam eles existir. Sobre o que se insere nas artimanhas da arte, sobre as sobras de tudo que ainda hoje pousa em meu regaço e se expande no meu ventre reprodutor.

São esses mortos verdadeiras entidades que, imersas no esquecimento, meras sombras literárias que reclamam retorno à vida literária, querem de novo fazer parte da gesta nacional, dar provas de que, sob o impulso da imaginação e do fervor literário, forjaram mil personagens, exerceram a plenitude da língua e da arte de narrar.

Em minha casa há sinais de suas existências. Ou do que pensaram e qual foi o grau de seus sofrimentos. Até nas sombras projetadas nas paredes vejo às vezes um perfil que poderia ser de um deles. Autores que, enquanto revelavam em suas obras um país inconformado, antropofágico, reavaliaram a estética da ilusão, as realidades próximas, a língua literária, os costumes, os personagens, a matéria criadora que servisse de anteparo ao texto criador.

Pergunto-me como acordavam pelas manhãs. De que constituía a primeira refeição consumida na casa modesta. Café, pão, manteiga. Foram, sem dúvida, guiados por apurada sensibilidade. Com intuição criadora, impregnada dos vestígios do Império e da nova República, iam certamente acolhendo, à margem dos epicentros urbanos e rurais, a arqueologia mestiça com a qual auscultaram o coração das etnias caprichosas, os ruídos vindos da matriz coletiva, a substância resguardada nos alpendres da história brasileira.

FILHOS DA AMÉRICA

Tenho gosto em imergir no passado brasileiro, razão, aliás, por que, no ano de 1988, pleiteei acesso a uma cadeira na Academia Brasileira de Letras. Uma memória que então julgava faltar a uma imigrante cuja condição eu devia aos avôs maternos e ao meu pai, Lino.

Lutei sempre por avaliar, com as armas de que dispunha, os descalabros culturais a que nós, como herdeiros, e eles estivemos atrelados nas respectivas épocas. Afinal nunca foi fácil habitar um país que padeceu sempre de insolvência verbal, de decretar o livro como um objeto abstrato, de pouco uso, que julgou que a educação a ser dada nos bancos escolares não devia de modo algum suprir as carências populares.

A consigna nacional que esteve em pauta, pois, para essas gerações pretéritas, emitia o comando de abafar os anseios culturais do povo. De submeter as classes sociais desfavorecidas ao degredo, a uma espécie de processo que refreava o desenvolvimento do pensamento brasileiro e da consciência cívica. Enquanto acentuava, de forma disfarçada, a distância havida entre os que eventualmente pensavam e os que mal sabiam ler. E induzia o povo a esquecer o que não lhe fosse pertinente.

Vítimas das restrições culturais, esses escritores do passado, como nós ainda hoje, buscaram a verdade narrativa presente em suas ficções. Com sobejas razões para invadir os grotões do espírito e dali extrair o sombrio e o luminoso.

Contudo, sujeitos às carências e às falhas históricas, a uma redução sociológica a embargar o exercício crítico, mal podiam esses autores aferir o valor da arte em uma sociedade exposta a dramáticas lacunas.

Diante de tal quadro, assombra que Gregório de Matos, em plena vigência do século XVII, tenha sobrevivido. O poeta debochado e cruel que descascava as palavras com canivete como se vivesse em um país sem sanções e pena de morte.

Também impressiona que autores do século XIX, e da primeira metade do século XX, lograssem superar estruturas arcaicas, a fim de consolidar a língua com a qual se criava no Brasil, de modo que esse patrimônio ensejasse a Machado de Assis, escritor descomunal e irônico, despejar farpas e armas brancas contra a sociedade do Rio de Janeiro, enquanto se opunha, convicto de não existir Deus, ao implacável destino humano. Semelhante fenômeno linguístico, que todos forjavam, permitindo que Machado palmilhasse o chão da glória, enquanto contemporâneos seus, e sucessores, imergiram nas trevas.

Soterrados por tão longo tempo, aguardando exumação, suas obras deixaram de contribuir para o

FILHOS DA AMÉRICA

exame das idiossincrasias nacionais, nem se afinaram para a melhor compreensão da jornada brasileira. Embora não deixassem eles, de onde estiveram, de tomar a si o encargo de registrar as contingências humanas, de apreender a realidade que lhes dizia respeito.

Condoo-me com os avatares da sorte. O espelho, quando me olho, nada me diz, mas eu me vejo, sem a ajuda do cristal, nesses augustos mortos, autores esquecidos. Pois eles são, querendo nós ou não, o que seremos amanhã. Foram marginalizados das peripécias do mundo, de uma pátria que pouco lhes deu além do pão ázimo.

Tocou a esses escritores, e foram tantos, padece-rem de uma herança colonial e monárquica, a que sucedeu uma República impregnada de pecado, capaz de exigir desses seviciados escritores o apuro do verbo, os matizes poéticos da escritura, que enfim forcejassem a língua.

Sou uma amante do lar, que é o parlamento, a tribuna, o ambulatório, a escola, o refúgio. Na so-lidão aparente do lar, a vida desborda, mesmo que haja entre as paredes escassez de comida e de objetos. Imagino, então, que esses escritores amaram o catre onde amavam e sonhavam, pediam ao Deus da sua crença que não lhes secasse a fonte de inspiração com a qual armavam o enredo com o qual os personagens desfrutariam do sentimento febril advindo de uma fabulação poética do real, da própria língua que ia ganhando aos poucos poderosa feição brasileira.

O fato é que eles, a despeito dos entraves históricos, desvendaram o Brasil. Assim como o que advinha da ordem natural das coisas. Souberam usar a narrativa como alavanca da consciência, das estéticas inovadoras. Ajustaram sua criação ao percurso da civilização, a fim de acelerar a nossa modernidade, ampliar o espectro cultural do país.

E sobretudo resistiram às pressões estéticas, às rubricas impositivas da Europa. Certos de haver, por trás de qualquer decisão estética que tomassem, uma sintaxe política lhes impondo uma gramática submissa. Contudo, como iriam eles renunciar aos benfazejos acordos estabelecidos com o passado anterior a eles, onde afinal se concentrava a memória do enredo brasileiro?

É penoso avaliar o que esses autores sofreram. Como quando, na irrenunciável condição de habitantes do trópico, se viram forçados a abdicar dos voos arredios da arte, do seu mistério. Para aderirem compulsoriamente, quem sabe, a uma literatura naturalista, desprovida de imantação poética.

Ignoro seus semblantes. Os rostos formam em geral um mosaico feito de todos nós. Talvez um dia

FILHOS DA AMÉRICA

eles ressurjam, sejam visíveis. E que, sob o signo da paixão da escrita, nos indiquem como suas mentes e seus corpos superaram os limites que lhes impuseram. E como, a despeito do menosprezo brasileiro, souberam multiplicar personagens arquétipos que convém visitar no afã de conhecer melhor o Brasil. Como ainda deixaram em suas páginas vestígios tangíveis com os quais reconstituirmos as memórias de suas almas em frangalhos.

Pouco fizemos por eles. Somos apáticos e relapsos. Nossa cidadania prefere enterrar o vizinho a cuidar de suas feridas. Assim agimos como se a história dos sentimentos que eles fixaram em sua ficção não nos fizesse falta. Suas obras, contudo, criadas em uma zona de atrito, pulsam em nós, reforçaram a linguagem e a identidade nacional. Seus livros, contudo, incorporados ao discurso da perplexidade do obscuro coração brasileiro, ajudaram a fundar o Brasil literário.

A DESTEMIDA TERESA

Na casa de Roberto Halbouti, que me oferecia um jantar, Fernanda Montenegro recriminou Teresa de Ávila. Não entendia a razão de a santa levitar e prestar-se a penosos sacrifícios.

Pedi-lhe licença para defender a santa a quem amei desde a adolescência, presente em minha vida como se fora uma colega de escola, com quem repartia confidências com o intuito de extrair dela segredos capazes de alargar a visão do mundo.

Ensaiei algumas frases, que nunca me faltam em defesa do amor, e lhe apontei as circunstâncias históricas ditadas pelos insensatos senhores de sua época que circundaram o cotidiano da futura santa com embargos determinantes que lhe assegurassem a santidade. A genialidade daquela mulher, sob o domínio filipino e circunscrita à infeliz condição de mulher, a sujeitou aos perigos e ao degredo social.

FILHOS DA AMÉRICA

Desde cedo compreendi que os atos de Teresa provinham da visão que guardava de uma Igreja que, no exercício do poder, se inclinava a práticas insidiosas, empenhadas em amputar suas asas e sonhos. Confrontada eu, portanto, com semelhante personagem, era natural elegê-la para uma futura narrativa em cujo epicentro a destemida mulher se situaria.

Para tal livro, além de me familiarizar com sua obra, anotava, à margem do que ela dizia, o que eu pensava. Ia aprovando o pensamento teresiano, atrelado a um tempo ingrato e vil, enquanto contradizia algumas de suas reflexões, e me deslumbrava com seu enredo privado. Era-me fácil interpretar suas decisões libertárias, motivadas por uma época que, conquanto cruel, nutria a imaginação de uma brasileira do então século XX.

Na corte espiritual e intelectual de Teresa, sobressaíam figuras cujas características, que oscilavam entre a bem-aventurança e a malignidade, forjaram seu caráter, e imprimiram-lhe marcas exponenciais para uma mulher do século XVI. Entre todos os personagens se destacava o místico Juan de la Cruz, cuja apaixonada poesia se irmanava com a ebulição poética de Teresa. Entre todos não podendo abolir de modo algum a figura da princesa de Eboli, uma inimiga cuja astúcia diabólica lesava Teresa e a mim fazia mal.

341

Ao longo dos anos, até desistir de um projeto de difícil execução para uma brasileira distante das fontes de consulta, apurei os interstícios da corte de Filipe II, sob os quais a santa viveu. Um reinado que se seguiu ao longo domínio de Carlos V, este, sim, o imperador com quem me enlaçara certa intimidade. E tanto que, além de ter lido o cerimonial da Borgonha, reino de sua paixão, e seu testamento, fui prestar-lhe vassalagem republicana no monastério de Yuste, onde ele faleceu.

Fiz ver a Fernanda que Teresa, brilhante intelectual, dominara as artes da transcendência. E fora, além do mais, uma mulher do lar que respondia pelas panelas, pelas tortas, pelos bolos, pelos bordados. Portanto, administrava a realidade com rédeas curtas. Com desmedido esforço, até sua morte, se empenhara em manter a coesão da ordem religiosa que fundara, em construir igrejas, restaurar capelas. Em reclamar, enfim, de Deus quando se fazia necessário.

Sua genialidade, contudo, tardou a ser reconhecida, como ocorre em geral com as mulheres. O Vaticano é um território, sem dúvida, misógino, só lhe outorgou a condição de doutora da Igreja no ano de 1970, portanto 388 anos após a sua morte. Assim é mister destacar que a brava Teresa não levitava, ou

FILHOS DA AMÉRICA

se flagelava, por simples deleite da carne, motivada por fantasia masoquista, ou mesmo sem ter em mira um objetivo. Sua santidade não era inocente. Talvez aspirasse, sim, a um enlace nupcial com o Cristo, por se julgar merecedora de desfrutar do universo instituído pelo seu salvador. Ou quisesse sentir no próprio corpo, levada por singular solidariedade, as dores que o sacrifício da cruz impusera à fé cristã que a arrebatava.

Mas, após haver merecido a atenção de uma mulher com o brilho intelectual de Fernanda Montenegro, e ter lutado pela honra de Teresa de Jesus, julguei oportuno enveredar por assuntos que ambas temos na gaveta sempre que nos encontramos.

Há anos, com frequente periodicidade, visito as ruas estreitas e atalhos de Ávila, na expectativa de ser engolfada pelas lembranças de Teresa. Suas muralhas de pedras eternas me transportam facilmente ao tempo que abrigou a religiosa. Sob o efeito de suas memórias, a coragem de viver impregna-me, nada me intimida. Sua sombra, contudo, que se espraia pelas paredes, me diz onde seus mistérios se albergaram.

Cada recanto da cidade me impulsiona a pensar como pôde Teresa compreender os perigos e os vazios de sua época, após a cisão sofrida pela Igreja, e que o

Tratado de Trento tratou de remendar e salvar. No entanto, a despeito de ter sido ela filha da Contrarreforma, um período de severa restrição moral, guardou intacto um espírito autônomo, disposto a arrombar as portas que se antepuseram ao seu genuíno amor pelo Cristo. Um amor tão atrevido, em total dissonância com sua época, que sua constância e prática automaticamente modernizaram sua imagem, instauraram preceitos até então impensáveis em uma mulher. Para quem jamais ocorreu o temor de esvaziar seu espírito dos preconceitos que lhe inculcaram desde o nascimento. Uma vez que o que lhe importava era extrair, de onde fosse, a sua essencialidade.

Importara-lhe sempre extrair de onde fosse que o modelo do Cristo que a alimentava espargia nela a febre criadora com a qual labutar com denodo. E foi assim, como uma lavradora, que pôs mãos à obra. Fundou a Ordem das Carmelitas Descalças e reconstruiu as capelas em ruínas, cuja aparência danificava a fé dos homens. Preencheu com estesias e contradições a vida do seu tempo. E, sendo simultaneamente uma mulher arcaica e moderna que explorou os recursos ao seu alcance, deu esplêndida ocupação a sua bendita histeria.

Quem merece mais que Teresa de Ávila o ingresso na História e na eternidade?

A POÉTICA DA ESCRIBA

Despeço-me da cátedra José Bonifácio, da Universidade de São Paulo, onde fui acolhida ao longo do ano de 2015, com o sentimento de haver fecundado minha memória com um tempo benfazejo. Um período que me ensejou imergir nos enigmas ibero-americanos como se frequentasse meu próprio coração.

Graças ao qual perscrutei sistematicamente as matrizes do fabulário ibero-americano para melhor entender um continente que, conquanto sujeito a contingências históricas adversas, como servidão e tirania, jamais renunciou aos proclamas da arte, sacrificou a densidade poética da língua, soterrou os mitos fundadores, essenciais para a formação de sua psique, ou mesmo abandonou o casulo familiar de onde nasciam histórias e o hábito de contá-las.

Tal resistência, de dimensão moral, favoreceu que esses povos enfrentassem conquistadores e déspotas com a arma das artes. Um instrumento mediante o qual exerceram a liberdade de criar sobre as matérias com que o mundo se apresentava, enquanto, a despeito da escassez de recursos, alcançaram a plenitude da criação através de seus artesãos, intérpretes, criadores. Cônscios eles de que, ao lograrem o domínio das regras e dos enigmas da alma, acendiam automaticamente a lamparina do coração humano e venciam o obscurantismo que lhes era imposto.

Estas injunções reflexivas reforçaram minha noção de que a liberdade, mesmo cultuada no cativeiro, esteve sempre ao alcance da quimera humana. E isso por ser da natureza intrínseca da liberdade clamar por um destino que se alce acima das contingências cruéis, e supra os homens com asas que conduzam aos acertos e desacertos da arte. Renovando-lhes a crença de que, sob o amparo do verbo libertário, se povoa o mundo com a ilusão criativa. Sem que as realidades contraditórias e injustas, predominantes no continente, empanassem o brilho dessas civilizações calcadas em atributos que semearam maravilhas, patentearam ideários, esculpiram, por meio da argila, monumentos que conferiram credibilidade às utopias.

FILHOS DA AMÉRICA

Como ibero-americana, herdei a arte e o fardo histórico. As tradições do mundo atuam em mim e induzem-me a aceitar o desafio de ser arcaica e moderna ao mesmo tempo. A enxergar a América com olhar inovador, forjado por uma pletora de genes cuja cartilagem me concedeu uma pele tisnada, pigmentada pelas cores do arco-íris. O regalo de uma mestiçagem que me credenciou a entremear meu imaginário com narrativas cujo epílogo oferece o desenlace e a mortalha.

A palavra é amada no continente. Ela dardeja e perambula pelas ruas. Ao soletrá-las, menina ainda, descobri haver nelas uma pedagogia sedutora, uma sonoridade que amalgamava casa e pátria, descrevia o real, adicionava e subtraía significados. Tinha o dom de integrar uma massa ígnea, feita de ossos, carne, membranas e cérebro, ao imaginário coletivo. A fim de que eu, ao escandir o verbo, catasse, em meio ao feijão, o bem e o mal, as sobras afetivas, a paisagem brasileira.

O verbo, contudo, com que se forja a literatura, e encena o mundo, é pura representação. Um ato voluntário que teatraliza quem somos. E denuncia ser da escritura inscrever as consignas humanas nas paredes das Cuevas de Altamira, na casca das árvores, na gaveta da cômoda escondida em um albergue. Em algum grotão que celebre as matrizes civilizatórias engendradas ao longo de milênios.

A cada frase, no entanto, me defronto com a moral da arte. Ela ronda a minha casa, bordeja o abismo da consciência e a voragem da linguagem. Desgoverna o espírito de quem cria, que sou eu. Torna a narrativa uma construção mental a serviço de implacável exegética. Daí suspeitar que a simples leitura de um papiro que emergiu das trevas do tempo resume os momentos constitutivos da gênese humana, e enseje o salto acrobático que vem da caverna até a poltrona do homem contemporâneo.

O texto é a força-tarefa do escritor. Sobre a ara do pensamento, cada página aguarda que lhe adicionem o que lhe falta. O próprio personagem, concebido pela ilusão do autor, se ressente de não ser um corpo soberano, quando acaso lhe falta o caráter arquétipo que lhe permita replicar a mim e ao vizinho ao mesmo tempo.

Coordenar, porém, as assimetrias do cotidiano e o desmedido território da imaginação é uma façanha que excede os feitos de Hércules. Fugaz como sou, cedo à urdidura narrativa o epílogo da história. Libero, de repente, personagens do passado para que se misturem à composição dos seres do presente. Assim Hécuba e Príamo, advindos de Troia,

FILHOS DA AMÉRICA

exigem que Homero lhes prorrogue as existências. E as fiandeiras de Velázquez, sem minha licença, elaboram, exangues, o futuro. Enquanto a tapeçaria de Cluny, em Paris, põe em destaque o unicórnio como símbolo da ambiguidade. Agindo todos certos de que o milagre da arte reproduz a vida.

Reflito sobre a literatura no afã de me alforriar. Bem sei que a invenção literária irradia os caprichos humanos, afia os instrumentos que engendram o desassossego, e nos faz crer que os sentimentos, sob a custódia da linguagem poética, se aconchegam nos interstícios do mistério, onde jazem.

Assim exerço um ofício que depende da crença na imortalidade da arte. Da confiança de que uma história, bem contada, desperta lágrimas. A lágrima que inunda o peito do vizinho e lhe expõe o humano destituído de lógica e razão.

Não nasci em Micenas, onde repousarei um dia com a máscara dourada de Agamenon. Mas sou de um século que me acorrenta a uma plataforma temporal da qual descortino limitado horizonte civilizatório. Falta-me assim o sortilégio de escrutinar a realidade provinda do olhar de 360 graus. Sem que me sirva de consolo estar sob a guarda de milenares e contemporâneos. Contudo, a literatura é minha morada. Graças a ela não tenho limites. Decifro a vida alheia, resgato utopias soterradas, acautelo-me com as lacunas da alma. E luto por criar a frase que me qualifique junto ao coração do meu bairro e corresponda ao apetite voraz do Brasil.

Como parte das minhas urgências narrativas, reforço minha brasilidade conferindo as agruras do passado. Brasileira ou ibero-americana, poderia ser especificamente um inca que conheceu o caráter dual de uma cultura que enxergava o mundo através das oposições, do embate contínuo de contrários, de realidades antagônicas? Para quem, se havia terra, existia o firmamento. Se havia uma estrela, contemplavam-se constelações inteiras.

A literatura, porém, é epifânica. Fala com o pensamento que brota do espúrio, dos ditames do coração, amealha resíduos que moldaram as imaginações dos povos. Incrustada na língua e na memória, em seu frontispício a vida se convulsiona, e a obra de arte ali se situa.

Observo a Lagoa, onde moro. Diante da minha janela cintilam os veios auríferos da arqueologia brasileira. Observo, do alto, as senhas da identidade pátria, o leque mitológico que formou nossa psique. E enquanto a vida desfila lá embaixo, e nada do humano lhe escapa, indago quando começamos a ser brasileiros.

FILHOS DA AMÉRICA

Somos, contudo, filhos da cultura, graças à qual arfo. A cultura que, conquanto semeie a discórdia, fez de mim filha da sua pregação, da sua grandeza, de tudo que atua em mim.

A sua matéria difusa e inconsútil me habita. Às vezes impalpável, ela me cerca de instantes históricos, íntimos. E assume, por força de sua natureza proteica, variadas formas, modela aspirações. Conquanto seja por temperamento insidiosa, sou parte dela, ela me oferta a pujança do real e os subsídios que me fazem falta. Com tal amparo, interpreto os credos humanos, anuncio o pensamento, os acordes musicais, o alimento, o verbo e meu próprio nome, Nélida. Sem esse primoroso conjunto, naufrago.

A cultura reflete meu desejo. É carnal, mística, transcendente, arqueológica, moderna, tradicional, falsamente contemporânea. E, como filha da imaginação e das contradições humanas, expressa o que permeia o coração inquieto e insensato de cada um de nós. Pronta a abastecer as manifestações e a luxúria humana, a fazer germinar o caos.

Ao longo dos milênios, ela a superou a cada hora. Acumulou saberes e intrigas, com os quais propiciou argumentos que validassem a arte e o humanismo, enquanto nos aliciava com a promessa do mistério capaz de vencer os umbrais do mundo.

Desde tempos nascentes, respondeu pela língua e pela colheita. Pelas palavras e pelas batatas. Ambas saciavam o instinto de sobrevivência da espécie e asseguravam a abundância. A fartura presente no pensamento americano desde os primórdios pós-colombinos do século XVII, que o Inca Garcilaso encarnou. O erudito que introduziu no debate cultural, eivado de princípios incas, a abundância como um princípio que, dando sentido à vida, acreditava que a economia inca, com dimensão cósmica, corria paralela à cultura.

Os saberes do mundo estão ao nosso alcance. Sob uma visão antropológica, cultura é tudo que jaz sob o manto da moradia, do alimento, dos trajes, da pintura, da construção, da música, do pensamento, da escrita, da narrativa. Portanto, tem patente cultural o que gira em torno das múltiplas maneiras de o homem inventar o cotidiano, expressar aflições e o temor da finitude, subsidiar os laivos ilusórios e os sonhos desatados, propugnar pelo pão e pelo ouro.

Diante do exposto, a cultura desperta alvoroço, assombro. Desde os gregos, alcançou o ápice da tragédia, sujeitou os homens ao beneplácito dos deuses. E mesmo hoje espelha um conhecimento que requer renovação, novos discursos, o advento da criação inovadora.

Com tal aptidão dramática, de se ocupar do onírico e da carne descarnada, a cultura não discerne,

FILHOS DA AMÉRICA

não expurga, não distingue entre o bem e o mal. Sua moral, pois, é espúria. Presta serviços indistintamente a todos os povos, a todas as classes, a todos os tempos, às civilizações havidas. Aos intérpretes ferozes que emergiram da noite dos tempos fazendo reverberar ao mesmo tempo a linguagem do medievo escatológico e dos salões de Versailles.

O certo é que a cultura não nasceu. Não há data para festejá-la. Apoteótica e minimalista, ela esteve sempre no mundo. Assim, já ao amanhecer, ela reivindica o café da manhã, os bonecos de barro expostos nos mercados, as frituras feitas na gordura de porco. Com a constituição e as leis do mundo em seu poder, ela aciona as atividades criativas que enlaçam a humanidade.

Seu mérito é tal que seus valores se prestam à exportação, a trazerem divisas para casa. Ao simples som do bolero, vende-se um eletrodoméstico, o que seja. Um livro, por exemplo, cuja beleza de uma frase, quando chega traduzida ao regaço de um estrangeiro ávido pela narrativa, transfigura a estética humana.

Não se estranha que ela possa dissolver divergências, facilitar reconciliações, multiplicar o repertório das ideias e dos feitos. Oferecer aos que vivem na expectativa de um milagre o talento que emana da arte e enriquece a civilização. Esta arte, contudo, que viaja, pode ser de repente uma arma mortífera quando coloniza o vizinho, menospreza seus haveres.

Mas a arte é a melhor parte do coração humano. Alojada no epicentro da criação, sua gênese brotou a partir dos instrumentos culturais postos a sua disposição, a fim de pregar reformas estéticas e a progressista cisão social.

Julgo que a cultura não prescinde da intuição, oriunda dos grotões do inconsciente. Sob seus efeitos, ela ilumina o meu fazer poético. Persuasivos como são, ausculto os desígnios secretos da arte narrativa. Enxergo além do previsto. Com essas linhas auxiliares, que acolho, dou as costas às regras que cerceiam a liberdade de criar.

Vivi sempre da cultura, do seu humanismo. Mas pouco sei das suas entranhas. De como enveredar por atalhos que me levem ao âmago do saber. Afinal a cultura não é amena, nem é sinônimo de felicidade. Surgiu certamente das catástrofes, do temor aos deuses, das condições desfavoráveis, da imaginação desabrida. Sim, do arsenal de metáforas, fantasias, imagísticas, fabulações. Das substâncias empenhadas em travar combate com o cotidiano banal, com a obsolescência que nos impõe antes mesmo da morte biológica.

FILHOS DA AMÉRICA

Como o capacete do deus Hermes, que lhe permitia ver as entranhas dos lares sem ser visto, a cultura é invisível, está em toda a parte. Mercurial, ela emoldura o sublime, o monstruoso, o benéfico, o nefando. Metaboliza a existência, a turbulência anímica. Injeta na arte efeitos que minimizam ou magnificam as ações negativas. Alastra igualmente no espírito do criador a semente da falsa quietude, da inconformidade, da perenidade do verbo, da colisão com o real.

Contudo, a despeito da coroa de espinhos que adorna santos e pecadores, a cultura é a alegria dos homens. A joia que lustra a humanidade.

O MITO DA CRIAÇÃO

A criação tem rastro difícil, imperceptível, mal se enxergando as suas marcas e as suas origens. Qualquer ato criativo se confunde primordialmente com a vida, com a língua, com a pátria, com a própria biografia, com a memória coletiva, e com o tempo presente e pretérito.

Sempre que se fale desse ato enigmático e voraz, dele não se podem expulsar a mesa, a cama, as batalhas, os gestos cotidianos.

A minha vida, como a de todo escritor, está possivelmente embutida no texto, ali cravada como uma lança. E sobre esta vida e este texto, só posso me referir com absoluta relatividade. Aprendi, no entanto, com meu avô Daniel, desembarcado na Praça Mauá há setenta anos, vindo de Espanha, que, antes mesmo do meu nascimento, antes de ofertar-

FILHOS DA AMÉRICA

-me esta terra singular, iniciara ele, em meu nome, uma espécie de viagem que me caberia prosseguir desde que me habilitasse ao imaginário, às dúvidas, às incertezas.

E, menina ainda, aprendi que Simbad, este admirável mito volátil, não viajara com o intuito de narrar em cada porto as histórias que havia vivido no capítulo anterior. Ao contrário, desde o seu nascimento, antes mesmo de deixar terra firme, Simbad fora abonado ao mesmo tempo com a invenção e a mentira, ambas legítimos avessos e reflexos da verdade. E esta invenção e esta mentira facultando-lhe um poder narrativo que se negava veementemente a resumir em poucas frases a aventura humana. Em suas mãos, a história deveria começar com a perspectiva de jamais terminar.

De posse, então, da certeza de que se viaja até mesmo pelos arquipélagos da língua, compreendi que a simples apropriação do enredo coletivo nos autoriza a fazer parte dele. E que a rua onde se vive é, muitas vezes, o universo. A terra onde se está é suficiente, se soubermos bordar, com auxílio das agulhas e das linhas humanas, personagens, intrigas ardilosas, metáforas que não se esgotam, ingredientes, enfim, que neutralizam e ao mesmo tempo projetam luz sobre a onipotência de quem pensa saber narrar.

Mas, como prova de que teci diferente de Penélope, que à noite desmanchava a própria história, contrário a Ulisses que, egoísta, soube armar a sua inteira para ele, fui devagar me fazendo escritora. Devagar invadindo o ofício sem logo reconhecer a categoria do material com que lidava, sem lhe dimensionar os limites. E isso porque a consciência e os encargos éticos desse ofício se conquistam com os anos, especialmente com o socorro da paixão, essa matéria ígnea capaz de traduzir o que a lucidez, muitas vezes, não pode explicar.

Sei bem que o objeto da criação é o texto. E que tudo se realiza em torno desse fim. Mas não posso abordar as filigranas do texto e do mito que gira em torno de si sem primeiro proclamar a identidade da língua, que é a forma física da nossa alma.

Temos todos a língua nas mãos e no coração. Ela está em toda parte, ela é o que somos, o que fazemos dela. E apesar da sua tradição portuguesa, que justamente violentamos para que a nossa história se fizesse, e nos representasse, esta língua, aqui, no Brasil, é jovem, tem menos de quinhentos anos.

Sob sua tutela, e através do seu processo histórico, coube ao escritor brasileiro aprender que nesta terra se formaram mitologias e enredos exatamente fartos

FILHOS DA AMÉRICA

para que nenhum dos seus criadores viesse jamais a esgotar seus recursos ou pudesse um dia acusá-los de insuficientes.

Sem dúvida esta língua portuguesa está ao nosso serviço. Jovem e africana como nós, brasileiros. Plangente, de índole excessiva, sempre exigindo que nos excedamos para só assim alcançarmos seus reais sentimentos. E, porque é jovem, e está sempre a explicar-se, arranca ela, de onde seja, o pensamento que a represente e a explique.

Esta nossa língua, antes ancorada no Tejo, começou a rejuvenescer ou, quem sabe, a nascer, justamente quando os primeiros navegantes deixaram a Europa, ainda com a língua lusa debaixo das axilas, lambuzada de suor e de rigor gramatical. Mal navegaram o Atlântico, o gosto da aventura foi--lhes afetando os substratos linguísticos. A terra a que vinham em busca deu-lhes, em seguida, novo sentido à língua, cobrou-lhes outra sintaxe, ia-lhes descascando as palavras envelhecidas em prol das que vinham nascendo.

O Brasil, antes mesmo de deixar-se descobrir, antes de ofertar aos navegantes a primeira geografia que correspondesse aos seus sonhos, deles cobrava uma língua que, além de o definir, fosse ao encontro de suas futuras necessidades. Exigia dos navegantes e colonizadores sobretudo nova maneira de narrar, pois que o mundo aqui desabrochado era de tal modo esplêndido, descomunal, contraditório que só um instrumento afim passaria a dever-lhe fidelidade.

Pedia-lhes o Brasil uma língua generosa e matizada, para que toda a história, a fazer-se um dia, nela coubesse inteira e sem mentiras. E que fosse esta língua igualmente porosa, para que tudo o mais, vindo depois, não se excluísse da sua narrativa.

Aos nomes então dados, os brasileiros acrescentaram outros. Nomes às árvores, aos rios, aos sentimentos que estes rios e essas árvores despertavam. E o que se vislumbrou ou se intuiu ganhou palavra fortemente propensa a unir-se às existentes, para formarem, colegiadas, um pensamento nacional.

Nada ficou sem batismo. Cada nome se convertia em um rosto sempre que descrito e em uso permanente. Havia a tímida consciência de que quantos mais nomes acumulássemos, muito mais teríamos a criar, a protestar, a defender. O país excedia em tudo, a fim de que a história da nossa invenção fosse sempre a história da nossa existência, da nossa capacidade de recensear e subverter todas as realidades.

Nessa batalha que antecede à fábula de uma nação, foram todos convocados. Tanto os que escreviam como os que narravam ao pé do fogo. Não

FILHOS DA AMÉRICA

houve poupança, nem ausência de depoimentos expressivos. À sua maneira, cuidavam todos de fortalecer uma herança. Alguns ganharam glória e monumento nacional. A maioria permaneceu anônima. Seus nomes não podem ser resgatados da escuridão para que lhes prestemos honras.

Narravam eles simplesmente sem o benefício da pena. A voz era o único instrumento com que se aproximavam da alma popular e desprevenida. Mas, onde quer que estivessem, no descampado e nas salas de visita, esses anônimos reforçavam a caminhada da língua e a trajetória secreta de um país. Seus enredos transitórios acalentavam vizinhos e modestas comunidades. Eram esses homens e essas mulheres os livros inexistentes nas prateleiras de um país pobre. Eram eles os livros que ainda seriam escritos, que contavam, não tinham autoria, rumo certo. Talvez, sim, tivessem suas histórias o saber de uma liberdade que o papel não fixa. Mas, porque se mostravam hábeis, suas histórias em voz alta eram aquelas que todos sonhavam viver, imitar, e tão pouco haviam conhecido de perto.

Mal teciam a narrativa, e seus rostos se desvaneciam. Deles restavam a memória do verbo e a certeza de que a vida se fabricava todos os dias. Especialmente porque não sabiam dar fim a uma narrativa que expulsasse a um só tempo quem cria e aquele que é criado. Iam emendando um livro no outro, todos invisíveis. Até que os substituíssem na tarefa de inventar.

A sucessão, nesses casos, sempre se fez de modo natural. Quem veio depois tomava da última frase solta no ar e ia aprimorando uma técnica que esgotasse maior número de realidades. E porque o cotidiano ainda causava danos, iam todos em busca da palavra albergada no peito do homem e que até então fora o seu segredo e o seu enigma.

Essa mágica investigação da vida e da língua se sucedendo até os nossos dias, sem interrupção de um só minuto, de modo que o escritor jamais duvide de que o produto de sua criação é de origem e fabricação coletivas. E que, sem a providência de tais depoimentos anônimos e fugazes, a existência como um todo lhe escaparia, não teria seu texto nascido. Pois o escritor unicamente se faz segundo o ritmo dessa língua dispersa, segundo as lendas, os sonhos, as fantasias, as dores que o povo cria em conjunto com o propósito de resistirmos todos a qualquer sistema que nos queira desfalcar desse patrimônio comum. A construção de um mundo através do qual pode o escritor aproximar-se da artéria primordial do homem e auscultar-lhe o mito subtraído e recon-

FILHOS DA AMÉRICA

quistado diariamente. Ali então apalpar o sacro e o profano, interpor-se entre eles. Descrevê-los como se os pudesse reter, dar-lhes credibilidade, ir às suas origens. Entrelaçar-se o escritor afinal com o mais penoso dos mitos, que sempre lhe ronda a casa, que é o mito da criação.

Para dar-se conta de que criar é um ato de violento assalto ao organismo sensível. E que os transtornos de tal ato bem justificam o mistério da sua gênese. E que toda versão resultante desse nascimento é um mito, ganhando de cada autor um retrato nem sempre de acordo com as versões dos vizinhos, dos leitores, de outros escritores.

O escritor quer, no entanto, definir-se, esclarecer as sementes míticas que nele repercutem e, portanto, sensíveis de se repetirem nos outros e, pelos outros, de serem igualmente descritas. Simula presidir integralmente os próprios recursos, enquanto retoca, e de maneira exaustiva, a sua matriz criadora, para que não se esgote o que lhe chega às vezes em golfadas. Nessas análises, esquecido da procedência do texto, instaurado antes da sua *ars poetica*. Um texto vocacionalmente voltado a contrariar as versões e as descrições que dele se façam, e sempre pronto a despojar o escritor das suas máscaras e de seus disfarces.

Um fazer poético através do qual, no entanto, o escritor reavalia diariamente a sua consciência verbal, e adquire a certeza de que criar é, ao mesmo tempo, o desvendamento de uma obsessão proclamada na própria escritura e uma precondição da linguagem de que ele fará uso. Quando a criação, no eterno confronto entre texto e escritor, cada qual retratando respectivamente o que se deixa descrever e o que escreve, aspira a alcançar todos os estados e aparências que se propõe a representar, mas que resistem à sua apreensão.

A tentativa, pois, de fixar o texto, de ir ao encontro do que não tem ainda aparência verbal é para o escritor uma consequência natural. Sobretudo porque ganhar corpo físico é uma das tentações do texto.

A partir, porém, do processo inicial da escritura, acentuam-se as contradições do autor. Uma vez que, obrigado a eleger de um material caótico o que julga indispensável para a narrativa, este simples ato seletivo representa uma opção moral. E porque ainda lhe foram asseguradas todas as liberdades — pois o texto nasce de formas inventadas —, preencher o vazio entre o texto concebido e o texto se fazendo é uma das versões mais comprometedoras que o artista tem do próprio livro.

FILHOS DA AMÉRICA

Mas, enquanto o texto se faz, a sua vocação real é expulsar o outro texto interiorizado nele mesmo. Como se dentro de um livro houvesse outro, que o autor une em um só volume a merecer as leituras destinadas a vários autores. Pois, apesar da aparência imutável do livro, relaciona-se o texto consigo mesmo, e com o que lhe é próximo, à medida que se torna uma criatura e um pensamento. É ainda a linguagem desta criatura e deste pensamento. Quando escrever passa a ser um ato de identificação com qualquer espécie de real. Quando fazer ver acima das possibilidades do real subvencionado, já em busca do real criticável, é tarefa de quem escreve.

No entanto, há uma adequação natural entre a realidade do texto e a realidade que o gerou. E, a despeito da necessidade de se tornar concreto o que se quer dizer, este mesmo texto abriga certamente alguma obscuridade imediata, a serviço mesmo dos seus encargos poéticos. Nesses casos se revelando uma linguagem subjacente, cuja função é preservar todo e qualquer resíduo precioso. O que deve chegar à superfície luminosa da palavra. De modo a que nada se esvaia do pensamento.

A realidade, porém, não é o contrário da linguagem. Nem a linguagem é a abstração do real. Ao contrário, por ser a linguagem um instrumento

NÉLIDA PIÑON

socializado e socializante, através dela o escritor dá caução ao real no afã de definir os sentimentos. E oferecer-lhe uma escrita. Uma representatividade poética ao que era antes latente. O escritor narra o percurso linguístico da linguagem. Apreende seu organismo, saúde, emoção, por via de um sistema de apropriações e expropriações, já que nada tem dono, nada tem nome. Nome unicamente terá o que resiste ao tempo, à nossa voracidade afetiva e imaginária.

Mas, ao fazer caminhar o instinto da sua escrita paralelo ao instinto popular que reforça o repertório da língua, o escritor admite a insuficiência da sua própria história e o quanto a linguagem, ao servir-se dela, lhe impõe prioritariamente o enredo coletivo. Pois de natureza móvel e modular, a narrativa está em toda parte, na sua agonia de suceder-se. A narrativa, pois, antecipa-se ao escritor, ainda que ele, na expectativa de desvendar sucessivas formas de vida, empenhe-se em colher a tempo as rugas, o drama, o futuro impressos no rosto humano.

A batalha do escritor é inventar para dizer a verdade. E, para tal, apoia-se sobre tecido verbal que há de negar-lhe seus recônditos recursos sempre que ele, como autor, perder a coragem de desestruturar-se permanentemente com o intuito de enfiar a faca no coração da linguagem, da vida, que é o coração do homem.

FILHOS DA AMÉRICA

Esta é uma luta difícil, e que não o regala com a certeza de estar pisando território desocupado. Uma vez que o novo, um estado ambicionado pelo escritor, é transparente, unicamente ele, que é novo, se determina, ele, o novo, se deixa refletir. Sem dúvida, o novo é um projeto que o futuro avalizará ou não.

Seja como for, escrevendo, ou à escuta, nos apertados corredores das fechaduras, o destino do escritor é fazer com que o povo creia na vida que fabricou e vive sem se ter dado conta, insensibilizado pelo cotidiano a serviço do Poder. Essa denúncia da vida prisioneira de si mesma não impedindo, no entanto, a revelação de uma safra nobre que abriga os melhores sentimentos humanos.

E porque suas criaturas, que são encaminhadas para o texto, padecem de volatização do tempo, da linguagem implacavelmente lógica e racional e das restrições que inauguram ou podem clausurar seu texto, o escritor projeta panos de fundo falsos, e portas cujas entradas nem sempre são indicadas pela seta pintada a nanquim. E devota-se, como autor, à intuição, que é o mais atualizado dos conhecimentos. E sem o qual, a bem do seu ofício, não se integraria a uma narrativa que se quer insubmissa, cujos melhores fluxos lhe chegam sempre por via dos nexos afetivos, ritualísticos, memorialísticos, jamais interrompidos.

E assim age o escritor, porque seu ofício é necessário. E não se dedicasse ele à narrativa talvez os elos humanos se desfizessem, a linguagem teria perdido o seu inigualável poder de combinar o circunscrito a ela com o que se pode fazer em seu nome. Terminaríamos por confundir invenção com o simples recurso biográfico. Sem o esforço do escritor, talvez se ignorasse que atrás da história existe outra, uma outra existe atrás, e assim sucessivamente até o começo do mundo. A vida humana preservada ao longo de inesgotável cadeia narrativa. Ao longo desses recibos de que dependemos para conhecer os próprios feitos, as palavras ditas ao acaso, a solidariedade, as omissões, o que somos enfim.

Não fossem a literatura a registrar a ascensão e o declínio dos mais ásperos, inóspitos e ambíguos sentimentos, e ainda a comprovação do autor a avalizar instantes da vida, nos creríamos os primeiros a ter vivido o assalto da paixão, o tormento da dúvida e a miséria da injustiça.

Eis sempre o escritor com o mito e a palavra nas mãos. Ambos inclinados a ultrapassar os limites do real possível para ingressarem no real imaginário, que é o sonho coletivo. Quando a história passa a ser o relato há muito aguardado pela coletividade para também ela narrar. Também ela sentir-se detentora

FILHOS DA AMÉRICA

de uma fábula a que tem direito, e que corresponde ao apetite da sua voz.

A língua novamente voltada para o mito que a gerou e a ativou. Quando, então, povoada de aspirações sacras e profanas, integra-se encantatória a um *corpus* indissolúvel, a um campo minado por mil combinações. Disposta a língua a superar qualquer conceito, qualquer conceito, qualquer censura que a restrinja, que limite seu uso.

Mas o escritor, cingido à linguagem, ao mito, à imaginação, toma da vida e a faz pulsar no texto. Ali, nesse centro, deixemo-nos todos usar mediante a esperança de uma profunda revelação. Mediante a certeza de que a história humana é prioritária e que todos nós coincidimos no tempo. Todos nós estaremos sujeitos ao mesmo penoso exílio se perdermos a memória, se permitirmos que nos roubem a linguagem, os mitos e nossa inextinguível capacidade de recriá-los.

A BRASILEIRA RACHEL

O romance *O Quinze*, de Rachel de Queiroz, é um marco na literatura brasileira. Seus efeitos estéticos perpassam a criação literária do século XX e se instalam ainda hoje no emotivo coração brasileiro.

A trajetória da autora, até seu desaparecimento, esteve sempre presente nos momentos constitutivos da história recente do Brasil. Precoce na arte de criar, desde menina, ainda no Quixadá, Ceará, onde nasceu, pressentiu quem éramos, e de que males o país padecia. A adesão à cruel realidade nordestina levou-a a registrar com a pluma vigorosa da qual fluíam sangue e memória o trágico enredo da seca que periodicamente assolava o sertão.

Ao publicar o romance *O Quinze* em 1930, com a idade de vinte anos, a autora revelou raro vigor

FILHOS DA AMÉRICA

narrativo. Uma maturidade estética e ética que brotou de uma família da burguesia rural que, comprometida com a cultura, herdara do ancestral José de Alencar o espírito nacionalista, a vocação política, o severo código de honra. E que se beneficiou ainda dos vínculos mantidos com o sertão, onde nascera, uma zona povoada de enredos e de intenso fabulário.

Na casa patriarcal, de singela arquitetura sertaneja, a família tinha o costume de reunir-se no alpendre após o jantar para dar vazão à índole narrativa que os irmanava. Para eles o alpendre era a tribuna que ensejava a exposição de ideias, a absorção dos substratos arcaicos que permeavam o sertão, o acolhimento dos signos da vida.

Graças às narrativas esparsas ouvidas e ao convívio com os sertanejos que à noite, atraídos pela luz do lampião, se abrigavam no alpendre, Rachel habituou-se a cultuar o mundo oral, a valorizar as lendas e narrativas que os sertanejos, ciosos de suas urdiduras e caprichos verbais, despejavam diante dos patrões. Alimentava-lhe a incipiente imaginação o material colhido daqueles homens rústicos que, em vivo contraste com os saberes cultos da casa, ia guardando no arcabouço da memória.

O horizonte arcaico presente em *O Quinze* indica que, ao reconstituir à perfeição o cenário rural que serviu de pano para a miséria da vida sertaneja advinda sobretudo da seca de 1915, soube capitalizar os detalhes assimilados na infância. Esboçou com maestria uma paisagem ficcional propícia para que seus personagens, a serviço da tragédia, encarnassem a arqueologia social inerente ao Nordeste.

As raízes que emergem da narrativa estão pejadas de mitos que reproduzem a história humana. Não deixando margem para que haja no romance obsolescência mítica. Ao contrário, conquanto cada releitura de *O Quinze* moderniza a visão que temos dele, o romance preserva intactos seus fundamentos universais, os princípios estéticos que pautaram sua verdade narrativa.

O tecido romanesco gravita em torno da trágica seca de 1915. Seu emaranhado de episódios e de condutas pungentes, protagonizados por Conceição, Vicente, o vaqueiro Chico Bento, cada qual vivendo sua sorte, impulsiona uma ação que compromete a comunidade rural. Vicente e Conceição padecem de inconclusa história de amor, e o vaqueiro transita em meio à miséria e à dor. Apegados eles à radicalidade da função novelesca, são parte de uma grei que se desintegra socialmente, condenada pela indiferença dos homens e pelas forças atávicas da terra.

FILHOS DA AMÉRICA

Conceição frequenta o epicentro narrativo. Descrita pela autora com acentuada perspicácia psicológica e nitidez sociológica, ela é a primeira mulher, da extensa galeria feminina que Rachel de Queiroz criou ao longo de sua obra, disposta ao sacrifício, à imolação pessoal. Mulheres justiceiras que, forjadas por circunstâncias adversas, simbolizam uma ferocidade discreta, como Conceição, e beligerante, como Maria Moura.

Emblemática, a professora Conceição resguarda suas razões secretas para viver. Benevolente com o próximo, é arbitrária com Vicente e com o mundo quando lhe faltam forças para corrigi-lo. Situada no epicentro do romance, padece de severa noção de justiça e moral. E ressente-se de não poder livrar os sertanejos do analfabetismo, da miséria, do destino trágico a que estão previamente condenados. Naquele grotão nordestino não há como estancar a sangria moral de que são eles vítimas. Assim lhe resta o consolo de exigir de Vicente a perfeição onde impera o desassossego humano, e condenar-se à solidão, ao ostracismo dos sentimentos.

Passadas tantas décadas, *O Quinze* segue estimulando as peripécias estéticas do nosso tempo. Com sua grandeza desafia as insolúveis questões brasileiras, o legado político que fracassou. Cobra que se

NÉLIDA PIÑON

revoguem as leis do Brasil anacrônico em troca da solidariedade narrativa que o romance suscita. Suas comoventes páginas confirmam que Rachel de Queiroz, desde a infância no Quixadá, sabia que, por ser o mundo narrável, convinha alterar o desfecho de suas narrativas. Tal crença levando-a a criar uma obra perene sobre a qual se debruçar na ânsia de trilhar os caminhos da arte e do Brasil.

BALCELLS, AMIGA D'ALMA

Carmen Balcells deixou pegadas permanentes na minha memória. Por onde andei, repartia com ela os cenários da minha vida. Queria-a testemunha do universo que ambas repartiam.

Foi minha magnífica interlocutora. As palavras fluíam despretensiosas entre nós, dispensando transcendência ou tópicos avassaladores. Qualquer fato servia de pano de fundo para recordações futuras. Assim desenvolvíamos uma narrativa que jamais se esgotou ao longo de nosso convívio. Com seu espírito poroso, Carmen ouvia os ruídos do mundo. Não temia a ferocidade da arte, porque a amava.

Para mim, Carmen Balcells era uma entidade, o símbolo de uma amizade perfeita que cultivamos ao longo de 46 anos. O que emanava dela, inspirava-me descobertas, maravilhas, perplexidade enriquecedora. Razão de destacar suas virtudes, de talvez exagerar os feitos que provêm da amizade. Eu admirava tanto suas excelências, as literárias, o modo de se afinar com os seres e igualmente com os objetos da casa que a imaginação humana engendrara. Atraída certamente pelo calor da epiderme que a vida produzia.

Carmen Balcells nasceu aprendiz e se tornou uma mestra. Era natural, pois, que eu enaltecesse a rapidez do seu raciocínio, a inteligência rebelde e inconformada capaz de organizar a vida e os inanimados. Em troca, ela fingia absorver minhas palavras, que sempre respeitou, para contestar que de modo algum era veloz, mas simplesmente impaciente. Uma impaciência que pretendia talvez retificar a rota da terra, rejeitar as imperfeições que nos engolfam, afugentar dos autores, cúmplices seus, os obstáculos que constituíam um desperdício para a criação literária.

Não é fácil, contudo, enfileirar o cotidiano e a obra de Carmen Balcells. Torna-se uma vã tentativa amealhar o complexo espírito de uma mulher que enlaçou a grandeza de uma renascentista e de uma genuína camponesa de Santa Fé. Assim, ao tentar esboçar seu retrato público, sobrepõe-se a imagem da amiga a tudo que sei dela. A amiga a quem chamava às vezes de Santinha, e isto por conta de seu coração misericordioso, do amor que devotava aos amigos que, embora eventualmente imperfeitos, distinguia com farto convite em torno de sua sagrada mesa.

FILHOS DA AMÉRICA

Já pelas manhãs, Carmen transbordava em obediência a um padrão desmedido que, no entanto, jorrava vida. Mas, conquanto pecasse por excessos ditados pela descomunal inteligência e pelos compromissos impostos pelo seu código moral, atuou sempre em favor dos interesses da literatura, da sua tribo de escritores, do talento ao qual jamais renunciou reverenciar.

Mas, onde Carmen Balcells estivesse, seu preceito era ordenar o mundo e os afetos. Por isso escolhera com bravura esta escriba brasileira, habitante do outro lado do Atlântico, para ser sua amiga fiel. A ela confiou memórias secretas, confidências comovidas, o repertório de uma vida única, singular. Alguém que ela dizia saber muito porque nada contava. E eu em troca lhe assegurava, até seus últimos dias, ser ela uma âncora na minha vida afetiva. Um ser que me dera todas as razões do mundo para agradecer diariamente o dom de sua amizade. Como de sua família, que considero extensão do meu coração. E que me homenageou dando meu nome à "petite Nélida", sua neta.

A mortalidade é mortífera e nada posso fazer. Mas, para mim, amada amiga, você é imortal. Descanse em paz, Carmencita do meu coração.

A LONGA JORNADA

No passado, ungida pelas tarefas domésticas, a mulher, já pelas manhãs, e até muito tarde, aproveitando a luz natural, ia bordando no tabuleiro sucessivas versões da história que os homens da casa lhe contavam, e que ela, sob o impulso de perplexa melancolia, reproduzia com fios coloridos e a cada movimento da agulha.

E enquanto levava ao forno uma torta infiltrada de essências orientais, mais viajadas que ela, redigia suas receitas com letra apaixonada e certo maneirismo literário. Na expectativa talvez de participar da poética da realidade e vir a ser lida um dia com o mesmo tremor e sensação de delícia que certos poemas lhe provocavam.

Com os séculos, ao já não lhe bastar a resignada placidez do lar, ou responder pela perpetuação da

FILHOS DA AMÉRICA

espécie, lutou ela por ser protagonista dos caprichos do cotidiano e do empolgante mistério da vida. Afinal, defrontada com os empecilhos sociais, sentia-se uma estrangeira incapaz de balbuciar as palavras de uma nova língua.

Após séculos de frustrações, exilada na casa, a mulher passou a engrossar a procissão dos aflitos. Nas ruas, nos escritórios, atrás do balcão, acuada pelo dever de escalar os ilusórios degraus do poder, sua consciência urgia por um decálogo que expressasse sua natureza profunda, e a orientasse quanto ao papel social a assumir. Enquanto temia que os avanços profissionais lhe roubassem preciosas conquistas afetivas.

Era mister, porém, enveredar pela linguagem da arte e imergir na própria memória milenar que abrigava mulheres lendárias que, a despeito do perene mutismo, cobravam o papel relevante que lhes era devido desde a fundação do mundo.

Tal memória, que enriqueceu a linguagem, habitou sempre a terra. Esteve na Bíblia, ressentiu-se com o Deus hebraico, que a dispensara como ativa interlocutora. Em Troia, com o astuto Ulisses, sofreu com o descrédito que Apolo impingiu a Cassandra, a fim de suas profecias jamais serem acatadas. Recriminou a contraditória Ártemis, que cortava rente os cabelos das donzelas na noite de núpcias, como sinal de que lhes extirpara qualquer traço de rebeldia. E na tenda de Júlio Cesar presenciou como ele, despojado da imortalidade, assumiu sua ambiguidade.

Uma memória, enfim, que arquivou as evidências do mundo milenar, o monoteísmo, a marcha das heterodoxias, o sagrado e o profano. E que nômade, no início, ocupou afinal os espaços da casa, de onde recolhia as sobras da história. Até tornar-se ela a matriz geradora da intriga narrativa, capaz de albergar a fala oral e as metáforas. Mas quanto mais essa memória se encerrava nos limites do privado, sem participar do cotidiano vasto e complexo, melhor uso a mulher fazia dos subterfúgios, do simbólico. A ponto de se tornar alguém cujo mistério requeria decifração poética.

Alijada, porém, da cultura normativa, a mulher concebeu uma realidade que de fato lhe chegava pela metade. Como consequência, acumulou um saber clandestino de grande valia, do qual os narradores dependiam para se apossar dos personagens e frequentar o enigma literário.

Essa memória, de registro poético vedado, encontra-se, contudo, nos livros que ela não escreveu. E isso porque os narradores, ao criarem, dependiam da matéria guardada no coração feminino, e que consistia nas confissões feitas no leito de morte, nas dores do parto, nos sentimentos universais, que só a mulher, na condição de mãe, amante, carpideira, saberia ditar.

É razoável, pois, afirmar que Homero, Dante, Shakespeare, Cervantes, Camões muito devem à mulher, coautora de suas obras.

HAVANA IMORTAL

Guillermo Cabrera Infante, grande escritor hispano-americano, alimenta sua matriz e pautas narrativas com o fervor que devota a Cuba. Forçado a abandonar a ilha na década de 1960, por opor-se ao regime castrista, retorna a ela através da memória e da profunda melancolia.

Essa pátria literária, obsessão e razão de viver de Cabrera Infante, torna-se tema recorrente da sua narrativa. O mundo passa pelo filtro dos seus sentimentos de exilado. De um artista que, empenhado em não apagar a realidade e os ruídos da língua original, ambas sob ameaça de extinguir-se, adota como expressão literária uma linguagem subversiva, original, pulsante. Os veios de seu universo linguístico, de fácil identificação caribenha, registram rica presença étnica e transbordamento cultural.

FILHOS DA AMÉRICA

Seu romance *Três tristes tigres*, na linha de frente da modernidade criativa do nosso continente, é exemplo dessa transfiguração criadora. Sua estrutura, densamente fragmentada, propicia mudanças abruptas, metamorfoses, o jogo radical das palavras. A presença irradiadora do seu bisturi paródico, do humor feroz com que golpeia a condição humana.

Recentemente reli seu *Delito por dançar o chá-chá-chá*, livro de contos. Constituído de três narrativas curtas, sua ação decorre em Havana. Uma cidade em que a imaginação do autor busca subsídios para fazer desembocar sua urdidura inventiva. Uma Havana que Cabrera Infante multiplica em muitas, de modo que suas peças se encaixem formando um mosaico que, visto de longe, ou de perto, tem como sustentação antropológica a fascinante superfície daquela urbe.

O mesmo ocorre com os personagens, que são sempre os mesmos. Um casal submerso na irresistível tentação de viver as diversas fases do desencanto amoroso. E que, na condição de vítimas de um sentimento quase incolor, já não sabem mais dar nome a uma paixão às vésperas de fenecer sem vagidos lancinantes.

Estes personagens, com rara força persuasiva, vão dissolvendo, por meio de diálogo que gera desconforto, descontinuidade, violência secreta, os laços da intimidade. Cada conto acrescenta dados inéditos que ampliam a base de compreensão do texto. Esses detalhes, em si contraditórios, obedecem a uma argúcia narrativa que desfaz, com equilíbrio, as noções que normalmente enredam a vida de um casal. Seus rostos, máscaras contraídas de suas identidades reais, apagam lembranças, alianças, cumplicidades. A dor, secreta e irada, defende-se da armadilha do cotidiano.

A exuberância descritiva de Cabrera Infante é sutil e acumulativa. Revela-nos uma realidade engendrada pelas carências da própria história. Não se pode perder uma única palavra de uma estética que em sua radicalidade descarna o verbo para que seus personagens, arrogantes e desiludidos, sangrem a qualquer hora do dia.

Nesses contos, autônomos e atados entre si, as mulheres se sucedem de acordo com um jogo de ilusão promovido pelo mesmo homem. Múltiplas e idênticas ao mesmo tempo, elas parecem mera criação de um personagem que se arroga, com petulância intelectual, o direito de administrar o amor. De reparti-lo aleatoriamente pelas mesas do restaurante, pela cidade. De induzir-nos a meditar sobre o fracasso do amor, das relações interpessoais. Sobre a natureza enigmática da palavra, o saber que emana da literatura e da cultura.

FILHOS DA AMÉRICA

Em felizes pinceladas, a intriga é tecida como se a vida fora incessante, um desafio ao tempo. Sob a chuva que não cessa de cair, tudo se move com sutileza. Esta chuva pegajosa abruma um casal cujo triste desejo funde os contos, torna-os um romance com seu cortejo de personagens, de dilemas, de imprevistos.

Aquelas criaturas jamais deixarão Cuba. Acorrentadas ao feitiço da ilha, elas navegam pelos desvãos da memória, que protege os feitos humanos. Para elas, "lembrar era o melhor de tudo".

E as palavras que utilizam, sempre sorrateiras, roem os tecidos das relações. O casal, reprodução de tantos outros, é uma ficção de si mesmo. Dá pretexto a que Cabrera Infante oscile entre as emoções de forma quase epifânica, enquanto erige seu edifício narrativo, faz-lhe a apologia estética.

As imagens à nossa frente dançam o chá-chá-chá invisível sem movimentos bruscos. Trata-se de um drama discreto, que atua nos interstícios do texto, e que, por força de seu caráter unívoco e transversal, está em toda parte. Uma estratégia narrativa graças à qual se rompe a insularidade caribenha, permite ao autor situar Cuba no epicentro nervoso do mundo. E à sua imaginação insubordinar-se, aliar-se a todas as vertentes culturais.

Enquanto a ação inclemente do tempo envelhece os sentimentos, o tom ácido tinge o cenário. Nada foge à oxidação de um cotidiano que perpetua a solidão dos personagens.

Ao final da leitura de seus contos, Cabrera Infante nos deixa o lastro de sua arte rica, misteriosa, profunda. E configura a grandeza de sua narrativa universal.

AS MATRIZES DO FABULÁRIO
IBERO-AMERICANO

O país onde se nasce enseja uma visão utópica que distorce a visão de sua realidade em favor das quimeras coletivas. Dessa forma nos privando muitas vezes da isenção com a qual definir matrizes históricas.

Contudo é forçoso reconhecer que o edifício civilizatório do continente ibero-americano, ao qual nos cingimos, repousa, desde os monumentos narrativos provindos das culturas autóctones e ibéricas, na aventura caótica, polissêmica, brilhante, da escrita.

Da necessidade havida de cumprir o dever de narrar, de enaltecer a soberania que emana de uma escrita tendente a ser visionária, poética, legítima intérprete da realidade. Uma escritura que, enquanto absorvia versões míticas e invenções atualizadas, se associava às instâncias históricas, às expressões culturais e sociais do universo ibero-americano.

A América sempre soube, desde os seus primórdios, onde se situa a arte. A sua arte que, originária de expressões sincréticas, guarda o desassossego inicial imposto pelos invasores às civilizações autóctones, as quais, contudo, souberam resguardar ao longo dos séculos o destino narrativo do continente. Foram elas que, junto às demais etnias que se instalaram mais tarde nas Américas, liberaram a criação de urdiduras narrativas consoantes com enredos carnosos, côncavos, carnavalescos.

Sou parte do epicentro ibero-americano, e sou uma escritora brasileira que inventa o que está além de mim. E que em meio às intempéries estéticas, que salvam a perenidade do verbo, aborda o humano com desfaçatez, põe a cabeça no cadafalso em troca da versão poética da narrativa que magnifica a vida. E porque creio na língua portuguesa, isenta no Brasil de turbulências linguísticas, sucumbo ao peso da liberdade criativa e das vantagens de uma memória arqueológica e mestiça que herdei. De uma mestiçagem que ultrapassa a pele e tinge a alma com uma cultura insidiosa e esplêndida.

A América ibero-americana, nosso destino comum, nos induz a reconhecer que somos filhos de

FILHOS DA AMÉRICA

um universo assombroso, de cuja fermentação espúria emergiram fatos e quimeras com os quais aferir a densidade da nossa psique e da nossa estética.

Nascidos nós, portanto, do abrasivo encontro entre supostos bárbaros e civilizados, de nossos interstícios soçobram elementos primevos de intensa fabulação, resultantes das civilizações autóctones americanas, da península ibérica, da densa África, das extensões asiáticas, das beiras do Mediterrâneo. Das culturas enfim que, disseminadas pela Terra, travaram a batalha entre vida e morte, enquanto teciam a policromia luminosa da poesia.

Ancorados neste continente, somos tantos e todos ao mesmo tempo. Polissêmicos e solitários, unos e fragmentados, um conjunto que confirma o caos do sangue e da memória. Um amálgama de saberes e de etnias que, ao frequentarem o teatro humano, foram agraciadas pelas matrizes originárias das primeiras réstias de luz e de sons produzidos, quem sabe, por um mundo ansioso por um modelo canônico a ser seguido. Por herança, pois, nos filiamos ao universo impregnado de ficção, de pungentes narrativas, de versões incompatíveis da realidade que nos espelha.

Pautados, portanto, por um realismo cingido à fantasia, a ação de inventar passou a fazer parte da índole continental. Como que nos levou a esmiuçar a própria gênese, e, à falta de respostas, excursionar pelos mistérios e pelas paragens metafísicas. A seguir as pegadas dos incas, dos maias, dos astecas, dos guaranis, dos cronistas ibéricos. Dos que desempenharam a função de deixar rastros para que os seguíssemos. Assim, estudamos os homens da Conquista que, tão logo aportaram na América, validaram suas presenças por meio de diários, cartas, documentos. E que, com os olhos postos no espelho da história, deram início à prática de registrar os feitos da Conquista, o percurso da memória, os ditames de uma realidade inaugural para eles. Escribas que fixaram no papel, através de incerta narrativa, toda sorte de sobressaltos.

Cristóvão Colombo, Hernán Cortés, Bernal Díaz del Castillo, Bartolomé de las Casas, todos eles ignorando terem sido precedidos na atuação narrativa por mestres e teólogos ameríndios, cujas obras monumentais expediram conceitos filosóficos à guisa de explicar o destino humano. Como Popol Vuh, os códices Mendoza, Nuttall. Nenhum deles, portanto, ibéricos e autóctones, desprezou o mérito da escrita que os projetava, em conjunto, a uma categoria singular.

Sob o primado da palavra, com seu cortejo de metáforas, verdadeiros tapumes da realidade, esses cronistas e escribas, ao forçarem as portas dos enigmas do continente, deram início à epopeia americana.

Uma tradição narrativa que, mantida desde esses primeiros tempos, gerou uma linhagem verbal, uma sucessão de narradores. Entre eles se destaca a comovente figura de Guamán Poma de Ayala, nobre inca do século XVI, cuja melancolia enfeitiçaria séculos mais tarde ao escritor peruano José María Arguedas. Um senhor, este inca, que, afligido pelo sentimento de falência que o jugo espanhol impunha a seu povo, contornou sua agonia mediante a paixão que a escrita lhe inspirava. Era ele um inca que trazia na cabeça o cetro da solidão e a memória dispersa da sua raça.

Toma, então, a si a tarefa de narrar a história do seu povo. E escreve o seu Primer nueva corónica y buen gobierno, sob forma de carta, a ser um dia enviada a Filipe II, de Espanha, com o propósito de esclarecer o monarca sobre a amarga sina que a história lhes reservou.

Durante trinta anos, cioso do desamparo humano, mas confiante nos efeitos persuasivos da palavra escrita, Guamán preencheu centenas de páginas no afã de convencer o rei da justiça do seu pleito. E para cumprir seu ofício, percorreu cada recanto do território incaico, visitando os velhos, recolhendo os restos de uma memória arcaica com a qual iluminar seu texto.

À medida que escreve, ele sucumbe aos dias outonais. Suas lágrimas, provocadas pela dor, se misturam à tinta do sonho frustrado. Uma penúria atenuada pela salmódica repetição das lendas incaicas que se revestiam de elevado teor inventivo.

E enquanto Guamán construía um dramático compêndio com o qual convencer Filipe II a libertá--los da mortalha do cativeiro, o monarca espanhol não podia suspeitar que, do seu outro reino, emergia mais um documento que consolidava o poder narrativo das Américas. E nem poderia Guamán imaginar que, por obra de estranho sortilégio, seu testamento, após ficar desaparecido por três séculos, fosse recuperado em 1908, na Biblioteca Real de Copenhagen, sem ter sido lido por nenhum monarca europeu.

Já em 1533, com a chegada de José de Anchieta ao Brasil, reforça-se a função narrativa e as prerrogativas da figura do narrador na colônia portuguesa. Graças ao jovem jesuíta que, alheio aos transtornos estéticos e políticos a varrerem então a Europa, intui haver o continente europeu esgotado seus recursos para reinventar a realidade. Portanto, estar naquele momento no Brasil o levava a privar com símbolos inauditos, fundações míticas, com um território recém-concebido por Deus. Uma circunstância que lhe permitiria integrar a fornalha de santos que a Igreja carecia naqueles anos da Contrarreforma.

Mal chegado, Anchieta se depara com um Brasil que denunciava um vazio a ser preenchido pela invenção humana. Uma realidade que, ao cobrar habilidade descritiva, exigia ocupação novelesca, episódios que ganhassem, quem sabe, imediata encenação.

Para Anchieta, a colônia, ocupada por florestas, rios oceânicos, um sem-número de tribos, inspirava a adoção da poética do simulacro. O uso de precários artifícios que, a fim de imitar o mundo, requeria a ilusão.

Aqueles momentos constitutivos da sensibilidade brasileira implantavam no substrato do poeta Anchieta a estética da carência. Uma estética que, pobre de recursos, propiciava, mesmo sem Anchieta desconfiar, o surgimento de um sistema social que, incapaz de frear o enlace realidade e invenção, se mostrava menos rígido, mais desorganizado, enquanto elaborava exótico caldo de cultura.

Para cumprir seus desígnios, Anchieta decodifica a língua tupi, a língua geral das tribos brasileiras, o latim nosso. Ao dominá-la, ingressa na mente indígena e funde no palco o que um espanhol pensava em tupi, e o que um índio sentia ao representar. Uma aliança a permitir que o jesuíta se acercasse das matrizes ainda incipientes do imaginário brasileiro.

Mas, ao sediar no Brasil uma prática estética oriunda da alta Idade Média e da Contrarreforma, e promover uma ruptura com os cânones renascentistas, Anchieta teatraliza o fenômeno poético em uma língua alheia às raízes latinas, no caso o tupi. Para execução desse feito, ele revoluciona o verbo e aposta na imaginação do silvícola, que ele julgava ser capaz de abstrair-se dos próprios limites e abraçar uma outra fronteira antagônica à sua realidade tribal. Anchieta acreditava, sobretudo, na quebra da verossimilhança, na concretude de um teatro que representasse os frutos da terra, a geografia exuberante, a sacralidade de Deus. Afinal, desde o grego, o teatro abordara o obscuro, o trágico, o que arfava na esfera do enigma.

Desse modo, os enredos do poeta arrancam do ostracismo personagens históricos e os traz até a América. À luz do sol, em plena floresta, sobre tablado improvisado, ele simula o universo com panos, trapos, assovios, gritos, vento, chuva, trovoadas. E, para obter os efeitos desejados, ele dá pinceladas a

FILHOS DA AMÉRICA

seu precário realismo, do qual faz emergir Abraão, Moisés, cenas do Gênese. De tal vertigem criadora, mas de aparência hierática, de provável inspiração nos autos vicentinos, também surgem as figuras de Maomé, Lutero, Calvino, para ele epítomes do mal.

Por ação de Anchieta, o Brasil tem no teatro a sua iniciação estética. Um teatro que conquanto lavrado por ideário cristão medieval, e guardando resquícios das convenções aristotélicas, é sustentado pelas contingências da ilusão e dependia da imaginação para existir.

Para ilustrar sua estética religiosa, o jesuíta submete os índios ao jogo lúdico, ao paroxismo dramático da ação cênica. Como consequência, eles assumem o papel do imperador Valeriano, do verdugo que martirizou são Lourenço na grelha em brasa, do pecador acusado de sodomita. Uma virulenta encenação que cobra dos assistentes aplausos pela derrota do diabo.

Mas, com o intento de que sua narrativa prospere segundo sua apaixonada crença e intransigente proselitismo, Anchieta transmite aos índios convenções de fundo hebraico, grego, islâmico, romano. E, para que renunciassem aos seus deuses, oferecia-lhes papéis de santos e imperadores. Seguindo um jogo perturbador, que operava em múltiplas e antagônicas categorias míticas e teológicas.

Estava em curso um prodigioso arco que impunha ao imaginário brasileiro, ainda em formação, fecundas variantes. E tudo ocorrendo em meio ao caos linguístico devido ao uso simultâneo das línguas tupi, português, castelhano. O embaralhar dos idiomas que, contidos no mesmo auto, geravam variadas interpretações, e imprimiam à ação dramática um código de conduta à mercê da emoção de cada observador.

Conquanto guiado por questões doutrinárias, José de Anchieta não prescindia da visão que tinha do teatro de quando ainda vivia em Coimbra. Assim organizava procissões que, entre cantos e danças, transportavam as supostas relíquias de são Sebastião e de uma das Onze Mil Virgens até as tumbas onde os santos deveriam repousar.

A peça *Na aldeia de Guaraparim*, por exemplo, passada no inferno, e escrita em tupi, exigiu que Anchieta incutisse nos índios a noção simbólica de existir um local, longe deles, em que se aplicava a punição eterna. Mas, para se fazer entender e dar visibilidade ao inferno, ele elegeu quatro diabos pintados e os acomodou sobre a terra batida, sentando-os junto aos índios.

Apesar dos percalços havidos, Anchieta insiste em exorcizar o mal, em enumerar os pecados, como o adultério. Esquecido que os índios desfrutavam os folguedos eróticos das esposas com outros comparsas.

Anchieta evitava ferir as regras da Companhia de Jesus, que rejeitava o universo profano, a carnavalização da realidade, ou o protagonismo cênico da mulher. Mas Anchieta, ao associar talvez o sentimento do milagre ao modelo de uma realidade sob o impulso do acaso, suprimia o cotidiano comezinho por uma arte ao alcance de todos.

Decerto ele escrevia para um Brasil que escassamente existia. Para o jesuíta, que se nutrira da lírica medieval, não existiam Petrarca, Dante, o humanismo. O que colaborou para a sensibilidade nacional da época repousar sobre recursos medievais e posteriormente se aliar ao barroco promovido pelos movimentos que se opuseram ao luteranismo. Um barroco que, ao redimensionar a realidade e conceber o mundo teatralmente, multiplicara formas, devaneios, fantasias. Como consequência propiciando que surgisse da cosmogonia europeia, indígena e negra um fabulário mitológico incorporado ao epicentro da criação brasileira.

A linguagem taumaturga de Anchieta, conquanto expressasse certa ternura pelos velhos antropólogos que ainda tinham na cavidade dental sobras de carne humana, dificultava que as tribos brasileiras, de caráter histriônico, adornadas com enfeites, plumas, pintura pelo corpo, entendessem a concepção lúgubre e solene da vida terrestre que Anchieta lhes propunha. Um teatro que, a pretexto de liberá-los para a experiência estética, aparentava ser mera transição para a eternidade.

Sem dúvida José de Anchieta, como nenhum outro de sua época, perscrutou o coração do Brasil. Como primeiro escritor brasileiro, ao longo de 44 anos, até 1597, dominou o albor deste continente, enquanto ia escrevendo na areia os poemas dedicados à Virgem, que as ondas apagavam.

Ele e Guamán Poma de Ayala, de latitudes e culturas diversas, auspiciaram que a arte de fabular configurasse alegorias, sortilégios. Ambos cedendo à posteridade ibero-americana recursos acima do tangível e ainda a certeza de ser a realidade narrável, e, eles, personagens da própria história.

Graças assim a tantos instigantes escribas, auscultamos as vísceras da História, reinventamos a linguagem dos mortos e os devolvemos à vida. E ainda nos asseguramos que a literatura, ao fornecer as matrizes do continente, é imortal. É nossa inquietante senha de identidade.

Este livro foi composto na tipologia Bembo Std
em corpo 12,5/17, e impresso em
papel off-white no Sistema Cameron da
Divisão Gráfica da Distribuidora Record.